I0127002

Christina Stoddard

El rastro de la Serpiente

Por Inquire Within

Christina Stoddard
(Inquire Within)

Durante algunos años un Jefe Gobernante del Templo Madre de la Stella Matutina y R.R. et A.C.

Autor de *Los Portadores de la luz de las Tinieblas*

Publicado por primera vez por Boswell Publishing Co. Ltd.
10 Essex Street, Londres, W.C.2 - 1936

El rastro de la Serpiente

Traducido al español y publicado por Omnia Veritas Limited

www.omnia-veritas.com

"Lo que está arriba es como lo que está abajo, y lo que está abajo es como lo que está arriba para la realización de las maravillas de una cosa.

"Su padre es el Sol; su madre, la Luna; el viento lo lleva en su vientre; la tierra es su nodriza;

Es el Principio Universal, el Telesma del Mundo".

La Tabla de Esmeralda de Hermes.

"La Serpiente, inspiradora de la desobediencia, de la insubordinación y de la revuelta, fue maldecida por los antiguos teócratas, aunque era honrada entre los iniciados...

Asemejarse a la Divinidad, tal era el objetivo de los Antiguos Misterios... Hoy en día el programa de iniciación no ha cambiado".

OSWALD WIRTH - El *libro del compañero.*

PRÓLOGO

Hace cinco años publicamos *Light Bearers of Darkness (Portadores de luz de las Tinieblas),*[1] basado en gran medida en artículos aparecidos en el *Patriot* de 1925 a 1930, fruto de nuestras propias experiencias e investigaciones sobre diversas sociedades secretas individuales, sus afiliaciones, sus prácticas ocultistas y sus actividades pseudoreligiosas y políticas.

Hoy en día, en *El Rastro de la Serpiente,* publicamos una nueva entrega de estas investigaciones, construidas casi en su totalidad a partir de las contribuciones al *Patriota* de 1930 a 1935. Remontándonos a los tiempos patriarcales, intentamos rastrear, paso a paso, el culto a la antigua Serpiente, el Principio Creador, el Dios de todos los iniciados, desde los primeros Cabiri, pasando por el paganismo hasta el pseudocristianismo de los gnósticos y cabalistas, estos últimos emanados en gran parte bajo la influencia de los judíos helenizados de Alejandría.

Nos hemos esforzado en probar que el objetivo, en los grados superiores de estos variados misterios y cultos, es despertar esta serpiente, la fuerza sexual o "Dios dentro" del hombre, elevándola por procesos y métodos yóguicos, uniéndola con el Principio Creativo Universal sin desarrollar los sentidos latentes o, por así decirlo, deificando al adepto, sino sólo para que pueda ser esclavizado por alguna mente o grupo de mentes astutas, externas y más fuertes, que, al parecer, tratan de gobernar las

---

[1] *Light Bearers of Darkness,* de Inquire Within, *Los portadores de luz de las Tinieblas,* traducido al español y publicado por Omnia Veritas Ltd, www.omnia-veritas.com.

naciones por medio de adeptos hipnóticamente controlados. Pues todos y cada uno de estos misterios modernos están dominados y gobernados por alguna jerarquía desconocida, del mismo modo que en los Misterios Antiguos los sumos sacerdotes egipcios eran los amos del mundo antiguo a través de su conocimiento y poder para manipular estas fuerzas serpientes invisibles, las fuerzas magnéticas de toda la naturaleza, por medio de las cuales ataban y dominaban a los mystes e incluso a los epoptes y a través de ellos a las masas.

Estos misterios revolucionarios aparecen primero como pseudo religiones, hasta que por medio de algún tipo de elevación aparentemente religiosa se forma el vínculo necesario con la mente maestra. Entonces se vuelve abiertamente político y revolucionario, subvirtiendo todos los aspectos de la vida de la nación, buscando mediante el internacionalismo y el universalismo unificar a todos los pueblos, social, económica y políticamente, en las artes y la religión, preparando alguna Nueva Era, algún Nuevo Cielo y Nueva Tierra.

Finalmente hemos tratado de materializar a estos maestros invisibles y, dejando que los cabalistas hablen por sí mismos, llegamos al judío revolucionario y cabalista, el más cosmopolita de los pueblos, que busca la Venida de su Era Mesiánica. Para algunos de ellos el Mesías es su raza y su raza es su Dios, el Tetragrammaton, el Principio Creador, este Poder de la Serpiente, vinculante y unificador, que conduce a la esperanza de fusionar todas las razas, todas las creencias bajo la Ley de esta su Unidad de Raza, creando así el "Gran Judaísmo" del que habla el *Mundo Judío,* 9 y 16 de febrero de 1883.

CAPÍTULO I

SABEÍSMO ELEUSIS Y MITRA

EN 1871 el General Albert Pike, Gran Maestre del Rito Escocés, Jurisdicción del Sur, EE.UU., escribió en *Moral y Dogmas:*

> "Entre las naciones primitivas, un entusiasmo salvaje y una idolatría sensual de la naturaleza suplantaron pronto el culto sencillo al Dios Todopoderoso... Los grandes poderes y elementos de la naturaleza y el principio vital de producción y procreación a través de todas las generaciones; luego los espíritus celestiales o las huestes celestiales, los ejércitos luminosos de las estrellas, y el gran Sol y la misteriosa y siempre cambiante Luna (todos los cuales el mundo antiguo consideraba, no como meros globos de luz o cuerpos de fuego, sino como sustancias vivas animadas, poderosas sobre el destino del hombre); luego los genios y espíritus tutelares, e incluso las almas de los muertos, recibieron culto divino... los cielos, la tierra y las operaciones de la naturaleza fueron personificados; los principios buenos y malos personificados se convirtieron también en objetos de culto."

Además, en Nueva York, el 15 de agosto de 1876, en el Consejo Supremo del grado 33, declaró:

> "Nuestros adversarios, numerosos y formidables, dirán, y tendrán derecho a decirlo, que nuestro *Principe Créateur* es idéntico al *Principe Générateur* de los indios y los egipcios, y que puede simbolizarse adecuadamente como se simbolizaba antiguamente, por el lingam... Aceptar esto en lugar de un Dios personal es abandonar el cristianismo y el culto a Jehová y volver a revolcarse en las tinieblas del paganismo."

En su libro, *Dieu et les Dieux,* 1854, Le Chevalier Gougenot des Mousseaux hace un recuento exhaustivo de estas muchas formas panteístas, paganas y fálicas de culto antiguo. Nos dice que el sabeísmo hundió sus raíces en el corazón de las tradiciones patriarcales, pervirtiendo las primeras revelaciones. Este Sabeísmo, que tomó su nombre, no del país de Saba, sino de *Tzaba*, una tropa armada, hizo que los hombres doblaran la rodilla ante el ejército estrellado del firmamento; era Estelar antes de convertirse en Solar y adoraba a la Estrella Polar, conocida en Caldea como I.A.O., el principio creador. Algo más tarde se mezcló con el culto más corrupto de la Naturaleza-Sabeísmo, o el culto de las Estrellas y el Naturalismo. Para seguir la corrupción gradual de las primeras tradiciones patriarcales, la Piedra es una de las guías más seguras, pues en la época de su esplendor fue venerada desde el Imperio de China hasta los confines extremos de Occidente. Empezó siendo el tosco bloque desprendido de la roca; se convirtió en la columna, la brida, el pedestal coronado primero por una y después por dos cabezas humanas (dios hermafrodita), y finalmente fue modelada en las líneas mágicas de Apolo y Venus.

La religión de los judíos se basa en la revelación: sus escritos y tradiciones dicen que Dios se apareció en diversos lugares a los Patriarcas y les habló; allí los judíos levantaron altares, tomando la forma de piedras toscas, generalmente llamadas Beth-el - la Casa de Dios. Pero pronto se imaginaron que Dios residía en estas Piedras; así se convirtió en el Beth-aven - la Casa de la Falsedad - enteramente material. El Beth-el abundaba en Caldea, Asia, Egipto, África, Grecia, incluso en las partes más remotas de Europa, entre los druidas, galos y celtoescitas, y en el Nuevo Mundo, Norte y Sur. La imaginación sensual del hombre pronto le permitió "recoger sus dioses en el polvo y modelarlos a su antojo". Los paganos imitaron los Bet-el de Jacob y los consagraron con aceite y sangre, convirtiéndolos en dioses, llamándolos Bet-les o Both-al-Júpiter, Cibeles, Venus, Mitra. La mayor parte de los Betyles naturales eran meteoritos negros o bolas de fuego caídas del cielo y consideradas por los sabeístas como divinidades celestiales. Estos meteoritos eran los Cabiri, y los Pelasgi -hombres errantes o dispersos- eran sus adoradores más notables. Además, en estos Cabiri, al igual que en el sabeísmo, reconocemos el culto a las estrellas. El sabeísmo procede del Principio de Unidad transferido del Dios Invisible al Dios de la Naturaleza, el Dios-Sol; luego siguió la dualidad, masculino-femenino, Sol-Luna, Dios-Diosa de la Naturaleza.

Esto pasó a la multiplicación de los dioses por el número de las estrellas, y condujo de nuevo a la unidad. En efecto, "pronto todas las estrellas juntas no eran más que el Dios de la Luz, el Dios de la Naturaleza, el Dios de los Fenómenos... todo era emanación, cada cosa era *Dios-parte-de-Dios:* ¡se había creado *el Panteísmo*!". M. Creuzer sostenía la idea de que los Cabiri de Egipto y Fenicia, así como los Cabiri griegos pelásgicos (jaféticos), son las grandes Divinidades Planetarias: es decir, los Dioses del Cielo, dioses universales, los muchos dioses en Uno que dominan el aire, la tierra y las olas, y se mezclaban con los de los Betyles. Eran siempre los siete Planetas - Saturno, Júpiter, Marte, Sol, Venus, Mercurio y la Luna - que junto con la Tierra formaban los ocho Dioses Cabíricos.

Habiendo hecho el Creador al Dios de la Materia, al Dios de la Naturaleza, su función principal era producir; por lo tanto, los órganos de la generación se convirtieron en el símbolo de la divinidad. La Piedra tomó la forma del Falo y el Cteis, el Lingam-Yoni de la India. Así el Naturalismo uniéndose a la Piedra de los Patriarcas se convirtió para los sabios de la idolatría en el *Príncipe Generador* de todas las cosas. Como escribió el erudito convertido Rabí Drach:

> "Nuestros padres, hijos de *Sem,* conservaron en el santuario del Templo de Jerusalén la Piedra Beth-el de Jacob, y en esta Piedra adoraron al Mesías. Este culto fue imitado por nuestros vecinos de Fenicia, hijos de Cham, que tenían una lengua común con nosotros. De allí se extendió el culto de las Piedras llamadas Betyles o Beth-el, que la raza de *Japhet* llamaba también *lapides Divi,* piedras divinas o vivientes, y estas Betyles eran similares a las piedras animadas del Templo de Diana en Laodicea, mencionadas por Lampridius."

Entre la piedra, el árbol, el manantial o el pozo no dejaba de existir una alianza singular y estrecha; por eso, después de haber encerrado a sus dioses en Cetilos de Piedra, los encerraban en Cetilos de Árbol, como el antiguo Roble, con su manantial, venerado en el Templo de Dodona, que representaba a I.A.O. -el principio creador- y que tenía sus oráculos y sacrificios de sangre. De nuevo encontramos el Betyle bajo la forma más antigua, la del Huevo, el germen universal de todas las cosas, y a menudo junto con él la Serpiente de las fuerzas duales de la vida. El resultado combinado de todas estas formas era el Panteísmo. El hombre trató entonces de manipular esta divinidad, estas fuerzas duales, y mediante magia, encantamientos y evocaciones, el pueblo fue seducido y llevado por mal camino. Además, los Cabiri, Cibeles y Atys, Venus y Adonis, Isis y Osiris, Ceres y Iacchus, fueron representados en todos los lugares por el Falo Betyle, y como las bases de todos sus mitos están tan sorprendentemente conectadas, uno no puede dejar de ver bajo la diversidad de nombres la misma personificación de la Naturaleza, celeste y terrestre - el Universo - por lo tanto dios material.

El más antiguo de estos Dioses-Titanos o Cabiri era *Axieros-Unidad,* el Demiurgo, el Principio Creador; de él procedía *Ariokersos-Axiokersa dualidad* de los principios generadores, Cielo y Tierra: de esta dualidad surgió *Cadmillus,* Eros o Hermes, completando así la Trinidad Cabírica en la Unidad. En las formas más degradadas era el culto del lingam y la divinización de los deseos sensuales y eróticos. Además, en sus fiestas a menudo se incendiaban las pasiones del pueblo para luego apagarse en orgías y bacanales imposibles de describir.

En las ceremonias, dice des Mousseaux, los sacerdotes cabiríes se unían tan estrechamente a sus dioses que tomaban sus nombres, números y atribuciones, y en ocasiones solemnes incluso renunciaban a su propia personalidad; además, si el culto lo exigía, los imitaban en exactas momias místicas. Además, el General Albert Pike escribe de estos Cabiri:

> "La pequeña isla de Samotracia fue durante mucho tiempo depositaria de ciertos augustos Misterios... Se dice que fue colonizada por los antiguos Pelasgi, primitivos colonos asiáticos en Grecia, los Dioses adorados en los Misterios de esta isla eran denominados Cabiri, llamados por Varrón, 'dioses potentes-Cielo y Tierra', símbolos de los Principios Activo y Pasivo de la generación universal.... En las ceremonias se representaba la muerte del más joven de los Cabiri, asesinado por sus hermanos, que huyeron a Etruria, llevando consigo el arca que contenía sus genitales; y allí se adoraba al Falo y al arca sagrada."

Todos estos Misterios, escribe Clemente de Alejandría, mostrando asesinatos y tumbas, tenían por base la muerte y resurrección ficticias del Sol, el principio vital.

Hoy en día, este Sabeísmo puede rastrearse en todos los Misterios modernos -ocultos e iluminados. Tomemos, por ejemplo, la Stella Matutina, una Orden Rosacruz y Martinista, y su grado 3 = 8, atribuido al agua y en el que se invoca y adora a *Elohim Tzabaoth*. Los tres oficiales principales y el candidato juntos representan la Trinidad Cabírica Samotracia en Unidad; en el ritual leemos: *Hierofante - Así* habló Axieros, el primer Cabir: "Soy el vértice del Triángulo de la Llama; soy el Fuego Solar que derrama sus rayos sobre el mundo inferior. Dador de vida, productor de luz" (Zeus y Osiris). Hiereus-Axiokersos, el segundo Cabir: "Yo soy el ángulo basal izquierdo del Triángulo de la Llama; yo soy el Fuego, volcánico y terrestre, centelleante, llameante a través de los abismos de la tierra; fuego que penetra, fuego que penetra, desgarrando las cortinas de la materia; fuego limitado, fuego que atormenta, furioso y girando en una tormenta espeluznante" (Plutón y Tifón). Hegemón-Axiokersa, el tercer Cabir: "Soy el ángulo basal derecho del Triángulo de la Llama; soy el Fuego, astral y fluido, serpenteante y coruscante a través del firmamento. Soy la vida de los seres, el calor vital de la existencia" (Proserpina e Isis). Representan el Fuego o principio generador, que actúa en la tierra, el agua y el aire. El candidato es Casmillos o Cadmillus (Horus), y recibe el nombre místico de "Monokeros de Astris" el "Unicornio de las estrellas". Además, las formas de los dioses cabíricos, construidas según las instrucciones de su misterioso Maestro en Mesopotamia, eran asumidas astralmente por estos oficiales principales en la ceremonia, y por el momento ellos, en pensamiento, se convertían en estos dioses o fuerzas de la naturaleza, y como estos sacerdotes cabíricos practicaban la teurgia y la curación magnética.

Es, por tanto, interesante encontrar a Dollinger, en *Paganismo y Judaísmo,* escribiendo sobre los astrólogos caldeo-sabeístas: que estos hombres encontraron un apoyo en la filosofía estoica que, identificando a Dios con la Naturaleza, había llegado a considerar a las estrellas como eminentemente divinas y situaba el gobierno del mundo en el curso inmutable de los cuerpos celestes. Estos hombres enseñaban que una fuerza secreta descendía ininterrumpidamente sobre la tierra; que existía una estrecha simpatía entre los planetas, los cuerpos celestes y la tierra, y con los seres que vivían en ella. Además, creían que el hombre tenía el poder de aumentar la influencia del bien o evitar el mal por medio de invocaciones y ceremonias mágicas. En sus ceremonias mágicas y conjuros, se dice que todas las órdenes ocultas secretas modernas despiertan y reavivan poderes mediante la invocación de espíritus e influencias planetarias, zodiacales y elementales, utilizando siempre los nombres llamados potentes, divinos o "bárbaros".

DÁCTILOS, CORIBANTES Y TELQUINES

En *Psychologie des sentiments,* M. Ribot escribe sobre estas sectas más o menos primitivas:

> "La historia en todos los tiempos abunda en procesos fisiológicos, empleados para producir éxtasis artificial... por así decirlo, tener la divinidad dentro de uno mismo. Hay formas inferiores, la intoxicación mecánica producida por la danza, la música rítmica de los primitivos, que los excita y los pone en una condición madura para la inspiración. La intoxicación por drogas, soma, vino, la Dionisia, las orgías de Menades; el derramamiento de sangre tan extendido en los cultos de Asia Menor: Atys, los coribantes, los galos mutilándose y cortándose con espadas; en la Edad Media los flagelantes, y en nuestros días los faquires y derviches".

También, como se encuentra en las danzas frenéticas de los Khlysty y otras sectas gnósticas primitivas, e incluso en la moderna Euritmia de los seguidores del Dr. Steiner, todo ello encaminado a la deificación. En *Les Mystères du Paganisme,* revisado y editado por Silvestre de Sacy, 1817, Sainte-Croix nos da mucha información valiosa sobre estos Misterios primitivos. Como él dice: "No hay nada más intrigante en la antigüedad que lo que concierne a los Cabiri, Dactyles, Curetes, Corybantes, y los Telchines. Designados con diversos nombres, ¿eran dioses, genios, legisladores o sacerdotes? ... A menudo se han confundido unos con otros". Sin duda era el caso de los sacerdotes que asumían tanto el nombre como las atribuciones de sus dioses, pues dice el sacerdote druídico: "Soy un druida, soy un arquitecto, soy un profeta, soy una serpiente", siendo la serpiente un poder potente en su culto. Según Estrabón:

> "Algunos suponen que los Curetes son los mismos que los Corybantes, los Dactyles del Monte Ida y los Telchines. Otros afirman que son de la misma familia, con algunas diferencias. En general son todos iguales en cuanto al éxtasis, el frenesí báquico, el tumulto, el ruido que hacen con sus brazos, tambores, flautas y sus gritos extraordinarios durante sus fiestas sagradas... todo tenía que ver con la religión y no era ajeno a la filosofía."

Según Sainte-Croix, las ceremonias cabíricas tenían lugar por la noche, a menudo en una cueva, y todo conocimiento relativo a ellas y a los dioses era como un secreto inviolable oculto a los profanos. Los Dáctilos de Asia, a veces confundidos con los Cabiríes, eran originalmente Hijos del Cielo y de la Tierra, y mediante hechizos, ilusiones y embrujos, utilizados también en sus misterios, se ganaron a los pueblos de Frigia y Samotracia, haciéndose indispensables practicando la medicina y enseñándoles a trabajar los metales. Sin embargo, se dice que los frigios debieron su primera civilización a los malabaristas y adivinos coribantes, que también cultivaban ardientemente la música y la danza, hasta el punto de que su nombre llegó a significar una especie de pasión violenta por estos ejercicios que, según de Sacy, "significaba realmente la idea de una agitación sobrenatural, un frenesí divino, real o simulado, que envía al hombre fuera de sí y le deja sin dueño de sus acciones y movimientos. Expresaba una especie de locura o éxtasis, de origen divino, que parece producir efectos como los de una mente realmente desequilibrada." Hasta el final del Paganismo todavía existía algo de los misterios de los Corybantes.

Al igual que los Cabiri, los Dactyles y los Corybantes, con los que tenían tantos vínculos de hábito y ocupación, los Telchines fueron al principio simples adivinos, luego sacerdotes Pelasgi. Para aumentar su número y poder utilizaron las artes de la ilusión y la hechicería acompañadas de amenazas de futuros castigos, con lo que atrajeron a la gente de sus montañas y bosques, consiguiendo que cultivaran la tierra y adoptaran una nueva religión, abandonando su antiguo culto a Saturno. Con el tiempo, el nombre de Telchine se convirtió en sinónimo de charlatán, hechicero, envenenador e incluso espíritu maligno.

MISTERIOS DE ELEUSIS

En el mismo libro, Sainte-Croix hace un largo recuento de los Misterios de Eleusis, que se remontaban al año 1423 a.C.; eran de origen egipcio, aunque modificados y disfrazados por los griegos para encubrir la fuente de sus préstamos. Al igual que los egipcios, los Misterios de Eleusis se dividían en Misterios Mayores y Menores, Mitos y Epoptos, con pruebas intermedias de unos cinco años. Eusebio da los oficiales como: *Hierofante,* Padre de la generación, o Demiourgos; *Dadoukos,* portador del incienso, representando al Sol; *Epibomos,* portador del altar, representando a la Luna; *Hieroceryx,* el Heraldo Sagrado portando el Caduceo -las serpientes gemelas de la generación- representando a Mercurio. Todas las ceremonias se celebraban en un templo subterráneo secreto, cerrado a los profanos. Se practicaban muchas ceremonias, siendo una de las principales la elevación del Falo, un extraño rito de origen egipcio del que hablan a menudo Clemente de Alejandría, Tertuliano y otros. Según Diodoro Sículo, se celebraba en memoria de las partes viriles de Osiris arrojadas al Nilo por Tifón, y que Isis había deseado que recibieran honores divinos en sacrificios y misterios. En los Misterios Mayores se representaba con la figura del antiguo Mercurio fecundador -del que se decía que era el Logos, a la vez intérprete y fabricante de las cosas que han sido, que son y que serán; el espíritu de la semilla, según los Nasseni, es la causa de todas las cosas existentes, y es el misterio secreto y desconocido del universo oculto entre los egipcios en sus ritos y orgías.

Las mujeres tenían sus propios Misterios, conocidos como *Tesmoforias,* de los que todos los hombres, se dice, estaban excluidos. Los miembros debían ser vírgenes o mujeres legalmente casadas, todas legítimamente nacidas. En Atenas, las Tesmoforias se celebraban por la noche durante el mes de octubre y duraban unos cinco días. En lugar del Falo, las mujeres veneraban el Cteis u órgano sexual femenino, y durante las ceremonias había una danza alegre, similar a las de Persia, en la que todas se cogían de las manos, formando un círculo, y bailaban al ritmo de los sonidos de una flauta. Se conocían pocos detalles sobre estos Misterios, pero todos se basaban en el mito de Ceres y Proserpina.

Las aventuras de Ceres y Proserpina eran idénticas a las de Osiris e Isis. Tenemos, por tanto, a Isis - Boca o Madre del mundo; Ceres - Deméter, la Madre-Tierra - ambas significando la fecundidad de la tierra. Proserpina era hija de Ceres y Júpiter, y sabemos cómo el mito describe su rapto al inframundo por Plutón, su estancia obligatoria allí durante seis meses al año seguida de seis meses arriba con su madre. Se la llamaba simbólicamente "la semilla oculta en la tierra". Además, los más sabios de los sacerdotes egipcios, según los filósofos, consideraban a Osiris como la sustancia espermática, y varios afirman que el entierro del dios era emblemático de la semilla oculta en el seno de la tierra. Se le consideraba igualmente como la fuerza solar, principio de la fecundidad en relación con la Luna -también Ceres e Isis- que rige la generación.

Según la sutil filosofía de los neoplatónicos sobre el origen de las almas humanas y su emanación del alma del mundo o principio vital universal, el rapto de Proserpina por Plutón representaba el descenso del alma, abandonando las regiones superiores, precipitándose en la materia, uniéndose a un cuerpo. Iacchus y Bacchus despedazados por los Titanes era la Mente Universal dividida y esparcida por la generación en una multitud de seres (panteísmo), y Platón enseñaba que el objetivo de los Misterios era reconducir las almas a la región superior y a su primitivo estado de perfección del que habían descendido originalmente. Sin duda, el conocimiento secreto de los sacerdotes, impartido a unos pocos, era el poder hermético, personificado por Mercurio y su caduceo, de actuar sobre la fuerza sexual del hombre, elevándola y uniéndola a la fuerza vital universal, su Deidad, produciendo una forma de la llamada iluminación.

Habiéndose extendido el cristianismo en Grecia, los sacerdotes se vieron obligados a ser más cuidadosos en la elección de los epoptes, por si admitían a hombres, inclinados a abandonar el paganismo y hacerse cristianos, que pudieran revelar los secretos de la Iniciación. Por ello, al comienzo de la ceremonia se hacía una advertencia: "Si algún ateo, cristiano o epicúreo está presente, testigo de estos Misterios, que se marche y permita a los que creen en Dios ser iniciados bajo felices auspicios".

MISTERIOS DE EGIPTO

En *Les Sectes et Sociétés Secrètes* —políticas y religiosas - Le Couteulx de Canteleu, 1863, observa que el objetivo de las sociedades secretas

> "en su conjunto fue, es y será siempre la lucha contra la Iglesia y la religión cristiana, y la lucha de los que no tienen contra los que tienen... Todas las sociedades secretas tienen iniciaciones casi análogas, desde la egipcia hasta los Illuminati, y la mayoría de ellas forman una cadena y dan origen a otras."

Entre los Illuminati modernos, "La Hermandad de la Luz", Los Angeles, California, profesan ser

> "una Fraternidad Occidental de estudiantes herméticos que, comprendiendo la verdad de la Fraternidad Universal, dedican sus energías a la elevación física, mental y espiritual de la Humanidad. Investigan todos los reinos de la naturaleza para que las fuerzas latentes y activas puedan ser descubiertas y sometidas a la Voluntad Imperial del hombre."

Su enseñanza es para

> "el propósito definido de revivir la *Religión de las Estrellas* que es una religión de ley natural - tal como la entendieron y enseñaron los iniciados herméticos del Antiguo Egipto y Caldea".

El alto masón Albert Pike afirma: "Las siete grandes naciones primitivas, de las que descienden todas las demás, los persas, caldeos, griegos, egipcios, turcos, indios y chinos, eran todas originalmente sabeístas y adoraban las estrellas". Los caldeos consideraban la Naturaleza como la gran divinidad que ejercía sus poderes a través de la acción de sus partes, el sol, la luna, los planetas y las estrellas fijas, la revolución de las estaciones y la acción combinada del cielo y la tierra, es decir, las fuerzas cósmicas y las fuerzas magnéticas de la tierra. Heródoto, Plutarco y toda la antigüedad consideran unánimemente a Egipto como el origen de los Misterios. En ese libro anónimo que es el *Canon* se nos dice que los sacerdotes egipcios eran prácticamente los amos del mundo antiguo, todo y todos estaban sometidos a su jurisdicción, y los antiguos historiadores griegos afirman enfáticamente que las doctrinas esenciales de la religión griega procedían de Egipto. Los secretos místicos de los antiguos sacerdotes eran transmitidos de generación en generación por iniciados y místicos, y este misticismo era sinónimo de gnosticismo y era común a egipcios, griegos y hebreos.

Según Le Couteulx de Canteleu, estos sacerdotes egipcios formaban una Confederación de Filósofos unidos para estudiar el arte de gobernar a los hombres y concentrarse en lo que concebían como la verdad. Se componía de tres clases: (1) la de los sacerdotes que eran los únicos que podían ponerse en contacto con los dioses, utilizando la ilusión y los oráculos para imponerlos al pueblo; (2) la de los Iniciados Mayores, elegidos, al igual que los sacerdotes, entre los egipcios y a los que no había nada que ocultar; (3) la de los Iniciados Menores, la mayor parte extraños, a los que se confiaba lo que los Sumos Pontífices consideraban oportuno decirles. Los Misterios eran dirigidos por un Consejo Supremo de cinco ministros, de los cuales el principal se llamaba Rey, Hierofante u Orador Sagrado. Se dividían en Misterios Mayores, los Epoptes, y Misterios Menores, los Mystes; la celebración de los Misterios Mayores era la iniciación de aquellos que habían sido recibidos en los Misterios Menores, después de haber sido sometidos a las pruebas necesarias. Según Faber, en su *Idolatría pagana,* "se suponía que los epoptes habían experimentado una cierta regeneración... y se consideraba que habían adquirido un gran aumento de Luz y conocimiento", es decir, Iluminación, o deificación. Tan pronto como los sacerdotes oían hablar de un hombre cuyo genio, talento y valía se habían ganado la consideración de los pueblos, la Confederación utilizaba todos los medios posibles para atraerlo e iniciarlo, y a todos se les hacía actuar de acuerdo con su sistema y sus puntos de vista. Los conocimientos de los sacerdotes egipcios eran inmensos. Eran padres de la astronomía y la geometría y el estudio de la naturaleza les era familiar; tenían salas de botánica, historia natural y química, también inmensas bibliotecas donde había libros de ciencia e historia e incluso libros sagrados comunicados sólo a los iniciados. Egipto era la *cita* de todos los hombres célebres que buscaban instrucción.

Todos estos Misterios parecen proceder de la misma fuente-, teniendo una cosmogonía completa y una explicación de la naturaleza primitiva y del origen del hombre. Por todas partes aparecían los genios impuros del paganismo, pues todos sus mitos tenían su lado obsceno además de cosmogónico, y estos festivales nocturnos estaban llenos de cantos y ceremonias impuras. El iniciado era sometido primero a horripilantes pruebas de oscuridad, fuego y agua, largos ayunos, visiones, etc., y si las superaba y permanecía cuerdo, cosa que muchos no hacían, era recibido entre los sacerdotes. La alucinación era uno de los grandes métodos de la teurgia egipcia; el opio quemado, la datura, el beleño, el hasheesh, la canela y el laurel formaban estos vapores, que provocaban el frenesí de la pitonisa o del iniciado.

> "Las ideas de misterio, de magia, la invocación de los muertos y de los espíritus eran tan poderosas en aquella época que las mentes de los más sabios no pudieron resistirse a ellas, los mayores genios y los grandes filósofos llegaron a ser iniciados. Pero la negación epicúrea y el panteísmo estoico se mezclaron con los Misterios de Ceres... la poesía de la religión que invocaban desapareció poco a poco, sus bellos sueños se convirtieron en siniestro panteísmo, los elementos eran los únicos dioses verdaderos, y las visiones poéticas de la noche de la iniciación se desvanecieron gradualmente, llevando al iniciado al escepticismo."

Como continúa Le Couteulx de Canteleu, la generación era la base de todos los Misterios. En todo el universo, nacer, morir y reproducirse, tal es la ley impuesta a todo lo que existe. Es una rotación perpetua de creación, destrucción y regeneración, y esa fue la base y el origen de todas las mitologías y religiones antiguas. Los egipcios, dice Diodoro Sículo, reconocen dos grandes dioses, el Sol y la Luna, u Osiris e Isis; a través de ellos se efectúa la generación de los seres. Toda la naturaleza es mantenida por ellos en combinación con sus cinco cualidades: éter, fuego, aire, agua y tierra. O como explica Le Couteulx de Canteleu, cinco principios distintos se unen en la generación de los seres:

(1) *La Causa* - el padre, principio activo, masculino, creador; representado entre los antiguos por el Sol, el fuego, Osiris, padre de la luz; simbolizado por Ptah de los egipcios, el triángulo y la pirámide.

(2) *El Sujeto* - la madre, la materia, la naturaleza femenina, pasiva, representada por el agua. Es la Naturaleza adorada en todos los pueblos bajo múltiples formas: la Luna, Cibeles, Venus, Ceres e Isis de los egipcios.

(3) *El Intermediario* - la semilla, el éter, el fluido vital, el instrumento de la reproducción; representado por el Falo o el aire, el espíritu de la vida, el fluido magnético del Sol, Eros, Baco, Hércules, Hermes y Thoth de los egipcios.

(4) *El Efecto* - fecundación, que produce fermentación, putrefacción, desintegración, de la que surge la vida; está representado por la Tierra, madre de todos los cuerpos, y en la que se desarrollan los vegetales y los minerales.

(5) *El Resultado* - la creación de una nueva vida destinada a reproducir su especie; es el éter, el quinto elemento, el Horus de los antiguos, la Estrella Ardiente de los francmasones, el pentagrama, el adepto divinizado.

Iniciación, iluminación o deificación significa fijación del éter o luz astral en una base material, por disolución, sublimación y fijación, realizándose la obra conforme a su principio que reproduce dicho principio. Por lo tanto, entre los subversivos estos principios de generación o regeneración se aplican a la vida religiosa, política, social, moral y mental. Como dice el cabalista: "Lo formulado debe primero desformularse para poder reformularse en nuevas condiciones" (muerte y desintegración); o como dice el revolucionario: "Todo debe ser destruido ya que todo debe ser renovado". En el Iluminismo hay que matar la personalidad del adepto y formar un nuevo ser: ¡la herramienta controlada por la fijación de la luz astral, el vínculo etérico!

El Sr. H. P. Cooke, en su estudio sobre *Osiris*, al hablar de Amen o Amoun dice: "La palabra o raíz *Amen* significa ciertamente 'lo que está oculto' ... y tiene referencia a algo más que el 'sol que ha desaparecido bajo el horizonte'; uno de los atributos que se le aplicaban era el de *eterno. Se* parece mucho a la fuente de toda vida".

Ahora bien, Albert Pike nos dice que Amùn o Amoun, el Dios del Bajo Egipto, era "el Señor celeste que arroja luz sobre las cosas ocultas". "Era la fuente de esa vida divina de la que la crux *ansata* es el símbolo, la fuente de todo poder... Era la Luz, el Dios-Sol". La crux ansata era el símbolo egipcio de la vida, las fuerzas duales de la generación en todas las cosas.

En la ceremonia de iniciación de la S.M., el Hierofante sobre el Dais, en Oriente, representa a Osiris; su poder, representado por los colores de su lamen -rojo y verde- es "como la luz resplandeciente del fuego del Sol que hace nacer la verde vegetación de la tierra que de otro modo sería estéril". También por su símbolo, la cruz del calvario con la rosa en el centro, "representa el poder del auto-sacrificio requerido para ser alcanzado por aquel que quiera ser iniciado en los sagrados Misterios." Es Osiris del País de las Tinieblas. De nuevo, Hiereus en Occidente es Horus, el vengador de los Dioses; es el Guardián de los Misterios contra aquellos que moran en las tinieblas. Los cuatro elementos, las "criaturas vivientes" de la visión de Ezequiel, el león, el toro, el hombre y el águila, representan a la Esfinge. Sus vicegerentes son los Hijos de Horus: Amset, al sur; Hapi, al norte; Taumutef, al este; Qebhsennuf, al oeste. Además, el Banquete Místico S.M. representa la comunión en el cuerpo de Osiris, y al invertir la copa al final, el Kerux - Anubis, el Vigilante de los Dioses - grita en voz alta: "Consumado es", se realiza la regeneración mediante el autosacrificio. Finalmente, en la Iniciación Interior, después de levantarse de la tumba, el Adepto Principal exclama: "Soy el Sol en su salida. He atravesado la hora de la nube y de la noche. Soy Amoun, el Oculto, el Abridor del Día. Soy Osiris On-nopheris, el Justificado. Soy el Señor de la Vida triunfante sobre la muerte. No hay parte de mí que no sea de los dioses". El Oculto, o el "dios oculto" dentro del hombre, es la kundalini, y por su unión con la fuerza vital universal se dice que el adepto se convierte en uno con los dioses. Como dijo Lepsius: "Cuando te liberes del cuerpo ascenderás al éter libre, serás un Dios inmortal escapado de la muerte".

Ahora bien, el ritual R.R. et A.C. nos dice que los dioses representan una cierta acción material simbólica de las Fuerzas de la Naturaleza, y todas las ceremonias mágicas tienen por objeto atraer las Fuerzas Solares y la Luz de la Naturaleza, utilizándolas para un fin determinado, en el caso de la iniciación, liberar al dios hechizado u "oculto" dentro del hombre. Es totalmente panteísta y, como sabemos, los antiguos Magos consideraban al Sol como el gran pozo magnético del universo. A través de su profundo y secreto conocimiento de estas fuerzas, los sacerdotes de Egipto podrían convertirse en amos del viejo mundo, del mismo modo que hoy en día alguna misteriosa jerarquía que trabaja detrás y a través de todos los misterios modernos está tratando de unir y dominar a la humanidad por medio del mismo conocimiento secreto.

En *Moral y Dogma,* Albert Pike nos dice que Apuleyo representa a Lucio, todavía en forma de asno, dirigiendo sus invocaciones a Isis, que es Ceres, Venus, Diana y Proserpina, sustituyendo, como la Luna, su luz temblorosa por los brillantes rayos del Sol. Dirigiéndose a Lucio, Isis dice:

> "La progenitora de la naturaleza Universal acude a tu llamada. La señora de los elementos, iniciativa germen de generaciones... Ella gobierna con su asentimiento las alturas luminosas del firmamento, las brisas salubres del océano; las silenciosas profundidades deplorables de las sombras de abajo; una Divinidad Única bajo muchas formas, adorada por las diferentes naciones de la Tierra bajo muchos títulos, y con varios ritos religiosos."

Describiendo la iniciación en los misterios de Isis, Apuleyo continúa:

> "Me acerqué a la morada de la muerte; con mi pie presioné el Umbral del Palacio de Proserpina. Fui transportado a través de los elementos y conducido de nuevo. A medianoche vi brillar la brillante luz del Sol. Estuve en presencia de los Dioses, de los Dioses del Cielo y de las Sombras de abajo; me acerqué y adoré."

Osiris llama

> "el Gran Dios, Padre Supremo de todos los otros Dioses, el invencible Osiris..."

En el grado 6 = 5 del R.R. et A.C., el adepto es enterrado ceremonialmente en la tumba, pasa a un trance con sus inevitables visiones, es despertado por la Shekinah, velada, con la luna creciente en la frente, que, sosteniendo en alto una lámpara encendida, dice: "Levántate, brilla, porque ha llegado tu luz y la Gloria de tu Señor está sobre ti". Es la Iluminación o la

Iniciación, un poder que debe utilizarse, no para el propio adepto, sino para ponerlo al servicio de su desconocido Señor y Maestro.

MITRAÍSMO

Tras el surgimiento del zoroastrismo -a veces llamado la fe de Ormuzd o mazdeísmo- Mitra, un dios persa de la Luz, ocupó su lugar entre Ormuzd y Ahriman o Plutón de los persas -la Luz eterna y la Oscuridad eterna- para ayudar, se dice, en la destrucción del mal y la administración del mundo. Era el dios de la vegetación, el dios de la generación y el aumento, y era aceptado en la religión oficial de Persia. También se le consideraba mediador entre la humanidad y el Dios incognoscible, que reinaba en el éter. Su culto se extendió, con el Imperio de Persia, por toda Asia Menor, y Babilonia fue un centro importante; creció en fuerza tras las conquistas de Alejandro. El comienzo de su decadencia se produjo hacia el 275 d.C., pero aún sobrevivía en el siglo V. Se modificó en Asia por el contacto con los adoradores caldeos de las estrellas, que identificaban a Mitra con Shamash, dios del Sol, y por los griegos de Asia, que lo veían como Helios. No fue hasta finales del siglo I cuando ganó terreno en Roma, donde tanto su política como su filosofía contribuyeron a su éxito. Sin embargo, Adriano prohibió estos Misterios en Roma debido a los crueles sacrificios humanos que acompañaban a algunos de sus ritos, en los que se adivinaban acontecimientos futuros en las entrañas. No obstante, reaparecieron bajo el reinado de Cómodo y se extendieron incluso a Britania.

La leyenda, la teología y la simbología mitraicas han sido reconstruidas por Franz Cumont en su obra *Textes et monuments figures relatifs aux mystères de Mithra*, 1896. La leyenda, tal como se muestra en estos famosos relieves mitraicos, también descritos por Sainte-Croix, es brevemente: Nacido de una roca, Mitra comió del fruto de una higuera y se vistió con sus hojas. El relieve muestra las aventuras de Mitra con el toro sagrado, creado por Ormuzd; agarró al animal por los cuernos, fue arrastrado hasta que, sometiéndolo, finalmente lo arrastró hasta una caverna, y por orden del Dios-Sol lo sacrificó. El relieve central representa a Mitra con vestiduras vaporosas y gorro frigio, matando al toro sagrado; el toro sacrificado para hacer nacer la vida terrestre. El escorpión que ataca sus genitales fue enviado por Ahriman desde el mundo inferior para destruir el poder generativo e impedir así la fertilidad; el perro que salta hacia la herida del costado del toro era venerado por los persas como compañero de Mitra; la serpiente es el símbolo de la tierra fecundada al beber la sangre del toro sacrificado. El cuervo que dirige a Mitra es el Heraldo del Dios-Sol que ordenó el sacrificio; varias plantas cerca del toro y cabezas de trigo simbolizan el resultado fructífero. Los portadores de las antorchas representan uno de los tres aspectos: el sol en los equinoccios de primavera y otoño y en el solsticio de verano, la renovación de la naturaleza y su fecundidad. Los Misterios Mitraicos se celebraban en el solsticio de invierno, "el día de la Natividad del Invencible".

La cueva o gruta artificial utilizada en sus iniciaciones representaba el Universo, es decir, los siete planetas, los doce signos del Zodíaco, los cuatro elementos, etc., pues la ciencia de los Misterios tenía íntima conexión con la astrología y la física; además, el Huevo simbólico místico representaba su dualismo de Luz y Tinieblas, Bien y Mal, Noche y Día, negativo y positivo. Un texto de San Jerónimo e inscripciones conservan el conocimiento de los siete grados de iniciación. La escalera de siete planetas representa, según ellos, las siete etapas por las que el hombre descendió a la materia y a través de las cuales debe regresar al éter y a la iluminación. Según Celso el orden de retorno es: Saturno, Venus, Júpiter, Mercurio, Marte, Luna, Sol, diferenciándose así del sistema cabalístico, que es de Tierra a Luna, Mercurio, Venus, Sol, Marte, Júpiter y Saturno. Los grados mitraicos eran:

(1) *Cuervo,* el sirviente del Sol;

(2) Oculto o velado;

(3) *Soldado,* la guerra contra el mal al servicio de Mitra;

(4) *León,* el elemento del fuego;

(5) *Persa, vestido* con ropa asiática;

(6) *Heliodromus,* mensajero del Sol. *Pater* o *padre* - *Patres Sacrorum,* directores del culto.

En los tres primeros grados sólo eran sirvientes.

En el primero se prestaba juramento de secreto, precedido de purificaciones y ayunos. En el grado de Soldado, según Tertuliano, el miste era marcado o marcado en la frente con una Tau. En el León y el Persa se aplicaba miel en las manos y en la lengua. También había una comunión mística de pan y agua consagrados; más tarde el vino posiblemente sustituyó al soma utilizado en ritos similares del mazdeísmo. En los grados superiores, entre los participantes, los efectos de beber el vino sagrado, la manipulación de la luz en la cripta, la administración del juramento y la repetición de fórmulas sagradas contribuían a inducir un estado de exaltación extática. Springett, en su *Secret Sects of Syria,* habla de lustraciones con fuego, agua y miel, y después de muchas pruebas que terminaban con un ayuno de cincuenta días de duración, pasados en perpetuo silencio y soledad. "Si el candidato escapaba a la locura parcial o completa, un suceso de gran frecuencia, y superaba las pruebas de su fortaleza, era elegible para los grados superiores". Yarker, en sus *Escuelas Arcanas,* nos dice que en algunos de los monumentos mitraicos Mitra aparece con una antorcha en cada mano, mientras que una espada flamígera sale de su boca; en otros tiene un hombre a cada lado, uno sosteniendo una antorcha flamígera hacia arriba, el otro sosteniéndola al revés. Esto último podría representar sus principios de Luz y Oscuridad; la espada flamígera es también un símbolo entre las sectas rosacruces y cabalísticas modernas, donde, en el Árbol de la Vida cabalístico, Adam Kadmon, el Logos, es representado con la espada flamígera saliendo de su boca; es la luz astral, que puede matar o dar vida, puesta en movimiento por una voluntad poderosa y un adepto entrenado que la controla.

En estos Misterios, pues, vemos de nuevo el culto de la naturaleza y de la generación aplicado a la llamada regeneración del hombre, iluminación mental por la acción de la luz astral, que en muchos casos conduce a la ilusión, al fanatismo y a veces hasta a la locura.

CAPÍTULO II

CABALISTAS, GNÓSTICOS Y SECTAS SECRETAS SIRIAS

El *Patriot* publicó en octubre de 1922 una valiosa serie de artículos sobre los movimientos subversivos a lo largo de los siglos, *The Anatomy of Revolution*, de G. G., más conocido como "Dargon", autor de *The Nameless Order.* En uno de ellos escribe:

> "Durante siglos han existido ciertas escuelas esotéricas de filosofía mística originadas aparentemente en varias corrientes orientales de pensamiento que se reunían en el Levante, Egipto y el Oriente más cercano. Encontramos en estas escuelas elementos del budismo, del zoroastrismo y del ocultismo egipcio mezclados con misterios griegos, cabalismo judío y fragmentos de antiguos cultos sirios. De este batiburrillo de filosofía, magia y mitología orientales surgieron en los primeros siglos de la era cristiana numerosas sectas gnósticas y, tras el auge del mahometismo, varias sectas heréticas entre los seguidores del Islam, como los ismaelitas, los drusos y los asesinos, que encontraron su inspiración en la Casa de la Sabiduría de El Cairo. De las mismas fuentes proceden las ideas que inspiraron movimientos político-religiosos de la Edad Media como los Illuminati, los Albigenses, los Cataríes, los Valdenses, los Trovadores, los Anabaptistas y los Lolardos. A las mismas inspiraciones debe atribuirse el surgimiento de las primeras sociedades secretas. Se dice que los Templarios fueron iniciados por los Asesinos en misterios anticristianos y subversivos, y encontramos rastros similares de un origen antiguo y oculto en los Alquimistas, los Rosacruces, y los cultos místicos posteriores de los cuales el Swedenborgiano es un ejemplo familiar".

Además, Albert G. Mackay, Secretario General del Consejo Supremo 33° para la Jurisdicción Sur, EE.UU., escribe en su *Lexicon of Freemasonry:*

> "Los Esenios estaban, sin embargo, indudablemente conectados con el Templo (de Salomón), ya que su origen es derivado por el erudito Scaliger, con toda apariencia de verdad, de los Kassideanos, una fraternidad de devotos judíos, quienes, en el lenguaje de Laurie, se habían asociado como 'Caballeros del Templo de Jerusalén'.'... De los esenios derivó Pitágoras gran parte, si no todos, los conocimientos y las ceremonias con que revistió la escuela esotérica de su filosofía."

También dice que Pitágoras conoció a los judíos en Babilonia, donde visitó durante el cautiverio, y, dice Oliver, "fue iniciado en el sistema judío de la francmasonería." De la Cábala Mackay escribe:

> "La Cábala es de dos *clases -teórica* y *práctica-* con la Cábala práctica, que se dedica a la construcción de talismanes y amuletos, no tenemos nada que ver. La teórica se divide en literal y dogmática. La dogmática no es más que el resumen de la doctrina metafísica enseñada por los doctores cabalistas. Es, en otras palabras, el sistema de la filosofía judía".

Escribiendo sobre el *Sepher Yetzirah,* que es más antiguo que el *Zohar,* Adolphe Franck en su libro *La Kabbale,* 1843, dice:

> "Las nubes con que la imaginación de los comentaristas la han rodeado se disiparán por sí mismas si, en lugar de buscar en ella, como ellos hicieron, misterios de inefable sabiduría, vemos simplemente un esfuerzo de la razón, en el momento de despertar, por percibir el plan del universo y el vínculo que une todos los elementos a un principio común, cuyo conjunto nos ofrece."

Representa y explica los treinta y dos senderos del Árbol de la Vida cabalístico, los diez Sephiroth o centros de luz, unidos por los veintidós senderos a los que se atribuyen las letras hebreas, consideradas como fuerzas potentes. Estas letras se dividen en tres *letras madres: shin,* fuego; *mem,* agua; *aleph,* aire; siete letras *dobles,* atribuidas a los planetas; doce letras *simples,* atribuidas a los signos del Zodíaco. Y por encima, uniéndolo todo, está el espíritu o éter. Algunos dicen que representa el descenso del alma a la materia y su retorno y unión con la fuerza vital universal, produciendo iluminación, éxtasis, deificación y condiciones similares. En cuanto al Dios cabalístico, es primero *Ain-negativo*; luego *Ain Soph* — espacio ilimitado; finalmente, *Ain Soph Aur* - luz ilimitada. El Dios negativo fue despertado, se volvió activo. De nuevo, Jehová, el Tetragrammaton judío, tan usado en las operaciones cabalísticas y mágicas, es Yod, He, Vau, He, el Principio Creador en unidad - el padre, la madre, el hijo y la hija o base material, a veces llamada la novia. Como se dice: el Ser Absoluto y la Naturaleza tienen un solo nombre, que significa Dios; representa todas las fuerzas de la naturaleza. En la creación primero, dicen, sólo hubo emanación, como las chispas que vuelan de un yunque, pero al estar desequilibradas se desvanecieron todas, como los reyes edomitas; luego aparecieron los sexos duales como fuerzas separadas, y con ellos llegó la creación equilibrada.

Franck sostiene que el Zohar o Libro de la Luz, génesis de la luz de la naturaleza, comienza donde lo dejó el Sepher Yetzirah. Desde el punto de vista cabalístico, el Absoluto se llama la *Cabeza Blanca,* pues todos los colores se mezclan en su luz. Es el Anciano de los Días o primer Sephira del Árbol de la Vida cabalístico, es la cabeza Suprema, la fuente de toda luz, el principio de toda sabiduría-unidad. De esta unidad emanan dos principios paralelos pero aparentemente opuestos, aunque en realidad inseparables; el masculino, activo, llamado Sabiduría, el otro, pasivo, femenino, el Entendimiento, pues "todo lo que existe, todo lo que ha sido formado por el Anciano de los Días sólo puede existir a través de un macho y una hembra". El Anciano de los Días, comparado por Franck a Ormuzd de los persas, es el padre engendrando todas las cosas por medio de los caminos maravillosos, por los cuales la fuerza se difunde por el universo, imponiendo una forma y límites a todo lo que existe. El entendimiento es la madre, que recibe y reproduce. De su misteriosa y eterna unión surge un hijo, que tiene los rasgos del padre y de la madre, dando así testimonio de ambos. Este hijo es el conocimiento y la ciencia. Estas tres personas encierran y unen todo lo que es y a su vez están unidas en la Cabeza Blanca. A veces se las muestra como tres cabezas formando una sola, otras se las compara con el cerebro que, sin perder su unidad, se divide en tres partes, y por medio de treinta y dos pares de nervios actúa por todo el cuerpo, el *microcosmos*, así como ayudada por los treinta y dos caminos de la sabiduría, la divinidad se difunde por todo el universo, el *macrocosmos*. También representa tres fases sucesivas y absolutamente necesarias en la generación universal.

Citando a Corduero, Franck continúa: Los tres primeros Sephiroth -Corona, Kether; Sabiduría, Chokmah; Entendimiento, Binah— deben considerarse como los Tres en Uno, pues son el Padre, el Hijo y el Espíritu Santo o madre. Los otros siete Sephiroth de la construcción se desarrollan también en trinidades, en cada una de las cuales dos extremos están unidos por un tercero. La segunda trinidad es: Misericordia, Chesed, masculino; Severidad, Geburah, femenino, es decir, expansión y concentración de la voluntad. Estos están unidos por la Belleza, Tiphareth, o el Sol, la trinidad que representa la fuerza moral. La tercera trinidad es puramente dinámica, mostrando la divinidad como la fuerza universal, el *Principe Générateur* de todos los seres; es la Victoria, Netzach, femenino; el Esplendor, Hod, masculino; significando la extensión y multiplicación de todas las fuerzas en el universo. Estos se unen de nuevo por la Fundación, Yesod, la Luna, y están representados por los órganos de la generación, raíz de todo lo que es. El décimo Sephira es Malkuth, el Reino o base material, en el que se encuentra la acción permanente e inmanente de los Sephiroth unidos, la presencia real de Dios en medio de la creación tal como se expresa por la Shekinah. La obra del Sol y de la Luna es difundir y perpetuar por su unión la obra de la creación. La tercera trinidad es la kundalini o caduceo, y por el misticismo y el yoga se despierta, y se eleva a través de las Sephiroth hasta la Corona, la fuente de toda luz, uniéndose con el Principio Creativo universal. Así, según la Cábala, toda forma de existencia, desde la materia hasta la sabiduría eterna, es una manifestación de este poder infinito. No basta que todas las cosas procedan de Dios para que tengan realidad y permanencia; es necesario también que Dios esté siempre presente en medio de ellas, que viva, se desarrolle y se reproduzca eternamente hasta el infinito bajo estas formas. La Cábala es, pues, enteramente panteísta.

Sobre su origen Franck escribe: "Al examinar el *Zohar,* buscando alguna luz sobre su origen, uno no tarda en percibir en su desigualdad de estilo, falta de unidad en su exposición, método y aplicación de principios generales, y finalmente en su pensamiento detallado, que es del todo imposible atribuirlo a una sola persona". Se eleva a grandes alturas, pero de nuevo se hunde en grandes puerilidades, ignorancia y superstición. "Nos vemos, pues, obligados a concluir que se formó sucesivamente durante varios siglos y por obra de varias generaciones de cabalistas". Señala tres fragmentos que forman en sí mismos, a diferencia del resto, un todo coordinado: (I) el *Libro de los Misterios*, considerado el más antiguo; (2) la *Asamblea Mayor*, los discursos de Rabí Simón ben Jochai, hacia 160 d.C., en medio de sus diez discípulos; (3) la *Asamblea Menor*, donde Simón, en su lecho de muerte, dio instrucción a sus discípulos, ahora reducidos por la muerte a siete. En ellos se encuentra, a veces en lenguaje alegórico, a veces metafísico, una descripción de los atributos divinos y sus diversas manifestaciones, el origen del mundo y las relaciones de Dios con el hombre.

Algunos declaran que la Cábala no se desarrolló hasta finales del siglo XIII, pero Adolphe Franck sostiene que, según las pruebas que aporta, debió originarse durante los setenta años de cautiverio judío en Babilonia, por lo que debe mucho a las antiguas religiones de Caldea y Persia. Allí, bajo la autoridad civil y religiosa, los jefes del cautiverio construyeron la Sinagoga de Babilonia, que se unió a la de Palestina, y se fundaron muchas escuelas religiosas, en las que finalmente se produjo el Talmud de Babilonia, la última y completa expresión del judaísmo. Todos los cronólogos, judíos y cristianos, están de acuerdo en que la primera liberación de Israel, cautivo en Caldea desde la época de Nabucodonosor, tuvo lugar, dirigida por Zorobabel, durante los primeros años del reinado de Ciro sobre Babilonia, hacia 536-530 a.C. Zoroastro ya había comenzado su misión religiosa, enseñando la doctrina del dualismo Luz y Tinieblas, Bien y Mal, en 549 a.C., catorce años antes del primer retorno de los israelitas cautivos a su propio país, y sin duda llevaron consigo la impronta de esta enseñanza. Aparentemente ninguna otra nación ejerció tan estrecha influencia sobre los judíos como Persia y el sistema religioso de Zoroastro con sus largas tradiciones.

La Cábala práctica o mágica, con sus combinaciones y correspondencias, era la base astrológica, mágica y magnética utilizada por los alquimistas y magos de la Edad Media para realizar sus transmutaciones y conjuros. Estaba impregnada de la "magia fluídica" derivada de cultos muy antiguos, y todavía practicada en la época de la cautividad entre los persas y los caldeos. Hoy en día, todos los Rosacruces y sectas cabalísticas utilizan esta Cábala Mágica para sus trabajos de adivinación, clarividencia, curación hipnótica y magnética, fabricación de talismanes y contacto con sus misteriosos maestros. Como dijo el escritor judío Bernard Lazare:

> "Las sociedades secretas representaban las dos caras de la mente judía, el racionalismo práctico y el panteísmo, ese panteísmo que, reflejo metafísico de la creencia en Un Dios, terminaba a veces en la teurgia cabalística."

CABALISTAS Y GNÓSTICOS

Albert Pike, en *Moral y Dogmas,* nos dice que, después de la mezcla de diferentes naciones, resultado de las guerras de Alejandro, las doctrinas de Grecia, Egipto, Persia y la India se encontraron y mezclaron por todas partes. La gnosis, dice, es la ciencia de los misterios transmitidos de generación en generación en las tradiciones esotéricas.

> Los gnósticos derivaron sus principales doctrinas e ideas de Platón y Filón, del Zend-avesta, de la Cábala y de los libros sagrados de la India y Egipto; y así introdujeron en el seno del cristianismo las especulaciones cosmológicas y teosóficas, que habían formado la mayor parte de las antiguas religiones de Oriente, unidas a las de las doctrinas egipcias, griegas y judías, que los neoplatónicos habían adoptado igualmente en Occidente...". Se admite que la cuna del gnosticismo hay que buscarla probablemente en Siria e incluso en Palestina. La mayor parte de sus expositores escribieron en esa forma corrompida del griego usado por los judíos helenísticos... y había una analogía asombrosa entre sus doctrinas y las del judeo-egipcio Filón de Alejandría; él mismo el asiento de tres escuelas, a la vez filosóficas y religiosas - la griega, la egipcia, y la judía. Pitágoras y Platón, el más místico de los filósofos griegos (el más gordo heredero de las doctrinas del primero), y que habían viajado, el segundo por Egipto, y el primero por Fenicia, India y Persia,

> también enseñaban la doctrina esotérica... Las doctrinas dominantes del platonismo se encontraban en el gnosticismo...
>
> "La escuela judeo-griega de Alejandría es conocida sólo por dos de sus jefes, Aristóbulo y Filón, ambos judíos de Alejandría en Egipto. Perteneciente a Asia por su origen, a Egipto por su residencia, a Grecia por su lengua y estudios, se esforzaba por demostrar que todas las verdades incrustadas en las filosofías de otros países fueron trasplantadas allí desde Palestina. Aristóbulo declaró que todos los hechos y detalles de las Escrituras judías eran otras tantas alegorías que ocultaban los significados más profundos, y que Platón había tomado prestadas de ellas todas sus mejores ideas. Filón, que vivió un siglo después que él, siguiendo la misma teoría, se esforzó por demostrar que los escritos hebreos, por su sistema de alegorías, eran la verdadera fuente de todas las religiones y doctrinas filosóficas. Según él, el sentido literal era sólo para el vulgo.
>
> ... Los judíos de Siria y Judea fueron los precursores directos del gnosticismo; y en sus doctrinas había amplios elementos orientales. Estos judíos habían tenido con Oriente, en dos épocas diferentes, relaciones íntimas, familiarizándose con las doctrinas de Asia y especialmente de Caldea y Persia... Viviendo casi dos tercios de siglo, y muchos de ellos mucho tiempo después, en Mesopotamia, la cuna de su raza; hablando el mismo idioma, y criando a sus hijos con los de los caldeos, asirios, medos y persas, necesariamente adoptaron muchas de las doctrinas de sus conquistadores... y estas adiciones a la antigua doctrina pronto se difundieron por el constante intercambio comercial en Siria y Palestina...
>
> "De Egipto o Persia los nuevos platónicos tomaron prestada la idea, y los gnósticos la recibieron de ellos, de que el hombre, en su carrera terrestre, está sucesivamente bajo la influencia de la Luna, Mercurio, Venus, Sol, Marte, Júpiter y Saturno, hasta que finalmente alcanza los Campos Elíseos."

Esta última enseñanza, en una forma u otra, se encuentra en todas las sectas gnósticas y cabalísticas modernas. Así, en las Órdenes Exterior e Interior de Stella Matutina, los grados se sitúan en el Árbol Cabalístico de la Vida, y se dice que el candidato pasa sucesivamente bajo la influencia de estos planetas en la secuencia arriba indicada, hasta que en I0 = I, el grado más alto, se ilumina, y deja de ser su propio maestro. Estas influencias representan en sus colores el espectro del llamado "Divino Resplandor Blanco" - fluido electromagnético - de los Rosacruces, que se enseña a los adeptos a atraer sobre sí mismos y proyectar con fines mágicos. Como dice Albert Pike:

> "Las fuentes de nuestro conocimiento de las doctrinas cabalísticas son los libros de Yetzirah y Zohar, el primero redactado en el siglo II, y el segundo un poco más tarde; pero contienen materiales mucho más antiguos que ellos... En ellos, como en las enseñanzas de Zoroastro, todo lo que existe emana de una fuente de Luz infinita."

ESCUELA JUDÍA DE ALEJANDRÍA

La 'Hermandad de la Luz', California, de la que ya hemos escrito, afirma que 'esta venerable Orden dio el *impulso al aprendizaje en Alejandría* que hizo a esa ciudad tan justamente famosa'. Y de nuevo, 'Fue la Hermandad de la Luz la que preservó la vela del saber de su completa extinción durante la Edad Oscura'. Por lo tanto, es interesante encontrar a Dion Fortune, jefe de la 'Fraternidad de la Luz Interior', cuando escribe sobre el Hermetismo diciendo:

> "El desarrollo más elevado se dio en los sistemas egipcio y cabalístico, y se mezcló con el pensamiento cristiano en las escuelas de los neoplatónicos y los gnósticos... Sus estudios sólo se mantuvieron vivos durante la Edad Media entre los judíos, que fueron los principales exponentes de su vertiente cabalística... y sigue vivo hasta nuestros días."

Ahora el masón Springett nos dice en su libro, *Sectas Secretas de Siria,* que

> "en épocas posteriores Gnosis fue el nombre dado a lo que Porphery llama Filosofía Antigua y Oriental para distinguirla de los sistemas griegos. Pero el término fue utilizado por primera vez (según Matter) en su sentido último de conocimiento *excelso* y *celestial* (cósmico), por los filósofos judíos de la célebre Escuela Alejandrina. Una producción muy característica de esta Gnosis judía ha llegado hasta nuestros días en el *Libro de Enoch, cuyo* tema principal es dar a conocer la descripción de los cuerpos celestes y sus nombres correctos son revelados al Patriarca por el ángel Uriel. Esta profesión traiciona por sí misma la fuente maga de la que se derivó la inspiración".

En *Le Problème Juif,* Georges Batault escribe de estos filósofos judíos alejandrinos, que eran ardientes propagandistas, deseosos de hacer prosélitos, y para ello se esforzaban en adaptar el judaísmo al helenismo, persuadidos de que sin la Ley y sin Israel para practicarla, el mundo dejaría de ser, el mundo sólo sería feliz sometido a esta Ley universal, es decir, al imperio del judío. Como admitió el escritor judío Bernard Lazare en *L'Antisémitisme:*

> "Desde Ptolomeo Filadelfo hasta mediados del siglo III los judíos alejandrinos, con el objeto de mantener y reforzar su propaganda, se dedicaron a una extraordinaria labor de falsificación de textos reales como apoyo a su causa. Los versos de Esquilo, Sófocles, Eurípides, de los pretendidos Oráculos de Orfeo, conservados en Aristóbulo y en los Stromata de Clemente de Alejandría, celebraban así al Dios Único y al Sabbat. Falsificaron a los historiadores, más aún les atribuyeron obras enteras, y es así como colocaron una Historia de los Judíos bajo el nombre de Hécatee d'Abdère. La más importante de estas invenciones fue la de los Oráculos Sibilinos, fabricados enteramente por los judíos alejandrinos, que anunciaban la era futura, en la que se instauraría el reinado de un Dios único. Los judíos intentaron incluso atribuirse la literatura y la filosofía griegas. En un comentario sobre el Pentateuco que nos ha conservado Eusebio, Aristóbulo se esforzó por mostrar cómo Platón y Aristóteles habían encontrado sus ideas metafísicas y éticas en una antigua traducción griega del Pentateuco".

Georges Batault continúa:

> "La exégesis, que consiste en deformar los textos para sacar de ellos lo que se desea, es la única "ciencia" que puede remontarse a los judíos. Se convirtió, en manos de los judeomasónicos, en un brazo formidable que, por la pérfida fuerza de sus mentiras veladas, enroló al helenismo, a pesar suyo, *al* servicio del exclusivismo y del proselitismo religioso de los israelitas. El intento de 'judaizar' el helenismo, que hoy nos parece tan perfectamente absurdo y desastroso, ha tenido, sin embargo, el resultado de oscurecer la inteligencia de la humanidad durante cientos de años."

El masón italiano Reghellini de Schio, escribiendo en 1833, dice:

> "Alejandría, recién construida, fue colonizada por los judíos, que acudieron en masa a poblar la nueva ciudad. El resultado fue una mezcla de hombres de diferentes naciones y religiones, que dieron origen a varias asociaciones filosóficas y religiosas. El platonismo, enseñado públicamente por los griegos en Alejandría, fue recibido con entusiasmo por los judíos alejandrinos, que lo comunicaron a

> los judíos de Judea y Palestina... En Egipto y Judea, antes del comienzo del cristianismo, la filosofía de Pitágoras y Platón había echado profundas raíces entre los judíos, lo que dio origen a los dogmas de los esenios, terapeutas, saduceos, carpocracianos, cabalístico-gnósticos, basilideos y maniqueos; todos estos dogmáticos adaptaron parte de la doctrina de los magos y sacerdotes egipcios a la filosofía mencionada. Con el tiempo se extendieron por Asia, África y Europa. Estos diferentes judeo-cristianos conservaron los misterios del Templo de Salomón con la alegoría del Gran Arquitecto, que era el Mesías judío, idea que aún conserva el judío en nuestros días."

Como señala des Mousseaux, los gnósticos y los maniqueos conservaron la cábala de esta masonería primitiva, de la que una rama ha echado profundas raíces entre los drusos, y cuando los cruzados inundaron Asia, infectaron con ella a los antepasados de nuestra masonería: los templarios, los Rosa-Croix y los órganos del ocultismo occidental.

MANICHEANS

Los maniqueos enseñaban tanto el panteísmo como el dualismo: el bien y el mal, la luz y las tinieblas; la inmanencia en todos los seres vivos de su Dios, el Principio Creador con sus aspectos negativos y positivos. Según Matter, los Carpocratianos eran los comunistas más universales; su teoría era: "La naturaleza revela los dos Grandes Principios, la comunidad y la unidad de todas las cosas. Las leyes humanas contrarias a las leyes naturales son violaciones culpables del orden legítimo y divino; por lo tanto, para restablecer este orden, es necesario instituir la comunidad de tierras, bienes y mujeres." Además, Manes repudiaba la guerra incluso cuando se hacía por motivos justos, y sus seguidores condenaban a los magistrados políticos y civiles como creados y establecidos por el Dios Maligno. Manes condenaba asimismo toda posesión de casas, tierras o dinero. Por último, tanto los gnósticos como los maniqueos destacaban por su moral desordenada. Manes proscribía el matrimonio aunque permitía sus placeres, algunos se excusaban diciendo: "para los puros todo es puro". Según Baronio, los maniqueos seducían a los hombres con palabras sublimes y grandes promesas, y atrapaban a sus desafortunadas víctimas en redes tan poderosas que una vez atrapadas era casi imposible liberarse. Los discípulos se obligaban por el juramento más inviolable a guardar los secretos de la secta. Se les permitía jurar y perjurar, pero nunca revelar los secretos, según su célebre máxima: *Jura, perjura secretum prodere noli.*

Una de las consecuencias del mitraísmo fue el maniqueísmo, que derivó su nombre de Manes, del que algunos dicen que era Cubricus, un esclavo y erudito persa, y otros mantienen que fue educado por su padre en Ctesifonte, fue educado en la religión de los "bautistas" del sur de Babilonia, que estaban relacionados con los mandeos, y más tarde viajó mucho y muy lejos, incluyendo China e India, difundiendo sus creencias. Con la oposición de los sacerdotes magos dominantes, fue finalmente crucificado. El maniqueísmo era un sistema intransigente de dualismo en forma de una filosofía fantástica de la naturaleza totalmente materialista. Se trata de un conflicto entre la Luz y la Oscuridad, el Bien y el Mal, lo masculino y lo femenino; la oscuridad pretendía atar a los hombres mediante la sensualidad, la luz intentaba salvarlos mediante el conocimiento de la Naturaleza y sus fuerzas. Manes no tenía "redentor", sólo un proceso físico y gnóstico de redención, liberando la chispa de luz de las tinieblas o de la materia, es decir, del interior del cuerpo del hombre, devolviéndola a la luz universal. En esto tenemos toda la base de las sectas cabalísticas y gnósticas modernas.

M. de Beausobre, en su *Histoire Critique de Manichee et du Manichéisme,* 1734, resumió así este sistema: Manes reivindicaba su autoridad como Apóstol y Profeta de Jesucristo directamente iluminado por el "Paráclito", para reformar todas las religiones y revelar al *mundo* aquellas verdades que habían sido ocultadas a los primeros discípulos. Rechazó el Antiguo Testamento y reformó el Nuevo. Negando la inspiración de los Profetas hebreos, les opuso los libros de Set, Enoc y otros Patriarcas, de los que se decía que eran verdades recibidas de ángeles buenos. Esta supuesta sabiduría todavía existe en libros y escuelas de filosofía oriental. Manes pensaba en la Divinidad como una Luz Viva, un Padre de todas las Luces, inmaterial, eterno, residiendo en un Supremo Cielo luminoso, también eterno, pues nada podía ser hecho de la nada, y siempre acompañado de Eones, emanaciones de esta esencia divina pero inferiores. Dios era una Causa en perpetua y eterna acción (Principio Creador). De la esencia del Padre emanaban el Hijo y el Espíritu Santo, co-sustanciales pero subordinados al Padre. Desde la creación del mundo y hasta la consumación, el Hijo reside en el Sol como potencia, y en la Luna como sabiduría reflejada de la Madre de la Vida; el Espíritu Santo reside en el aire, cumpliendo ambos las órdenes del Padre. Aquí tenemos aparentemente una variación de la Tabla de Esmeralda de Hermes.

M. de Beausobre explica a continuación las Tinieblas. En un rincón del vasto espacio hay un poder maligno, también eterno, llamado filosóficamente materia, místicamente Tinieblas, y por el vulgo el Diablo. Tanto la Luz como las Tinieblas se dividían en cinco elementos: agua, tierra, fuego, aire y Luz o Tinieblas, o éter; es decir, las cuatro propiedades de disolver, coagular, calentar y enfriar. La Luz conocía a las Tinieblas, pero las Tinieblas sólo tomaron conciencia de la Luz cuando surgió una revuelta dentro de ese Reino (Lucifer) en la que las Tinieblas invadieron a la Luz, y aunque el Hombre Primordial (Cristo), asistido por el Espíritu Viviente, de cinco elementos, se opuso y la venció, parte de la Luz fue robada y las Tinieblas y la Luz se mezclaron. El Espíritu Vivo separó entonces la sustancia luminosa que no había sido arrebatada por la materia, y la formó en el Sol y la Luna, y otros planetas, también nuestro cielo inferior; el resto fue a formar nuestro mundo sublunar, con la materia y la luz mezcladas. Deseando retener la chispa de la Luz, el Príncipe de las Tinieblas o de la materia formó dos cuerpos según el modelo del Hombre Primordial, pero con sexos diferentes, y encerró estas chispas o almas, encantándolas con las emociones de los sentidos, y a medida que se producía la generación, más y más fueron así atrapados y bebieron de la copa del olvido. Entonces, según Manes, aparecieron ángeles buenos, sabios y profetas para enseñar las verdades olvidadas, y finalmente llegó el Salvador "fantasma". Sostenía la creencia docetista de que, siendo la materia maligna, el cuerpo de Cristo era un mero fantasma, que sus actos y sufrimientos, incluyendo la Crucifixión, Resurrección y Ascensión, eran sólo aparentes y en realidad meras enseñanzas místicas. También negó la

Encarnación. En cuanto a los elegidos, desaprobaba el matrimonio, por considerarlo un invento de las tinieblas para retrasar el retorno a la Luz (¡para este retorno se requiere fuerza sexual no utilizada!); las austeridades, sin carne ni vino, eran preconizadas para debilitar la carne y liberar la chispa interior. Los elegidos debían abrazar la pobreza, y los únicos placeres permitidos eran la música y los perfumes, que liberaban la chispa o el alma de los grilletes de la materia. Cuando estaba suficientemente purificada, esta alma pasaba a la luna, recibiendo la iluminación de la superficie, y de allí se descargaba en el sol, donde se volvía luminosa, y finalmente era remitida a la "Columna de Gloria", libre de toda materia. Se admitía la transmigración, ya que una sola vida no bastaba para liberar a la chispa de la mancha de la materia.

La consumación final será cuando toda esta sustancia luminosa haya sido separada de la materia; el fuego maligno será entonces liberado de las cavernas; el ángel que sostiene la tierra la dejará caer en llamas, y toda la masa será relegada a las Tinieblas Exteriores. Los que no se hayan liberado a tiempo serán convertidos en guardianes de los demonios, impidiéndoles que vuelvan a introducir la materia en el reino de la Luz. Tal es la maravillosa fábula bajo la cual se esconde el culto a la naturaleza del Magismo antiguo y moderno, conocido hoy como Iluminismo, ¡a menudo llamado Cristiano! - como, por ejemplo, la Antroposofía o el Steinerismo, con sus dos fuerzas opuestas Lucifer y Ahriman, luz y materia, y su Cristo solar e iluminador. Y la redención consiste con ellos en un proceso físico y gnóstico de liberar, por medio de la fuerza sexual no utilizada, el elemento de luz de la materia o del cuerpo, y unirlo con el agente magnético universal exterior, más de diez uniendo una mente con otra en una cadena magnética, la más débil dominada por la más poderosa, produciendo una inundación mundial de comunicaciones de los llamados "Sabios y Profetas" destructiva tanto para el Cristianismo como para la civilización occidental.

Yarker, en *Escuelas Arcanas*, da los grados maniqueos como: Discípulos, Auditores o místicos, y los Perfectos o elegidos, los sacerdotes; de estos últimos se formaba el Magistri o Consejo de los Doce y un decimotercero como Presidente, como en el sistema caldeo. Además, tenían formas secretas de reconocimiento: la palabra, el apretón y el pecho. Por último, se dice que, como el cuerpo se consideraba maligno, había que profanarlo o humillarlo, de ahí las prácticas eróticas y sexuales encontradas entre los maniqueos y otras sectas gnósticas, más de diez después de sus frenéticas danzas; todo ello se suponía que liberaba la chispa y aceleraba la deificación.

Como afirmó Gibbon, el gran sistema maniqueo floreció en la época bizantina desde Persia hasta España, a pesar de las persecuciones de los emperadores arrianos y ortodoxos por igual. Y Springett nos dice, en las *Sectas Secretas de Siria:*

> "Las doctrinas maniqueas se difundían así durante el período en que los templarios estaban en el apogeo de su prosperidad y poder, y King dedica varias páginas de su obra a una consideración de la estrecha semejanza entre estas Órdenes.
>
> El gnosticismo, señala, de una forma u otra, sobrevivía aún en la misma sede de la Orden, entre sus aliados o enemigos más cercanos, los montañeses de Siria".

ISMAILIS

Según von Hammer, en su *Histoire de l'Ordre des Assassins*, 1835, el fundador de la secta ismailí, Abdallah, hijo de Maimoun, profundamente erudito en todas las ciencias y aleccionado por las sangrientas revueltas de su propia época, se dio cuenta del peligro que suponía declarar una guerra abierta contra la religión y las dinastías gobernantes, más aún cuando se contaba con el apoyo del pueblo y de un poderoso ejército. Por lo tanto, elaboró un plan cuidadosamente estudiado para socavar en secreto lo que no podía atacar abiertamente. Su doctrina, subversiva para el Jalifato, debía velarse en el misterio, y sólo revelarse cuando mediante intrigas secretas se hubiera hecho con el poder. Por último, soñaba con destruir, no sólo lo que él llamaba los errores del dogma y de la religión positiva, sino también la base de toda religión y de toda moral. Dividió su doctrina en siete grados, de esta manera se apoderó gradualmente y subvirtió las mentes de sus seguidores. De esta doctrina surgió la secta de los karmathitas, más abierta y violenta en su revuelta contra el

Khalifat, tanto política como moralmente. Durante un siglo, las espantosas doctrinas de los karmatitas se mantuvieron en el poder, hasta que finalmente la secta se extinguió con su propia sangre. Finalmente, uno de sus más celosos Dais, Abdallah, que afirmaba ser descendiente de Mahoma, hijo de Ismail, escapó de prisión y se sentó en el trono, fundando la Dinastía de los Fatimitas en Kairwan alrededor del año 910 d.C., bajo el nombre de Obeid-allah.

CASA DE LA SABIDURÍA

Nuestras autoridades sobre los nueve grados de iniciación, tal como fueron dados por los ismailíes en la Gran Logia o Casa de la Sabiduría, El Cairo, son, von Hammer y *Expose de la Religion des Druzes*, por Silvestre de Sacy, 1838; ambos citan a Macrisi y Nowairi. Como escribe van Hammer:

> "Los detalles que Macrisi nos ha transmitido sobre el origen de esta doctrina y los diferentes grados de iniciación, que se extendían de siete a nueve, son los más preciosos y antiguos que poseemos sobre la historia de las sociedades secretas de Oriente, sobre cuyos pasos pisaron después las de Occidente. La estrecha concordancia entre esta doctrina y la de los Asesinos es digna de mención".

Esta doctrina de Abd'allah, hijo de Maimoun, dominó desde la fundación del Imperio fatimita tanto la corte como el gobierno, primero en Mahadia y luego en El Cairo. El jefe de la *Darol-Hikmet*, o Casa de la Sabiduría, era conocido como el *Daial-Doat*, o Gran Prior de la Logia. Defendían a Ismail como fundador del "Camino" y admitían a hombres y mujeres. Allí, bajo El Hakem, el sexto Califa fatimita, un verdadero monstruo de crueldad y crimen, que hoy es venerado por los drusos como un hombre hecho dios, se enseñaba la doctrina secreta y se otorgaban los nueve grados.

Brevemente, resumido por de Sacy, que cita tanto a Macrisi como a Nowairi, que al parecer extrajeron su información de una misma fuente, fueron:

(1) El Dai, o misionero, fingía devoción para seducir a su prosélito; con los doctos aplaudía y estaba de acuerdo con sus opiniones, cuidando de que no se traicionaran sus designios y su

secreto. A los de mente simple, fácilmente seducibles, les explicaba que la religión era una ciencia oculta y abstrusa, cuyo significado interno sólo conocían los imanes. Mediante preguntas sobre las contradicciones de la religión positiva y la razón, las oscuridades y absurdos del Corán, suscitaba dudas y perplejidades, así como una violenta curiosidad, negándose a satisfacer esta curiosidad, y antes de dar más enseñanzas el Dai exigía un juramento inviolable, en el que el prosélito juraba no traicionar el secreto, no mentir ni aliarse contra la Logia. Si consentía, se le exigía una prenda de dinero, cuya cantidad determinaba el Dai. Si se negaba a prestar el juramento o a pagar el dinero, se le abandonaba a su propia perplejidad y no se le decía nada más.

(2) Entonces se convenció de que sólo a través de los imanes divinamente designados podría recibirse la doctrina.

(3) Además, que el número de estos Imames "revelados" de los ismailíes era de siete, frente a los doce Imames de los imamitas, desacreditando así a la Imamat y a su jefe Musa.

(4) Al prosélito se le dijo que desde el principio del mundo ha habido siete legisladores divinos o profetas parlantes -Adán, Noé, Abraham, Moisés, Jesús, Mahoma e Ismail, hijo de Djafar-que por mandato divino podían abrogar la religión precedente y sustituirla por una nueva. A cada uno de estos "oradores" estaba unido otro, que recibía su doctrina y le sucedía después de su muerte; siete de estos *mudos*, que continuaban la religión existente, sucedieron ininterrumpidamente a cada legislador, hasta que finalmente el séptimo de estos legisladores abrogó todas las religiones precedentes. Según los ismailíes, este último fue Mahoma, hijo de Ismail, que instituyó y reveló la nueva ciencia del significado interior y místico de todas las cosas externas. Sólo él era el maestro, y todo el mundo debía seguirle y obedecerle. Aceptando esto, el prosélito renunciaba a la Ley del Profeta Mahoma, y por lo tanto se convertía en apóstata.

(5) Le enseñaron la virtud de los números y algunos principios de geometría, y le dijeron que cada Imam tenía doce ministros, los doce signos del Zodíaco. El Dai preparó entonces

al prosélito para que abandonara todas las religiones establecidas por los profetas, conduciéndole a las doctrinas de los filósofos.

(6) Seguro de su silencio y habiendo reorientado sus creencias, el Dai comenzó a socavar su fe, alegorizando los preceptos de la oración, los diezmos, las peregrinaciones y otras observancias religiosas, haciéndolas aparecer como meros medios para dominar a las masas. El Dai alabó entonces los principios de filósofos como Platón, Aristóteles, etc., hablando en cambio con ligereza de quienes habían instituido estas observancias religiosas, criticando y tratando con desprecio a los Imames. Privado de todas sus creencias, el prosélito era una presa fácil.

(7) Pasó de la filosofía al misticismo, el misticismo panteísta oriental de los sufíes. Pasó de la Unidad de Dios al dualismo y al materialismo.

(8) El Dai expuso entonces la misión del verdadero profeta, que, según dijo, consistía en establecer ciertas instituciones políticas que formaran un gobierno bien constituido, un sistema filosófico y doctrinas espirituales aplicadas alegóricamente a las cosas intelectuales y, por último, un sistema religioso sobre la autoridad de este profeta. Explicó que las enseñanzas del Corán no significaban otra cosa "que la revolución periódica de los astros y del universo, la producción y destrucción de todas las cosas, según la disposición y combinación de los elementos, conforme a la doctrina de los filósofos" (Fuerzas cósmicas y generación universal).

(9) Habiendo llegado tan lejos, algunos adoptaron las enseñanzas de Manes, los Magos o los filósofos, o las mezclaron, y acabaron abandonando todas las religiones reveladas. Para adaptarse a la nueva doctrina, los dai, mediante interpretaciones alegóricas, tergiversaban las palabras de cualquier religión que profesara el prosélito siempre a favor del profeta Mahoma, hijo de Ismail, como único profeta inspirado por Dios. Con respecto a este profeta, al principio decían que volvería al mundo, luego modificando esto, decían que "se podía contactar con él espiritualmente a través de la meditación de las doctrinas místicas; en cuanto a su manifestación, consistía en la

predicación de sus doctrinas, comunicadas a los hombres por las lenguas de sus fieles servidores."

Como escribió van Hammer:

> "Tan pronto como el prosélito llegaba al noveno grado estaba maduro para servir de instrumento ciego a todas las pasiones, y sobre todo a una ambición ilimitada de dominio. Toda esta filosofía podría resumirse en dos palabras: *no creas nada y atrévete a todo.* Estos principios destruían de arriba abajo toda religión, toda moral, y no tenían otro objetivo que realizar proyectos siniestros llevados a cabo por ministros astutos, para quienes nada era sagrado. Vemos así a los que deberían haber sido los protectores de la humanidad abandonados a una ambición insaciable, enterrados bajo las ruinas de tronos y altares en medio de los horrores de la anarquía, después de haber traído la desgracia a las naciones y merecido la maldición de la humanidad."

Por último, los que estaban por encima de él dieron esta curiosa orden al Dai: "Debes practicar y adquirir una gran prestidigitación para fascinar a los ojos (ilusión hipnótica) con el fin de realizar los milagros que se esperan de ti". Como ya hemos demostrado, entre los Dáctilos, los Corybantes y en los Misterios Mayores, las ilusiones, los malabarismos y las evocaciones eran los medios. utilizados para engañar, no sólo a los epoptes y a los mystes, sino también al pueblo ignorante.

Hoy en día, en estas numerosas sectas, cabalistas e illuminati, se utilizan los mismos métodos que con los ismailíes y se enseña la misma doctrina. Siempre es una reorientación gradual, primero un intento de adaptar estas doctrinas de los Magos,. Manes, y los filósofos al cristianismo, destruyendo la esencia misma de las creencias cristianas, llevando al panteísmo, dualismo y materialismo, a menudo terminando en el misticismo panteísta. A través de la meditación mística y el yoga logran una unión magnética pero controlada con sus siniestros maestros, de quienes reciben las enseñanzas universales necesarias para la "Gran Obra" de su maestro, la unificación y el control mundial - religioso, político e intelectual.

Hablando de la Casa de la Sabiduría, Springett cita el libro de Ameer Ali, *Breve historia de los sarracenos,* en el que dice:

> "El relato de Makrisi sobre los diferentes grados de iniciación adoptados en la Logia constituye un testimonio inestimable de la Francmasonería. De hecho, la Logia de El Cairo se convirtió en el modelo de todas las Logias creadas posteriormente en la Cristiandad."

ASESINOS Y TEMPLARIOS

Como mostraremos, las ideas subversivas modernas tienen su origen en el Oriente más cercano, y se han difundido en gran medida a través de las sectas cabalísticas primitivas y sus préstamos más antiguos. En su libro, *Le Juif, le Judaisme et la Judaïsation des Peuples Chrétiens,* I869, Gougenot des Mousseaux, hablando de los maniqueos, gnósticos, yezidis, -Druses, etc., escribe:

> "El cabalismo primitivo era lo que son estos sectarios, pues siguen siendo sabeístas; adoran al sol, a las estrellas, al espíritu de las estrellas y al principio maligno, llamado por los persas Ahrimán... Entre estos sectarios, todas las pasiones, incluso las más vergonzosas, se consideran sagradas... Este despotismo absoluto de los Grandes Maestros del cabalismo caldeo era el del Príncipe de los Asesinos, y los Drusos conservan la doctrina y la moral de esta cábala. Es el del Gran Maestro secreto de la Alta Masonería gobernada por los judíos".

Los ismailíes orientales o asesinos fueron fundados hacia 1090 por Hassan Sabah, quien, tras ser admitido en la Casa de la Sabiduría de El Cairo, tuvo que huir a causa de sus intrigas. Al darse cuenta de que como sociedad política debía tener una fortaleza, mediante nuevas intrigas compró el castillo de Alamoot, en el mar Caspio, donde acabó fundando su Orden. Ganó muchos castillos en Persia, obteniendo un gran poder, inspirando terror en los corazones de todos mediante repentinos asesinatos de califas y visires. Su jefe o Jeque era conocido como "El Viejo de la Montaña", y se decía que "los iniciados trabajaban con la cabeza y dirigían las armas de los Fedavis en ejecución de las órdenes del Jeque, que con su pluma guiaba los puñales." Más tarde se dispersó, pero aún existe en la India y otros países.

En su obra *Secret Sects of Syria,* Springett rastrea la influencia de los filósofos judíos de la célebre Escuela de Alejandría sobre los gnósticos y maniqueos y, a través de ellos, sobre los templarios. Cita a King y von Hammer para demostrar que la constitución de la Orden templaria

> "es una copia servil de la de los Asesinos. Los estatutos de estos últimos prueban el hecho más allá de toda duda; fueron encontrados en los cautivos de su capital Alamoot por el mogol Halakoo, en el año 1335, cuando por una singular coincidencia, el Califa y el Papa estaban ocupados en exterminar el modelo y la copia en Oriente y Occidente, al mismo tiempo."

A partir de estos documentos se verificaron los "Ocho Grados de Iniciación" establecidos por Hassan, el primer Gran Maestre o "Príncipe o Viejo de la Montaña". Encontramos en el número 3, la negación de la verdad del Corán, y de todas las demás escrituras sagradas; 4, la prueba de la obediencia silenciosa y perfecta; 5, la revelación de los nombres de los grandes Hermanos de la Orden, reales, sacerdotales y patricios, en todas las partes del mundo; 7, la interpretación alegórica del Corán, y de todas las demás escrituras. En esta Orden se negaba por igual la divinidad de todos los fundadores de sistemas religiosos. Se demostraba que la religión era un mero paso hacia el conocimiento, que sus narraciones eran meramente alegóricas y que mostraban el progreso de la sociedad civil; así, la Caída del Hombre significaba la esclavitud política; la Redención, su restauración a la libertad y la igualdad. 8, que todas las acciones eran indiferentes, siempre que se hicieran por el bien de la Orden, no existiendo absolutamente el vicio o la virtud. Estos principios son casi idénticos a los de los Illuminati.

Von Hammer, en su *Historia de los Asesinos*, aclara aún más este "Catecismo de la Orden", como él lo llama. Del cuarto dice que, después de prestar juramento, el candidato prometía una obediencia ciega, y al mismo tiempo juraba "no comunicar a nadie más que a sus superiores cualquier duda que pudiera tener sobre los misterios y doctrinas de los ismaelitas." Curiosamente, al difunto Dr. Felkin, Jefe de la Stella Matutina, que deseaba, en 1909, recibir más enseñanzas de los "Jefes Ocultos" o Maestros del Sol, se le dijo que primero debía hacer un juramento "por todo lo que él consideraba más terrible y sagrado, de nunca traicionar el método al hombre mortal." Parte de la promesa era: "Si en lo sucesivo me asaltan las dudas, sólo las revelaré a los Maestros... Si en algún momento me veo incapaz de mantener este compromiso, no diré nada a mis hermanos o hermanas de la Orden para debilitar su fe, sino que pasaré tranquilamente a la clandestinidad". El juramento fue tomado.

Con respecto al séptimo grado, encontramos la misma idea en la escuela judía de Alejandría, pues, como ya hemos dicho, Aristóbulo declaró que todos los hechos y detalles de las Escrituras judías eran otras tantas alegorías, que ocultaban los significados más profundos. Filón también siguió la misma teoría, y se esforzó por demostrar que los escritos hebreos, por su sistema de alegorías, eran la verdadera fuente de todas las religiones y doctrinas filosóficas. El significado literal era sólo para el vulgo. Al igual que Filón, Steiner, de la Antroposofía, enseñó la misma interpretación, que la Biblia no era más que una alegoría de la deificación gradual y mística del hombre, tal como se representa simbólicamente en todos los misterios antiguos y modernos. Esta deificación está simbolizada por el "Dios oculto" Amoun de los egipcios y la *crux ansata*, esta última es el centro del símbolo teosófico y significa las fuerzas duales de la generación - la kundalini; de nuevo, el Caduceo de Hermes, colocado en la parte inferior de la figura panteísta Baphomet del culto templario, representa las fuerzas generativas dentro del hombre, los medios de deificación.

Además, entre los Khlysty y otros gnósticos primitivos se encuentra esta misma interpretación alegórica de los Evangelios y el Antiguo Testamento, con la misma deificación o creación de "Cristos" en vista. Como dice M. Ribot, hay muchas maneras de producir éxtasis artificial o de tener la divinidad dentro de uno mismo: danzas rítmicas, soma, vino, sangre, orgías e intoxicación por drogas, incluido sin duda el hasheesh, como el que utilizaba "El Viejo de la Montaña", que preparaba a sus Fedavis fanatizados, intoxicados por todos los señuelos de los sentidos, un supuesto anticipo del paraíso, o tal vez hipnotizados, preparados y dispuestos para llevar a cabo con dagas o veneno los asesinatos tramados de las víctimas del Gran Maestro.

Según von Hammer, había siete grados de asesinos, muy parecidos a los de los templarios:

1. Gran Maestro, o "Viejo de la Montaña".
2. Dailkebir, o Gran Prior.
3. Dais, o Maestros iniciados, reclutadores.
4. Refik, o compañeros.
5. Fedavis, instrumentos ciegos, los guardianes de la Orden.
6. Lassiks, aspirantes.
7. Batini, o hermanos secretos, afiliados.

Entre los siete imanes silenciosos se encontraba el "Imán Invisible", en cuyo nombre el Gran Maestre exigía obediencia al pueblo. Al igual que los instigadores secretos de la Revolución Francesa, según Louis Blanc, Grandes Maestres de los Templarios vinculados a los Illuminati de Weishaupt, Hassan deseaba derrocar tronos y altares, pero reconocía que la anarquía, aunque a menudo útil para los gobernados, nunca debía ser el objetivo de los gobernantes. Su ambición era fundar un imperio sobre las ruinas del Jalifato y la familia de Abbas.

Los Asesinos no eran un principado, sino simplemente una cofradía u Orden similar a la de los Caballeros de San Juan, los Caballeros Teutónicos o los Templarios. Como dice von Hammer:

> "La naturaleza de las funciones que en la Orden de este último nombre desempeñaban su Gran Maestre y Grandes Priores, sus instituciones religiosas, la tendencia política de su espíritu y sus doctrinas, todo ello hasta su indumentaria le daba cierto parecido con la de los Asesinos... La regla fundamental de las dos Órdenes era apoderarse de fortalezas y castillos en los países vecinos para controlar más fácilmente al pueblo; ambas eran peligrosas rivales para los príncipes y formaban un Estado dentro del Estado."

Hoy en día no es simplemente un estado dentro de un estado gobernado por sectas secretas, sino un Estado Mundial Universal gobernado por "superhombres" desconocidos.

DRUSAS

Según Springett, se dice que los drusos tomaron su nombre de Mohammed Ibn, Ismail el-Dorazi, un persa que llegó a Egipto hacia 1017. Provocó disturbios fanáticos en El Cairo al proclamar la divinidad del jalifa El-Hakem, por lo que fue obligado por el pueblo a huir y enviado al Líbano por El-Hakem, donde, bajo sus instrucciones, los drusos reconocieron la divinidad de El-Hakem. Algunos años más tarde, el verdadero fundador de su religión, Hamzeh, un Dai o misionero de la Casa de la Sabiduría, envió a Moktana Baha-edeen en sustitución de Dorazi, y convenció a los drusos para que aceptaran el sistema de iniciación de la Gran Logia de El Cairo, formando así la religión tal como es hoy. Las enseñanzas de Dorazi eran una forma de misterios que "encubrían la indulgencia de las peores pasiones de la naturaleza humana", que en cierta medida siguen prevaleciendo, dividiendo a los drusos en dos sectas: las enseñanzas morales y religiosas más ortodoxas de Hamzeh y el libertinaje de Dorazi. Mackenzie describe su religión como un compuesto de judaísmo, cristianismo y mahometismo; tienen un sacerdocio, una especie de jerarquía, contraseñas y signos, y ambos sexos son admitidos.

Según lo declarado por Mme Blavatsky, que era miembro de la Orden Drusa, es gnóstica y maga; creen en la Unidad de Dios, que es la esencia de la vida, invisible pero conocida a través de manifestaciones ocasionales en forma humana. La llama una última supervivencia de la arcaica religión de la Sabiduría conocida hoy como "cabalismo, teosofía y ocultismo". Es panteísta. Exteriormente, como se inculca en sus libros sagrados, profesan leer el Corán y los Evangelios, mientras que en secreto siguen sus doctrinas de misterio. También afirma que existe una estrecha afinidad entre los lamaístas turanios y los semitas el-hamistas o drusos. Los turanios de la India son, escribe Yarker, una raza de constructores, adoradores de árboles y serpientes. En un primer número del *Theosophist*, Mme Blavatsky cita a Laurence Oliphant escribiendo:

> "Los drusos tienen la firme convicción de que el fin del mundo está cerca... [que] será señalado por la aproximación de un poderoso ejército procedente de Oriente contra los poderes contendientes del Islam y el Cristianismo... bajo el mando de la Mente Universal [¡el Iluminismo!] y estará formado por millones de unitarios chinos. Cristianos y mahometanos se rendirán y marcharán ante él hacia La

> Meca, El-Hakem aparecerá entonces (como la última encarnación divina)... Los Drusos esperan ansiosamente un Armagedón en el que se creen destinados a desempeñar un papel destacado."

Yarker dice de Mme Blavatsky:

> "Blavatsky, que fue una iniciada de la Secta (Drusa), nos informa... que su base es el antiguo gnosticismo Ofita (o Nasseni)".

También, como sabemos, perteneció a la revolucionaria Carbonari, dominada por los judíos, y más tarde afirmó estar en contacto con Maestros del Tíbet. Vale la pena señalar algunos puntos sobre ella, tal como los da el orientalista francés, René Guenon, en *Le Théosophisme.* Antes de fundar la Sociedad Teosófica, estuvo muy influenciada por Palos Metamon, un copto, o, como algunos dicen, un caldeo, un trabajador en magia y espiritismo; además, Sinnet declaró que "Mme Blavatsky coronó una carrera de treinta y cinco a cuarenta años de estudios místicos con un retiro de siete años en las soledades del Himalaya"; esto fue antes de ir a América en 1873, ¡cuando sólo tenía cuarenta y dos años! Como señala René Guenon, "debemos concluir que debió comenzar sus estudios al nacer, si no un poco antes". Repasando su vida y aportando datos, concluye que su visita al Tíbet fue pura invención. En cuanto a sus controles, fue durante un tiempo miembro de la Hermandad Hermética de Luxor, que enseñaba que *"estos fenómenos se debían, no a espíritus de muertos, sino a ciertas fuerzas dirigidas por hombres vivos."* Explica además que sus "espíritus guías" -John King, Serapis y el hermano de Cachemira- no representan más que las influencias sucesivas que se sirvieron de ella, y que "es legítimo concluir que Mme. Blavatsky fue, sobre todo, en muchas circunstancias, un "sujeto" o instrumento en manos de individuos o grupos ocultistas, amparándose tras su personalidad, del mismo modo que otros fueron a su vez instrumentos en sus manos." Y esto es lo que se encuentra a lo largo de toda la historia, antigua y moderna, de estas sectas -ilusión, malabarismo, magia-, el uso de esta "magia fluídica", que se remonta al pasado más remoto, es el fuego robado por Prometeo a los dioses.

SUFÍES Y DERVICHES

Springett, en su obra *Secret Sects of Syria,* nos dice que "los sufíes son una sociedad secreta de filósofos místicos y ascetas persas, cuya religión original puede haber sido la de los caldeos o sabeos, que creían en la unidad de Dios, pero adoraban a las huestes del cielo (Tsaba), especialmente a los siete planetas, como representantes de Él". Los maestros sufíes entienden por Dios el poder subyacente a todos los fenómenos, que está en todas partes y en todo. Se trata de un misticismo panteísta. Estos principios sufíes se mantienen entre los grados superiores de los derviches. La doctrina sufí, dice King, implica la idea de un credo universal que puede sostenerse secretamente bajo cualquier profesión de fe externa. El guía derviche instruye al candidato en la filosofía mística, y si ésta choca de algún modo al alumno, se le suministra un doble sentido para que pueda apartar cualquier temor u objeción. Del mismo modo, las enseñanzas panteístas de la Stella Matutina de hoy en día podrían tergiversarse de modo que incluso un sacerdote cristiano podría ser persuadido de ver el cristianismo en ellas.

Hablando de la iniciación de un derviche, Springett dice de la Orden *Kadiri* que, después de muchos meses de prueba en el monasterio, el jeque, en la asamblea de los hermanos, coloca en la cabeza del candidato un gorro de fieltro blanco, que lleva adherida una rosa de tela de dieciocho pétalos con los triángulos entrelazados del Sello de Salomón en el centro, símbolo judío de las fuerzas duales de la naturaleza, como es arriba es abajo. Antes de ser aceptado plenamente como derviche, pasa por etapas intermedias bajo la guía de un superior o iniciado del grado más alto.

> "Se le enseña a concentrar sus pensamientos tan completamente en su 'Guía' que se absorba mentalmente en él como un vínculo espiritual con el objeto supremo de toda devoción. El Guía debe ser el escudo del neófito contra todos los pensamientos y deseos mundanos (¡deja lo material!); su espíritu debe ayudarle en todos sus esfuerzos, acompañándole dondequiera que esté, y estar siempre presente en su visión mental. Tal estado mental se denomina "aniquilación en el Murshid", y el Guía descubre, por medio de sus propias visiones, el grado de espiritualidad al que ha llegado su discípulo, y hasta qué punto su alma se ha absorbido en la suya."

Entonces entra en el "Sendero", y según su aptitud y disposición para aceptar la filosofía mística del Guía, aunque en contra de sus sentimientos religiosos, su avance será correspondientemente rápido.

> "Se supone que ahora cae bajo la influencia espiritual del *Pir* o fundador de la Orden, en quien a su vez se absorbe mentalmente hasta el punto de ser virtualmente uno con él, adquiriendo sus atributos y el poder de realizar actos sobrenaturales. La siguiente etapa de la vida mística es la denominada por los derviches "Conocimiento Espiritual", y el discípulo... es considerado por el Sheikh... como inspirado... Ahora entra en comunión espiritual con el Profeta mismo, en cuya alma la suya ha sido absorbida".

Finalmente, en el cuarto grado "durante cuarenta días de ayuno y reclusión... en un estado extático creyó haberse convertido en parte de la Divinidad, y Le ve en todas las cosas". El Sheikh entonces "despierta suavemente al discípulo de su éxtasis, y habiéndole devuelto a su estado normal, le otorga el rango de *Khalifeh* (sucesor). El místico reanuda ahora su observancia externa de los ritos del Islam y se prepara para su peregrinación a las Ciudades Santas".

Hoy en día el mundo entero se ha convertido en un verdadero hervidero de sectas cabalísticas y gnósticas, y en todas y cada una se encuentra este mismo sistema de absorción mental gradual, como en el caso de los derviches, de la personalidad del adepto a medida que avanza hacia arriba, sucesivamente por el maestro oficial de la Orden, por un Maestro en el plano astral, en las Órdenes Rosacruces por su llamado fundador Christian Rosenkreutz, y finalmente la absorción completa por algún Poder Central desconocido, todavía en el cuerpo material. Así se forman oráculos, aparentemente inspirados, que imparten enseñanzas, que a su vez se transmiten a través de los diversos grados de la orden orientando a los miembros. Finalmente salen entre el pueblo difundiendo las ideas, a menudo en nombre de la Libertad, la Igualdad y la Fraternidad, extraviándolos bajo la influencia directa o indirecta de estas sectas y sus manifestaciones exteriores, internacionales, universales, socialistas, comunistas y ateas.

YEZIDIS

Como escribe Springett:

> Según la tradición, los yezidíes procedían originalmente de Basora y del país regado por la parte baja del Éufrates; después de su emigración, se establecieron primero en Siria y posteriormente tomaron posesión de la colina de Sindjar y de los distritos que ahora habitan en Kurdistán...". Hay en ellos una extraña mezcla de sabeanismo, cristianismo y mahometismo, con un tinte de las doctrinas de los gnósticos y el maniqueísmo; el sabeanismo, sin embargo, parece ser la característica predominante."

Tienen un gran respeto por el Sol y su símbolo, el fuego. En *Le Juif,* des Mousseaux, citando a las autoridades, nos dice que Caldea ha sido siempre la cuna de la cábala demoníaca, descendiente de los cainitas y de los sabeos, que adoraban al Sol, las estrellas, el espíritu de las estrellas y el principio maligno. Esta cábala penetró entre los yezidíes y los drusos.

Ahora W. B. Seabrook, en sus *Aventuras en Arabia,* dice que en el "Libro Negro" de los Yezidis, Shaitan ordena: "No pronunciéis mi nombre ni mencionéis mis atributos, para que no seáis culpables, pues no tenéis verdadero conocimiento de ello, sino que honráis mi símbolo y mi imagen". A Seabrook se le dijo que "Shaitan" era el "Espíritu Brillante Melek-Taos" (Ángel Pavo Real), el "Espíritu de Poder y el gobernante del mundo" - ¡Lucifer! También habla de las siete Torres de Shaitán, o "casas de poder", que se dice que forman una cadena a través de Asia, desde el norte de Manchuria, a través del Tíbet, hacia el oeste a través de Persia y terminando en Kurdistán, y en cada torre hay un sacerdote que se dice que hace magia mundial. Vio una de ellas en Sheikh-Adi; estaba encalada, estriada y tenía forma de cono, con una bola pulida de oro o latón en el pináculo, que destellaba al ser golpeada por el sol; a menudo, le dijeron, un hechicero especial pasaba muchos días solo en ella. En la entrada de su santuario había una serpiente negra.

Según des Mousseaux, los yezidíes estaban gobernados por un Emir Supremo, que era Patriarca y Pontífice, con poder absoluto; por medio de emires subordinados transmitía sus órdenes a todos los yezidíes (schamanitas) dispersos por Kurdistán, Media, Mesopotamia y los montes Zindjar. Y "es probable también que, por misteriosas ramificaciones, sus órdenes llegaran hasta las extremidades más remotas de Asia, y tal vez incluso de Europa". Además,

> "todas las pasiones, incluso las más vergonzosas, se consideran sagradas... el diablo para ellos no es más que un ángel caído... Dios, dicen, es infinitamente bueno, incapaz de hacer el mal a los hombres. El diablo, por el contrario, es infinitamente malvado, y en su malicia su único placer es torturarlos. Es, pues, ante todo prudente, si se quiere ser feliz aquí abajo, abandonar el culto a Dios, que no puede hacer ningún mal... y ponerse bajo la protección del ser que es el único que puede eximir a los hombres de los males de esta vida, puesto que es el único que puede infligirlos..."

Se dice que se entregan a las prácticas teúrgicas más extraordinarias, a todo lo más diabólico de la magia y la hechicería. En confirmación de mucho de esto Springett escribe más:

> "Si, en efecto, la creencia Yezidi es una deprecatoria del Diablo, y si, como el Sr. Layard insinúa, el pavo real es simbólico de Satanás, que es a sus ojos sólo el jefe de los ángeles rebeldes, entonces el Malek Taoos representaría el principio malo en lugar del bueno, y hasta ahora sería afín al becerro de oro de los Drusos, e implicaría también el origen persa de la secta, y las antiguas ideas de Ahura Mazda (u Ormuzd) y Ahriman."

El propio jefe yezidí dijo que el "Malek Taoos" era un símbolo al que se tenía gran veneración.

Springett afirma que los yezidíes están gobernados por dos jeques, uno que dirige los asuntos civiles y otro que preside los ritos religiosos, especialmente encargado del cuidado de su santuario, que lleva el nombre de su santo principal, *el jeque Adi. La* jerarquía incluye cuatro órdenes sacerdotales -pirs, jeques, kawals y faquires-, que son hereditarias, y las mujeres, si están en la línea de sucesión, pueden ocuparlas. En cuanto a sus creencias, creen en un Ser Supremo, esencia de la bondad,

> "y también veneran a Satanás, aunque nunca pronuncian su nombre ni nada que se le parezca... Parecen, por tanto, adorar tanto a las deidades del Bien como a las del Mal de los antiguos persas, pero dicen que, como estas últimas a veces pueden hacer el bien mientras que las primeras no pueden hacer nada malo, es al principio del Mal al que deben conciliar."

También habla del "libro sagrado extremadamente preciado que poseen los yezidíes" y que, según Badger y Layard, está escrito en árabe y consiste en una rapsodia poética sobre los méritos y atributos del jeque Adi.

Como informó la *Revue Internationale des Sociétés Secrètes,* I de mayo de 1932, Pierre van Passen, del *Toronto Daily Star,* dio cuenta de una ceremonia de Misa Negra que presenció en el Templo, rue de Montparnasse, París. Dijo que hay once templos, y, se estima, alrededor de 10.000 adoradores del Diablo en París - hombres y mujeres que han pasado por un largo aprendizaje. Estos adoradores del Diablo están en comunión con una secta que todavía existe en el desierto sirio, en los alrededores de Bagdad, que adoran a "Shaitan", cuyo nombre no debe pronunciarse nunca, ni siquiera las palabras que comienzan con las dos primeras letras. Durante diez o veinte años ha habido muchas quejas del exterior, pero, en virtud del decreto de "libertad de culto", el Gobierno francés permite este culto con la condición de que no se haga propaganda abierta.

CAPÍTULO III

ROSACRUCES E ILUMINADOS

EL ORIGEN de los Rosacruces sigue siendo un misterio sin resolver; incluso como escribió Disraeli en 1841:

> "Esta Orden mística se extendió entre los alemanes, un pueblo místico, donde su origen fue realmente debatido de la misma manera que los de otras sociedades secretas; de hecho, sus fuentes ocultas desafían la investigación." -

Por otra parte, como en todas las llamadas Órdenes Rosa-Croix, la R.R. et A.C. - *Rosae Rubeae et Aureae Crucis* - en su ritual 5 = 6 pretende remontarse a las épocas más remotas, incluso míticas, de la antigüedad, pues dice:

> "Sabed que la Orden de la Rosa y la Cruz ha existido desde tiempos inmemoriales, y que sus ritos místicos fueron practicados y su sabiduría enseñada en Egipto, Eleusis, Samotracia, Persia, Caldea, India, y en tierras mucho más antiguas, transmitiendo así a la posteridad la Sabiduría Secreta de la Edad Antigua. Muchos fueron sus Templos, y entre muchas naciones donde se establecieron, aunque con el paso del tiempo algunos perdieron la pureza de su conocimiento primigenio."

Los misteriosos Hermanos de la Cruz Rosada se designaban a sí mismos como *Invisibles,* y su legendaria historia era brevemente ésta: la Fraternidad fue fundada por un tal Christian Rosenkreutz, nacido, según se dice, en 1378, de una noble familia alemana. Durante doce años, desde la edad de cinco, fue educado en un claustro, y después viajó a Damasco, y desde allí a un lugar llamado Damcar en Arabia, donde fue bien recibido por los Reyes Magos. Estos sabios lo esperaban como el que, según se había predicho, regeneraría el mundo, y lo iniciaron en su magia árabe. Después de visitar Fez y España, regresó a Alemania donde, junto con tres discípulos, fundó la Fraternidad, y construyeron su casa llamada "Domus Sancti Spiritus", en la que C. R. vivió hasta su muerte. Allí escribieron el libro "*M*" - *Magicon*, según el Dr. Wynn Westcott - recopilado, se dice, de la magia enseñada a C. R. por los árabes de Damcar. También los libros Axiomata, Rota Mundi y Protheus.

Christian Rosenkreutz murió, según se nos dice, en 1484, a la edad de cien años o más, y durante ciento veinte años el lugar de su tumba permaneció desconocido. En 1604, mientras reparaban el edificio, dieron con la puerta de la bóveda, y al abrirla encontraron allí el cuerpo de su fundador y muchas propiedades mágicas y manuscritos ocultistas. Tras su muerte, los hermanos se dedicaron al estudio de los secretos de la naturaleza y sus fuerzas ocultas, además de practicar la medicina, gratuitamente, utilizando algunos remedios misteriosos. Su acuerdo fue: (1) Que ninguno de ellos profesara otra cosa que curar a los enfermos y eso *gratuitamente.* (2) Que ninguno de la posteridad se viera obligado a llevar un determinado tipo de hábito, sino a seguir la costumbre del país. (3) Que todos los años, el día C. (día del Corpus Christi, solsticio de verano), se reúnan en la casa Sancti Spiritus, o escriban la causa de la ausencia. (4) Que cada hermano busque una persona digna que, después de su fallecimiento, pueda sucederle. (5) Las letras R.C. deben ser su sello, marca y carácter. (6) La Fraternidad debe permanecer secreta cien años.

Estos Invisibles esperaban lo que llamaban la purificación de la Iglesia, cuando, antes del fin del mundo, esperaban restablecer todo en su integridad primitiva. Después de la apertura de la tumba, habiendo transcurrido más de ciento veinte años, publicaron dos manifiestos - *Fama Fraternitatis R.C.*, 1614, y *Confessio Fraternitatis Rosae Crucis*, 1615, y los enviaron a todos los sabios y Gobiernos de Europa, invitándoles a unirse a la Orden en la reforma universal. Durante un tiempo causaron un gran revuelo, pero con escasos resultados externos. Muchos atribuyeron estos documentos a Jean Valentin Andrea, aunque él mismo siempre negó su autoría.

En su libro *Les Rose-Croix Lyonnais au XVIIIe Siècle*, 1929, Paul Vulliaud profundiza en estos manifiestos, etc., relacionándolos con Paracelso y Cornelius Agrippa, la teosofía y el iluminismo.

Hablando del *Livre du Monde* (*Libro del Mundo)* de Ch. Fauvety, Vulliaud escribe:

"En un estudio muy interesante, Fauvety sostiene que tiene que ver con *el Magnetismo...* Hizo bien en mostrar la importancia atribuida, en la época de Paracelso, al *fluido magnético* en las doctrinas teosófico-científicas... Después de haber observado que los seguidores de Paracelso y van Belmont hacían de ello un misterio, Fauvety añade, que el *poder magnético* "podría, en efecto, según algunos escritores, haber sido el secreto de la Rosa Croix, que en el siglo XVI se decía que poseía un remedio universal. Lo que apoya esta suposición es que incluso los adversarios del magnetismo reprochaban a los médicos, seguidores de Paracelso, curar por procedimientos magnéticos similares a los de la Rosa-Croix."

Como escribió Gustave Bord en *La Franc-Maçonnerie en France*, 1908:

"La doctrina de Paracelso procedía de la Cábala, de la filosofía hermética y de la alquimia. Afirmaba conocer y exponer todo el sistema de las fuerzas Misteriosas que actúan en la naturaleza y en el hombre... El hombre debe unirse a las fuerzas necesarias para producir fenómenos físicos o intelectuales. El Universo era el Macrocosmos, el hombre era el Microcosmos, y eran semejantes (como es arriba es abajo)".

Además, Vulliaud dice que J. J. Monnier también sabía que en ciertas logias los iniciados practicaban el magnetismo. Según Monnier, "magnetizaban por gracia divina *[sic]*, por la fuerza de la fe y de la voluntad, atravesando muros a grandes distancias, desde París hasta Dominica". Finalmente, Vulliaud concluye:

"En resumen, el rosacrucismo se compone de iluminismo místico, en combinación con la alquimia, la astrología, el magnetismo y la comunicación con los espíritus [¡astral!], si no con el Verbo mismo; se compone a veces de una, a veces de varias de estas formas de lo maravilloso y oculto. En ciertas logias... practican ardientemente la teurgia".

En un libro anónimo, *Mysteries of the Rosie Cross*, publicado en 1891, que está lleno de información documentada, leemos:

"Con respecto al origen y significado del término Rosacruz, se han sostenido y expresado diferentes opiniones. Algunos han pensado que estaba compuesto de *rosa* y *crux (*una rosa y una cruz), pero

> otros sostienen, con aparente buena autoridad, que es un compuesto de *ros* (rocío) y *crux* (cruz).
>
> ... Una cruz en el lenguaje de los filósofos del fuego es lo mismo que *Lux* (luz), porque la figura de una cruz exhibe las tres letras de la palabra *Lux* en una sola vista... Un Rosacruz, por lo tanto, es un filósofo que, por medio *del rocío* busca *la luz, es* decir, la sustancia de la piedra filosofal"-.

la Quintaesencia o cinco elementos, tierra, aire, fuego, agua y éter; ¡el hombre iluminado!

En cuanto a la interpretación Rosa-Crux, el ritual R.R. et A.C. nos informa de la clave del

> "Tumba de Osiris On-nopheris, el Justificado (iluminada), la sepultura simbólica de nuestro Fundador Místico Christian Rosenkreutz que él hizo representar el Universo... es la forma de la Rosa y la Cruz, la antigua Crux Ansata, el símbolo egipcio de la Vida, que resume la Vida de la Naturaleza y los poderes ocultos en las palabras I.N.R.I.".

Como sabemos, I.N.R.I. es *Igne Natura Renovatur Integra:* toda la naturaleza se renueva con el fuego. Representa las tres fases de la generación universal: creación, destrucción y regeneración. Los signos dados son L.V.X. que representan la misma idea. Explicando aún más L.V.X., el mismo ritual dice: Habiendo llegado a la puerta de la tumba,

> "Al examinar la puerta más de cerca percibirás... que debajo de CXX en la inscripción se colocaron los caracteres L.V.X., siendo el conjunto equivalente a 'Post CXX Annos Lux Crucis Patebo' - al final de 120 años yo la luz de la Cruz me revelaré. Pues las letras L.V.X. están formadas por los ángulos desmembrados y unidos de una cruz +".

Además, los rosacruces eran sabios cabalistas, y Adolphe Franck, en *La Kabbale,* cita a Simon ben Jochai en el *Zohar,* hablando del Anciano de los Días, el primero de los Sephiroth del Árbol de la Vida:

> "Está sentado en un trono de chispas que somete a su voluntad... De su cabeza agita un *rocío* que despierta a los muertos y hace nacer en ellos una nueva vida. Por eso está escrito: Tu rocío es un rocío de luz. Es el alimento de los santos del más alto nivel. Es el maná preparado para los justos para la vida futura. Desciende a los campos

> de los frutos sagrados (adeptos de la Cábala). El aspecto de este rocío es blanco como un diamante, cuyo color incluye todos los colores'".

Este rocío es la "Luz Blanca Divina o Brillo" de los Rosacruces, el fluido magnético de su magia. Además, se dice en el mismo ritual R.R. et A.C.: "Los colores son fuerzas y la firma de las fuerzas, e Hijo de los Hijos de las Fuerzas eres tú, y, por tanto, alrededor del trono del Poderoso hay un arco iris de Gloria y a sus pies está el Mar de Cristal." Es la fuerza del Iluminismo, ¡una luz de la Naturaleza!

De nuevo, Jane Lead, inspiradora principal de la Sociedad Panacea, hablando de las propiedades del Árbol de la Vida Cabalístico, describe la quinta como: "La dulzura del rocío, que yace siempre sobre las ramas del Árbol... Es todo poder paradisíaco (o iluminador)". Este mismo poder, fluido magnético, es la base de su remedio universal rosacruz. Además, según el escritor de *Los Misterios de la Rosa Cruz:* "Una obra notable fue publicada en Estrasburgo en el año 1616, titulada, *El Romance Hermético, o la Boda Química. Escrito en alto holandés por Christian Rosencreutz.* Se dice que este libro... existía en manuscrito... desde 1601, lo que lo convierte en el libro rosacruz más antiguo que existe". Algunos dicen que fue obra de Valentin Andrea; en cualquier caso, parece representar la unión del adepto con el agente universal, y es posible que toda la leyenda de Christian Rosenkreutz represente simplemente la misma idea mística que se encuentra entre todos los yoguis y místicos, despertando poderes misteriosos.

Como escribió Gustave Bord:

> "En todos los tiempos hubo sectas secretas que pretendían comprender las leyes que regulan el Universo; algunas creían poseer realmente el secreto inefable; otras, las más astutas, hacían de sus misterios un señuelo para la multitud, pretendiendo así dominarla y dirigirla; al menos encontraban la manera de utilizarla en su provecho."

En el Prefacio de un curioso libro, *Los Hígados Largos,* de Robert Samber, escribiendo bajo el seudónimo de "Eugenius Philalèthes Junior", que fue dedicado a la Gran Logia de Londres en 1722, y al que se han referido los historiadores masónicos

Mackay, Whytehead y Yarker, se indica claramente que por encima de los tres grados tradicionales hay una *iluminación* y una jerarquía, cuya naturaleza no se revela, pero el lenguaje utilizado es enteramente el de la alquimia y Rose-Croix. Louis Daste, hablando de la Francmasonería en la Revolución Francesa, observa:

> "Esta misteriosa iluminación de los grados inferiores de la Masonería, esta jerarquía cuyo secreto ha guardado tan celosamente Philalèthes Junior, esos 'Superiores Desconocidos' venerados por los Martinistas y Philalèthes judaizantes, que pretenden dominar las logias ordinarias - ¿no es todo eso la cadena irrompible que une la Cábala judía a la Francmasonería, y no tenemos en adelante derecho a sospechar que el Poder Oculto oculto tras las Logias Masónicas es el cerebro del Judaísmo que conquistaría y dominaría el mundo entero?"

MARTINES DE PASQUALLY

En su libro sobre la Orden de los *Élus Coens* del siglo XVIII, R. le Forestier nos dice que esta Orden fue fundada - que continúa hoy en día como Martinistas - hacia 1760, por Martines de Pasqually, de quien se dice que era un judío portugués. Era uno de los grupos ocultistas más interesantes de la época, "que constituía, al amparo de la masonería, uno de los últimos eslabones de la larga cadena de asociaciones misteriosas y celosamente cerradas, cuyos miembros pretendían, por procedimientos mágicos, comunicarse con lo divino para participar en una inmortalidad bendita": ¡el iluminismo! El nombre *Coen* dado por Pasqually a sus miembros es una adaptación del término hebreo *Cohanim*, que designaba la casta sacerdotal más elevada, constituida en Jerusalén, bajo Salomón, para asegurar el servicio divino en el Templo; se decía que descendían en línea directa de Aarón. Los Coen se proclamaban así herederos y depositarios de la tradición secreta judía. Pasqually construyó un curioso sistema metafísico y místico, 'tomado de tradiciones secretas, representaba un eco débil pero muy claro de las diversas doctrinas esotéricas originadas en Oriente durante los primeros siglos de nuestra era tras adoptar otras tradiciones más antiguas, y que más tarde penetraron en Occidente por mediación de la Cábala judía'. Sus discípulos eran los sucesores de los místicos de Asia, Egipto, Grecia e Italia, de los valentinianos, órficos y seguidores de Mitra; profesaban las doctrinas místicas de los neoplatónicos, gnósticos y cabalistas, y cultivaban en la época de la *Enciclopedia* la 'Sabiduría Secreta de los Antiguos.'

La Cábala Teórica, como sabemos, trata de la naturaleza de la Deidad, sus relaciones con el hombre y el origen del mundo. La Cábala práctica o mágica, por su parte, se ocupaba de la "magia dinámica y teúrgica, enseñaba el arte de mandar a los espíritus, adivinar el futuro, la clarividencia a distancia y la fabricación de amuletos". En sus corrientes místicas se encontraba la influencia de la astrología y demonología caldeas, la filosofía natural jónica, los conceptos mazdeanos, maniqueos, sabeos y mitraicos, así como la aritmética y geometría pitagóricas. Era un residuo de los cultos primitivos fundados en la "Magia fluídica" -el fluido magnético mágico de los alquimistas, rosacruces e iluministas- y que aún, durante la cautividad, persistía en las religiones babilónica y persa. En el siglo XVII, J. B. van Helmont, en su *Hortus Medicine*, escribió: "Una fuerza mágica, adormecida por el pecado, está latente en el hombre; puede ser despertada por la gracia de Dios o por el arte de la Cábala". ¡Es el despertar de la kundalini por procesos mágicos o yoga! Estos ritos teúrgicos de la Cábala práctica habían existido hasta el siglo XVIII en el seno de las sectas judías vinculadas a los frankistas, tan extendidas en Europa central.

Por último, le Forestier dice que el proceso teúrgico, preconizado sobre todo por la Cábala práctica, se fundaba en el poder maravilloso de los nombres divinos; se deriva de uno de los fundamentos de todas las clases de magia, que se remonta a los tiempos más remotos. Pasqually acentuó también esta idea, familiar a los cabalistas, de que el nombre sobre todo manifiesta su poder cuando se pronuncia en voz alta. He aquí el "modo vibratorio de pronunciar los nombres divinos", utilizado en la Stella Matutina y en la R.R. et A.C., Orden Martinista, ¡que sus obligaciones ordenan no revelar jamás! El poder aumenta mucho, como en los conjuros mágicos, pronunciando el nombre junto con todas sus correspondencias, como se muestra en el libro *777* de Crowley. Además, las operaciones de los Coen, con sus diagramas, lustraciones, quema de incienso, prosternaciones, invocaciones y conjuros, muestran manifiestamente los ceremoniales mágicos a los que se dedicaban los discípulos de Pasqually. Encontramos las mismas operaciones en la S.M. y en la R.R. y A.C. de hoy. Volvamos a Eliphas Levi, otro martinista posterior, que escribe en su *Historia de la Magia:*

> "Además, la ley del equilibrio en analogía conduce al descubrimiento de un agente universal que fue el Gran Secreto de los alquimistas y magos de la Edad Media. Se ha dicho que este agente es una luz de vida por la cual los seres animados se vuelven magnéticos, siendo la electricidad sólo una perturbación transitoria. La práctica de esa maravillosa Cábala descansa enteramente en el conocimiento y uso de este agente. Sólo la Magia Práctica abre el Templo secreto de la Naturaleza a ese poder de la voluntad humana que es siempre limitado pero siempre progresivo."

El *Zohar*, dice, es una génesis de luz (de la naturaleza). El *Sepher Yetzirah* es la escalera de la realización y la aplicación; tiene treinta y dos peldaños: diez Sephiroth o centros de luz, y veintidós senderos o canales que unen los Sephiroth y por los que fluye la luz o el fluido mágico. Es el Árbol de la Vida cabalístico. Aplicado, como se hace en las Órdenes cabalísticas y mágicas, al Microcosmos o cerebro y sistema nervioso del hombre, está lleno de peligros e ilusiones, mentales, morales y físicas. Eliphas Levi dice además que la ciencia del fuego y su dominio era el secreto de los Magos, lo que les daba el dominio sobre los poderes ocultos de la naturaleza; "Por todas partes nos encontramos con el encantador que mata al león y controla a las serpientes. El león es el fuego celeste (cósmico o estelar), mientras que las serpientes son las corrientes eléctricas y magnéticas de la tierra. A este mismo secreto de los Magos se refieren todas las maravillas de la Magia Hermética".

Por último, estos "superhombres" controladores entre bastidores son, al parecer, maestros en el conocimiento y el funcionamiento de esta cábala práctica construida a partir de cultos del pasado más remoto. ¿No es, por tanto, justificable suponer que estos superhombres son judíos revolucionarios, cabalísticos y que trabajan con la magia?

PERNICIDAD

Joanny Bricaud, en *Les Illuminés d'Avignon*, 1927, nos da algunos detalles curiosos sobre el crecimiento de este movimiento:

> "¡Cosa extraña! La era de los *enciclopedistas* y de los filósofos fue también la era de los profetas y de los taumaturgos. Frente a Voltaire, Diderot, d'Alembert, incrédulos y escépticos, surgieron Swedenborg, Martines de Pasqually, Saint-Martin, Mesmer y Cagliostro, fundadores de grupos místicos entregados a toda práctica de teurgia, magia e iluminismo."

Como dice Bricaud, Dom Pernety, el fundador del grupo de Avignon, nació en Roanne, en Forez, en 1716, y se hizo benedictino de Saint-Maur. Durante su estancia en la abadía de Saint-Germain-des-Prés, se encontró con numerosos libros de hermetismo y alquimia, y se contagió de esta fiebre de la época. Como la vida monástica le resultaba intolerable, la abandonó y se marchó a Aviñón, donde fundó su Rito Hermético en 1766. Más tarde lo vemos en Berlín, todavía en contacto con sus adeptos. Poco a poco su hermetismo se vio invadido por el misticismo de Swedenborg y Boehme, se convirtió en vidente e iluminador, teniendo como guía al llamado Ángel Assadai, recibiendo comunicaciones de un poder invisible conocido como Sainte-Parole.

M. Bricaud dice además que existe en la Biblioteca Calvet de Aviñón, un extraño manuscrito de 155 páginas de puño y letra de Pernety, que fue incautado en su casa durante la Revolución. Data de Berlín, 1779-1783, y de Aviñón, 1783-1785, y es un relato de las evocaciones y preguntas de sus iniciados a esta Sainte-Parole y de las respuestas de ese poder. Los iniciados están inscritos por números ocultos, que constituyen la base de sus operaciones cabalísticas, cuando consultan a Sainte-Parole. Nada se hacía sin la aprobación de este poder desconocido. Como dijo Weishaupt: "No podemos utilizar a los hombres tal como son; hay que darles forma según el uso que se vaya a hacer de ellos". Del mismo modo, Pernety y sus iniciados fueron probados, amonestados y desconcertados hasta que el poder obtuvo de ellos fe y obediencia absolutas. Fueron consagrados en una colina sobre Berlín, regenerados e iluminados; Pernety estaba destinado a fundar una sociedad para el "nuevo pueblo de Dios" y a construir una nueva ciudad en preparación de un "nuevo cielo y una nueva tierra". Él sería el centro y el pontífice, y otro adepto, el conde Grabianka, el rey. La hija de seis años de este último debía ser aislada de sus padres y de su país durante siete años para ser preparada como oráculo a través del cual gobernaría. Finalmente, el templo llamado *Thabor se* estableció cerca de Aviñón, y el grupo pasó a ser conocido como los *Illuminés d'Avignon.* Su culto era absolutamente secreto, y en líneas generales sus ideas eran las de Swedenborg, pero también profesaban un culto a la Virgen, al parecer la Gran Madre de los gnósticos. Don Pernety murió en 1796, y los últimos supervivientes ingresaron en el Martinismo.

SAINT-MARTIN

El iluminismo martinista fue fundado, como hemos visto, por Martines de Pasqually, que enseñaba la doctrina de la reintegración; de 1754 a 1768 propagó sus grados superiores entre las logias masónicas de Francia.

M. de Maistre, en 1810, escribió que los Martinistas tenían un culto e iniciados superiores o sacerdotes llamados por el nombre hebreo de *Cohen,* y observó que todos estos grandes iniciados tomaron parte en la Revolución, aunque no en exceso. Saint-Martin, el filósofo desconocido, fue discípulo de Pasqually y más tarde desarrolló considerablemente el movimiento, estableciendo su *Loge maçonnique des Chevaliers de la bienfaisance* en Lyon. Según Louis Blanc:

> "El martinismo progresó rápidamente en París; reinó en Aviñón; en Lyon tuvo un centro desde el que se irradió a Alemania y Rusia. Injertadas en la francmasonería, las nuevas doctrinas constituían un rito que se componía de diez grados... por los que los adeptos debían pasar sucesivamente; y se formaron numerosas escuelas con el único objetivo de encontrar la clave del código místico y difundirlo. Así, a partir de un solo libro (*Des Erreurs et de la Verité par un philosophe inconnu)* surgió una vasta multitud de... esfuerzos que contribuyeron a agrandar la mina excavada bajo las viejas instituciones". [Y añade:] "En nombre del espiritualismo piadoso, el filósofo desconocido se levanta contra la locura de los cultos humanos. Por caminos de alegoría conduce al corazón del Reino Misterioso que el hombre en su estado primitivo había habitado."

Los Illumines, organizados bajo la ley del secreto, ejercieron importantes influencias en los movimientos revolucionarios, y tanto martinistas como suecos se aliaron a los Illuminati de Weishaupt, como se vio en el convento de Wilhelmsbad de 1782, *cuyo* objeto fue expresado así por un delegado horrorizado, el conde de Virieu, que había sido engañado por el misticismo de Saint-Martin:

> "Se está tramando una conspiración tan bien planeada y tan profunda que será muy difícil que la religión y los gobiernos no sucumban a ella".

En el *Rituel de l'Ordre Martiniste,* editado por Teder, 1913, se advierte al adepto del tercer grado que no revele los misterios:

> "Pero si, por el poder de tu libre albedrío y la bendición del Divino, llegas a contemplar la Verdad cara a cara, recuerda que debes guardar silencio sobre el Misterio que has penetrado, aunque tu fidelidad te cueste la vida. Recuerda siempre el destino de los Grandes Iniciadores que, incluso con las mejores intenciones, han intentado levantar, ante la multitud, un rincón del sagrado Velo de Isis."

"Aquí siguen algunos nombrados: Jesús, Jacques Molay, Paracelso, Cazotte, Cagliostro, Saint-Martin, Wronski, Eliphas Levi, Saint-Yves d'Alveydre, y cientos de otros". Y continúan: 'Si revelas la menor de las Artes Secretas o cualquier parte de los misterios ocultos que la meditación puede haberte llevado a comprender, no hay tortura física que no sea dulce comparada con el castigo que tu locura traerá sobre ti'. Ningún símbolo material puede expresar el horror de la aniquilación tanto espiritual como física que espera al miserable revelador de la Palabra Verdadera, pues Dios *[sic]* no tiene piedad, para quienquiera que profane Su santuario y exponga brutalmente a ojos indignos el Secreto indecible.

Finalmente, el Superior Inconnu en el Segundo Templo tiene que jurar 'trabajar con todas mis fuerzas para establecer en la tierra, la Asociación de todos los Intereses (Beneficios), la Federación de todas las Naciones, la Alianza de todos los cultos y la Solidaridad Universal'. En 1913 "Papus", el Dr. G. Encausse, era Gran Maestre y Presidente del Consejo Supremo de los Martinistas.

SWEDENBORG

En cuanto al Swedenborgianismo, en *Les Sectes et Sociétés Secrètes, de la* pluma de Le Couteulx de Canteleu, encontramos un breve pero interesante esbozo de Swedenborg y sus sistemas: Emanuel Swedenborg era hijo de un obispo luterano de Skara, en Suecia, y nació en Upsala hacia 1688. En 1743 comenzó a difundir sus creencias, una mezcla de misticismo, magnetismo y magia. Como ocurre con todas las doctrinas de este tipo, tenía dos sistemas: uno para incautos y necios, que aparentemente pretendía reformar el cristianismo mediante un deísmo fantástico, la fe reinante en su Nueva Jerusalén; sus seguidores creían en sus maravillosas visiones y profecías, en sus conversaciones con ángeles y espíritus.

El otro conducía directamente a la impiedad, al ateísmo y al materialismo, donde, como en el Hermetismo, Dios era sólo un sol, un espíritu de Luz, un calor espiritual que vivificaba el cuerpo. A estos últimos les presentaba su doctrina como si fuera la de los egipcios y los magos, y estos adeptos apoyaban incondicionalmente la Revolución, que devolvía al hombre su igualdad y libertad primitivas.

Sólo en Inglaterra tenía 20.000 seguidores en 1780, que esperaban que la Revolución derrocara todas las demás creencias; ¡el Dios de Swedenborg sería el único Rey que quedaría! En Aviñón tenía muchos adeptos que se mezclaban con los martinistas, siendo conocidos como teósofos iluminados, y entre ellos se encontraban los mismos votos a favor de una Revolución antisocial y antirreligiosa.

En un Prólogo a uno de los libros de Emanuel Swedenborg sobre *La Doctrina de la Nueva Iglesia* - la Nueva Jerusalén, traducido en 1797, del latín de la edición de Amsterdam de 1769, se dice en explicación de esta doctrina:

> "Estar al mismo tiempo en el mundo natural y en el mundo espiritual, vivir en el primero en la sociedad de los hombres, y encontrarse en el segundo en la sociedad de los ángeles, verlos, hablar con ellos, oírlos, moverse en un reino de sustancias espirituales; he aquí, sin duda, más de lo necesario para desconcertar la comprensión materialista de los sabios de hoy."

Por lo tanto, no es sorprendente que de Luchet considerara que "los teósofos, los suecos, los magnetizadores y los iluministas eran un peligro nacional".

TEMPLARIOS

A medida que se acercaba la Revolución Francesa, se descubrió que el terreno estaba siendo minado y preparado para el siniestro levantamiento de 1789 por, entre otros, el poder aún activo de la antigua Orden de los Templarios. Eliphas Levi nos informa de que, aunque aparentemente católicos, el culto secreto de los templarios era el juanismo, y su objetivo secreto era reconstruir el Templo de Salomón siguiendo el modelo de la visión de Ezequiel: las armas de los masones del Templo, un león, un buey, un hombre y un águila, eran los estandartes de las cuatro principales tribus hebreas. Los juanistas, que eran cabalistas y gnósticos, adoptaron parte de las tradiciones judías y de los relatos talmúdicos; consideraban los hechos de los Evangelios como alegorías de las que San Juan tenía la clave; sus Grandes Pontífices asumieron el título de Cristo. Con el tiempo, los templarios se convirtieron en un peligro para la Iglesia y el Estado, amenazando al mundo entero con una gigantesca revolución, y finalmente fueron suprimidos. Como escribió el alto masón Albert Pike, en *Moral y Dogmas:*

> "La Orden desapareció en seguida... Sin embargo vivía bajo otros nombres y gobernada por Jefes Desconocidos, revelándose sólo a aquellos que al pasar por una serie de grados habían demostrado ser dignos de que se les confiara el peligroso secreto... Los impulsores secretos de la Revolución Francesa habían jurado derribar el Trono y el Altar sobre la tumba de Jacques de Molai."

Según Louis Blanc, en su *Historia de la Revolución Francesa,* 1848, Cagliostro fue iniciado en Frankfort, 1781, bajo la autoridad de "los Grandes Maestres de los Templarios", los Illuminati de Weishaupt, de quienes recibió instrucciones y fondos para llevar a cabo sus diabólicas intrigas contra María Antonieta en preparación para la posterior toma del poder a través de las logias iluminadas del Gran Oriente. Hablando de los proyectos de Weishaupt, Louis Blanc escribió:

> "Por la sola atracción del misterio, por el solo poder de la asociación, someter a la misma voluntad, animar con el mismo aliento a millares de hombres en todos los países del mundo... hacer de estos hombres nuevos seres por medio de una lenta educación gradual, hacerlos, hasta el frenesí o la muerte, obedientes a Jefes invisibles y Desconocidos; con tal legión pesar secretamente sobre la Corte, rodear a los soberanos, sin que lo sepan los Gobiernos directos, y conducir a Europa a ese punto en que toda superstición sea aniquilada, todas las monarquías derribadas, todos los privilegios de nacimiento declarados injustos, el derecho incluso de propiedad abolido; tal era el gigantesco plan de los fundadores del Iluminismo."

En *Orthodoxie Maçonnique*, 1853, el judío y autoridad masónica, J. M. Ragon, da detalles de los dos grados de la Orden "Juges Philosophes Inconnus", un régimen templario. Él los sitúa como pertenecientes, probablemente, a la "Orden de Cristo", una Orden que, después de la supresión de los Templarios, fue constituida en Portugal por el Rey Denis, y en la cual los Templarios reformados fueron admitidos, sin embargo, sin sus antiguas inmunidades y enteramente dependientes del Jefe del Estado. Se admite que los Templarios modernos han utilizado el velo de la Masonería por ser mejor para difundir sus ideas, pero es masónica sólo en la forma. La joya del adepto es una daga y su trabajo es la venganza. El grado de Novicio de estos "Philosophes Inconnus" es el primero del último grado de la Masonería-Kadosch, 30th grado - el hermano debe ser al menos Rosa-Croix (18th grado) y ya instruido en el arte real. El Presidente se dirige a él:

> "Fuiste durante mucho tiempo objeto de nuestra observación y de nuestro estudio... tan pronto como hayas asumido tu nueva obligación dejarás de pertenecerte a ti mismo; tu vida, incluso, habrá pasado a ser propiedad de la Orden. La obediencia más absoluta, la abnegación entera de vuestra voluntad, la ejecución pronta, sin reflexión, de las órdenes que os serán transmitidas de parte del Poder Supremo, tales serán vuestros principales deberes. Los castigos más terribles están reservados para los perjuros... ¿y quién es un perjuro a los ojos de la Orden? Aquel que incluso en la cosa más ligera infringe las órdenes que ha recibido del Jefe o se niega a ejecutarlas, pues nada carece de importancia en nuestra sublime Orden... Vuestro empleo en el futuro será formar a los hombres... Debéis aprender aquí cómo se pueden atar los pies y las manos de aquellos

> que usurpan los derechos de los hombres; debéis aprender a gobernar a los hombres y a dominarlos, no por el miedo, sino por la virtud *[sic]. Debéis* consagraros enteramente a la Orden que se ha comprometido a restablecer al hombre en su dignidad primitiva... El Gobierno secreto, pero no menos poderoso, debe conducir a los demás Gobiernos hacia este noble fin. sin dejarse, sin embargo, percibir más que por la opinión y el asentimiento universales de la sociedad. Existe un número considerable de nuestros hermanos; estamos diseminados por las tierras más lejanas, todos dirigidos por una fuerza invisible... Si sólo deseas ser un perjuro y un falso hermano, no te comprometas entre nosotros, serás maldito e infeliz; nuestra venganza te alcanzará por todas partes."

Si duda, se le vendan los ojos y se le conduce fuera; si consiente, asume la obligación y es recibido. Después de tres años de estudio y preparación, se le puede otorgar el grado final, Juge-Commandeur. Entonces toma otra obligación, en la que promete y jura trabajar por la propagación de la Orden y su seguridad, obedecer a sus Superiores de todas las maneras, le sean conocidas o no. Finalmente, se le dice:

> "Juras y prometes guardar inviolables los secretos que voy a confiarte; no perdonar jamás a los traidores, y someterlos a la suerte que la Orden les reserva... Guardarte de los excesos del vino, de la mesa y de las mujeres, causas ordinarias de indiscreción y Debilidad" [¡en caso de traicionar secretos de la Orden!]

Al final de ambos grados se lee al adepto una parte de una historia abreviada de la destrucción de los Caballeros Templarios. Y de su Orden se dijo:

> "Ya no se puede negar que en los primeros tiempos nunca hemos reconocido más de cinco grados de conocimiento; el número de veinticinco o treinta y tres grados que forman el armazón de la masonería escocesa es el resultado del amor a las innovaciones o el producto del amor propio; pues es seguro que de los treinta y tres grados practicados hoy en día hay veintiocho apócrifos que no merecen ninguna confianza."

En su reglamento, el artículo 32 dice:

> "Las penas contra los hermanos culpables de cualquier delito son: amonestación, expulsión y penas aún más graves si el delito compromete a la Sociedad. Las sentencias de esta última naturaleza

> no pueden ser ejecutadas sin la confirmación del juicio por parte del Poder Supremo."

En su discurso final sobre el infeliz destino de los Templarios, el Jefe de los Filósofos Inconnus dijo:

> "... Ahora bien, como el número de templarios escapados de la espada asesina de la persecución era muy reducido, también como, para vengar el crimen inaudito del que habían sido víctimas, era necesario reparar sus pérdidas, admitieron en su Orden a hombres de mérito reconocido, a los que buscaron y encontraron entre los masones... Les ofrecieron la iniciación en su Orden, que fue aceptada con entusiasmo, y a cambio los templarios fueron iniciados en los misterios masónicos."

Para concluir, ofrecemos dos pasajes de Le Couteulx de Canteleu, que en su bien documentado libro se refiere al proceso de los Templarios:

> "Ciertamente, lejos de mí la idea de defender el cruel procedimiento seguido contra varios miembros de la Orden y las torturas aplicadas durante los interrogatorios; lejos de mí la idea de creer todos los absurdos de los que se les acusaba. Pero en medio de todas estas crueldades y de todas estas infamias, el fundamento de la acusación era cierto; Ellos lo sabían, y eso fue lo que hizo que más de 300 miembros, aún no sometidos a tortura, admitieran hechos que nos parecían tan extraordinarios, pero que se comprendían cuando se conocía el fundamento de su doctrina, revivida de las iniciaciones egipcias y hebraicas, también su filiación a los francmasones de Oriente (los Asesinos), y los vicios que los Grandes Maestres habían permitido que se introdujeran en la Orden, para, probablemente, aumentar su poder."

También consideró positivo que el templario Guillaume de Monthard recibiera la iniciación masónica del Viejo de la Montaña en una cueva del Líbano, y que los Asesinos mantuvieran algunas de las creencias de los Ofitas, adoradores de serpientes o de dos sexos, ¡de ahí, dice, Baphomet! También dijo que el Papa Clemente V tardó en creer en esta formidable herejía:

> "Sólo después de haber hecho interrogar a setenta y dos Caballeros en su presencia, como hombre interesado en declararlos inocentes, no exigiéndoles otro juramento que el de responder a las preguntas que se les hacían; sólo después de sus admisiones, dadas en

presencia de notarios, se vio obligado a reconocer su culpabilidad y a revocar la suspensión (previamente ordenada) de los Obispos, permitiéndoles proseguir las gestiones hechas por Philippe le Bel para llegar a un juicio."

CAPÍTULO IV

LOS ILLUMINATI DE WEISHAUPT Y LA REVOLUCIÓN FRANCESA

ESCRIBIENDO sobre los Illuminati en su *Essai sur la secte des Illuminés,* publicado en 1789, el masón de Luchet dice:

> "Hay un cierto número de personas que han llegado al más alto grado de impostura. Han concebido el proyecto de reinar sobre las opiniones, y de conquistar, no reinos, ni provincias, sino la mente humana. Este proyecto es gigantesco, y tiene algo de locura, que no causa brazo ni inquietud; pero cuando descendemos a los detalles, cuando consideramos lo que pasa ante nuestros ojos de los principios ocultos, cuando percibimos una súbita revolución en favor de la ignorancia y de la incapacidad, debemos buscar la causa de ello; y si encontramos que un sistema revelado y conocido explica todos los fenómenos que se suceden con una rapidez aterradora, ¿cómo no creerlo?... Observad que los miembros de la Confederación Mística son bastante numerosos en sí mismos, pero no lo son relativamente con respecto a los hombres que deben engañar... En efecto, para darse cuenta de esta proporción hay que hacerse una idea justa de la fuerza del hombre combinado (¿no era el grito de Mazzini: "Asociad, Asociad"?). Un hilo no puede levantar el peso de una libra, mil hilos levantarán el ancla de un barco... también el hombre es un ser débil, imperfecto... pero si varios hombres mezclan medias calidades se templan y fortalecen mutuamente... el débil cede ante el más fuerte, el más hábil extrae de cada uno lo que puede suministrar. Unos vigilan mientras otros actúan, y este formidable conjunto llega a su objetivo, sea cual sea... Fue según esto como se formó la secta de los Illuminati. No se puede, es cierto, ni nombrar a sus fundadores, ni probar las épocas de su existencia, ni marcar los pasos de su crecimiento, porque su esencia es el secreto; sus actos tienen lugar en la oscuridad, sus evasivos Grandes Sacerdotes se pierden entre la multitud. Sin

> embargo, ha penetrado en suficientes cosas como para asombrar y llamar la atención de los observadores, amigos de la humanidad, sobre los misteriosos pasos de los sectarios."

Jean Adam Weishaupt, fundador de la Orden de los Illuminati, nació en Ingolstadt, Baviera, el 6 de febrero de 1748, según el libro de R. le Forestier, *Les Illuminés de Bavière et la Franc-Maçonnerie Allemande,* 1914, del que tomamos los siguientes detalles: Su padre, a la sazón profesor de la Universidad de Bavière, se había casado con una sobrina de la Sra. Ickstatt, cuyo marido era conservador de la misma Universidad. En 1756, el barón Ickstatt consiguió una beca para su hijo Adam, en el Colegio de los Jesuitas de Ingolstadt, quien a los quince años ingresó en la Universidad como estudiante de Derecho, empapándose al mismo tiempo de la literatura de los filósofos ateos de la época. Los electores de Baviera eran firmes partidarios de la fe católica, e Ingolstadt se convirtió gradualmente en un bastión de la enseñanza jesuita desde 1556 hasta que fueron suprimidos por Clemente XIV en 1773; incluso entonces, a falta de otros hombres cualificados, se mantuvieron en las cátedras de Teología. La Universidad de Ingolstadt y todas las escuelas equivalentes a las secundarias en Baviera habían sido puestas en manos de los jesuitas. Fue en 1775 cuando Weishaupt, entonces profesor de Derecho Canónico en Ingolstadt, "formó el plan de una asociación de la que él sería la cabeza... que opondría a las fuerzas unidas de la superstición y la mentira (religión) grupos cada vez más numerosos de libre-pensée y progreso."

Él y sus colaboradores creían "que los adversarios de todo progreso, intelectual y moral, eran los sacerdotes y los monjes... deseando luchar contra la religión del Estado y, sobre todo, contra los soldados más vigilantes del catolicismo, los jesuitas, era necesario ocultar la existencia de la Orden... Los historiadores que han visto en la Orden de los Illuminati una máquina de guerra inventada por un antiguo alumno de los jesuitas para combatirlos con sus propias armas, no están, pues, muy equivocados." René Fülöp-Miller, en su libro *El Poder y el Secreto de los Jesuitas,* 1930, apoya esta opinión. Nos dice que los *enciclopedistas* "se sirvieron de muchas de las ideas de los jesuitas para construir a partir de ellas una filosofía revolucionaria contraria a todas las creencias de la Iglesia." Y de nuevo dice:

> "Además de los francmasones, surgió una asociación afín, la 'Orden de los Illuminati', que desde el principio fue concebida como una organización antijesuita. Su fundador, Weishaupt, un profesor de Ingolstadt, odiaba de corazón a los jesuitas, y formó su liga de Illuminati con la intención expresa de "utilizar para fines buenos los medios que la orden jesuita había empleado para fines malos"; estos medios consistían principalmente en la introducción de una obligación de obediencia incondicional, que recordaba a las *Constituciones* de Loyola; de una vigilancia mutua de gran alcance entre los miembros de la orden; y una especie de confesión auricular, que cada inferior tenía que hacer a su superior."

Del poder judío en estas sociedades secretas, Bernard Lazare, en *L'Antisémitisme,* 1894, escribe:

> "Es cierto que había judíos en la cuna de la francmasonería, judíos cabalistas, como lo prueban ciertos ritos existentes; muy probablemente, durante los años que precedieron a la Revolución Francesa, entraron en mayor número en los consejos de la sociedad y fundaron sociedades secretas. Había judíos alrededor de Weishaupt; y Martinez Paschalis, un judío de origen portugués, organizó numerosos grupos de Illuminés en Francia;"

En un número de *La Vieille France, del* 31 de marzo al 6 de abril de 1921, se afirmaba que cinco judíos participaron en la organización e inspiración de los Illuminati: Wessely, Moses Mendelssohn y los banqueros Itzig, Friedlander y Meyer. Además es curioso encontrar que el importante Illuminatus Mirabeau, bajo la influencia de los discípulos de Mendelssohn, escribió un libro, *On Moses Mendelssohn; on the Political, Reform of the Jews,* 1787.

La masonería acabó desempeñando un papel considerable en la Orden de los Illuminati. Weishaupt se afilió a ella en 1777, y en 1778 decidió vincular su Orden con la Francmasonería. En los Misterios Mayores dos grados eran extremadamente importantes, los de Sacerdote y Regente. "El Colegio de Sacerdotes debía constituir en la orden un seminario de ateos... el grado de Regente correspondía en política al de Sacerdote en religión". "Weishaupt, sin embargo, lo consideraba "incomparablemente menos importante que este último". En la cúspide de la jerarquía se encontraba el Supremo Colegio de los Areopagitas, celebrado, según Weishaupt, en Munich, estando compuesto por siete miembros, tres de los cuales eran principales.

Además, Weishaupt, entre otros reglamentos, establecía que, sin un permiso especial, "los judíos, los paganos, las mujeres, los monjes y los miembros de otras sociedades quedaban excluidos de la Orden." En cuanto a los judíos, Louis Daste habla de documentos que muestran que, aunque las primeras logias masónicas inglesas admitían a todas las religiones, más tarde los jefes secretos de la masonería en Holanda, Alemania y Francia, debido a obstáculos transitorios, reservaron sus logias sólo para los cristianos. Pero en el Congreso de Wilhelmsbad, 1782, se resolvió que los judíos ya no debían ser excluidos de las Logias. Hay una gran cantidad de pruebas, sin embargo, para demostrar la influencia judía sobre y detrás de todas las sociedades secretas, y como dijo Disraeli en *Lothair* en 1870:

> "Si usted entiende por libertad política los planes de los Illuminati y de los francmasones que torturan perpetuamente al Continente, todas las conspiraciones oscuras de las sociedades secretas, entonces admito que la Iglesia está en antagonismo con tales aspiraciones de libertad... Los poderes civiles se han separado de la Iglesia.
>
> ... No es su elección: son urgidos por un poder invisible que es anticristiano, y que es el verdadero, natural e implacable enemigo de la única Iglesia visible y Universal."

En *Marie-Antoinette et le Complot Maçonnique*, 1910[2], Louis Daste cita un raro folleto, *The Role of Freemasonry in the XVIIIth Century*, de *F.*-. Brunellière, que dice

> "Weishaupt pretendía nada menos que el derrocamiento completo de la autoridad, la nacionalidad y todo el sistema social, en una palabra, la supresión de la propiedad, etc... En cuanto a su principio, era la obediencia absoluta y ciega, el espionaje universal, el fin justifica los medios. Este sistema de conspiración tan fuertemente organizado, que habría trastornado el mundo, se extendió por Alemania, donde se apoderó de casi todas las logias masónicas. Weishaupt envió a Francia a Joseph Balsamo, llamado Comte

---

[2] Publicado por Omnia Veritas Ltd, www.omnia-veritas.com.

> Cagliostro, para iluminar la masonería francesa. Finalmente reunió un Congreso en Wilhelmsbad en 1782, al que convocó a todas las logias alemanas y extranjeras... En 1785 los Illuminati fueron revelados al Gobierno de Baviera, que, aterrorizado, hizo un llamamiento a todos los Gobiernos, pero los Príncipes protestantes mostraron poca prisa en suprimirlo. Weishaupt encontró refugio con el Príncipe de Saxe-Gotha. Por lo demás, se había guardado muy bien de contarlo todo a los Príncipes, e incluso a muchos de sus iniciados; les había ocultado el llamamiento a la fuerza de las masas; les había ocultado la Revolución" (Informe masónico, *l'Ordre de Nantes,* 23 de abril de 1883).

Las sospechas del gobierno bávaro, según le Forestier, se despertaron seriamente, y mediante una búsqueda continuada, los papeles de Zwack relacionados con la Orden, y los que tenía Bassus, fueron encontrados y confiscados en dos ocasiones distintas. El Elector ordenó que se publicaran como sigue:

1. El 26 de marzo de 1787:

> "Algunos escritos originales de la Orden de los Illuminati encontrados en casa de Zwack, antiguo Consejero del Gobierno, durante una perquisición realizada en Landshut, los días 11 y 12 de octubre de 1786, y publicados por orden de su Alteza Electoral".

El Prefacio invitaba a todos aquellos que dudaran de la autenticidad de los documentos a dirigirse a los Archivos Privados, donde se les mostrarían los documentos originales.

> 2. "Suplemento a los escritos originales relativos en general a la Secta de los Illuminati y en particular a su fundador, Adam Weishaupt, antiguo profesor en Ingolstadt, documentos encontrados en el Castillo del Barón Bassus en Sandersdorf durante la perquisición llevada a cabo en esta célebre guarida de los Illuminati, publicados inmediatamente por orden del Elector y depositados en el Archivo Privado para ser examinados por todos aquellos que mostraran el deseo de hacerlo". (Dos partes, Munich 1787.)

Aparentemente acabados, los Illuminati continuaron con su minería subterránea.

Según Crétineau-Joly, el cardenal Caprara, en una memoria confidencial de octubre de 1787, dijo: "El peligro se acerca, pues de todos estos sueños locos de Iluminismo, Swedenborgianismo y Francmasonería, debe evolucionar una realidad aterradora. Los visionarios tienen su día, la revolución que presagian tendrá su día."

Fue en las logias de los *Amis réunis* donde Mirabeau y Bonneville introdujeron a los Illuminati de Weishaupt. Uno de sus jefes era el famoso revolucionario Savalette de Langes, Guardián del Tesoro Real, pero secretamente metido en todos los misterios y logias, y en todas las conspiraciones contra la religión y la Realeza. Se llamaban a sí mismos *Philalèthes* - buscadores de la Verdad; era una forma de Martinismo, y, según Clavel, conducía a la deificación del hombre, siendo una mezcla de los dogmas de Swedenborg y de Pasqualis. Para encubrir sus intrigas, Savalette de Langes cedía a veces la Logia común a adeptos, hermanos y hermanas de alto rango, que bailaban y cantaban a la igualdad y a la libertad, mientras que, desconocido para ellos, en la Logia superior, se encontraba el comité secreto custodiado arriba y abajo por dos *frères terribles.* Entre los principales miembros de este comité se encontraban Willermoz, Chappe de la Heuziére, Mirabeau, Comte de Gebelin y Bonneville. Allí la correspondencia codificada del Gran Oriente era recibida por Savalette de Langes y tratada por el Comité, Para ser admitidos en estos consejos debían jurar, como *Chevalier du Soleil*, odio a la Cristiandad y, como *Chevalier kadosch*, odio a las Coronas y al Papado. Tenían una sucursal en París, frecuentada por Saint-Germain, Raymond, Cagliostro, Condorcet, Dietrich, hermanos de Avignon y estudiantes de Swedenborg y Saint-Martin. En el exterior se hacían pasar por charlatanes, visionarios, evocadores de espíritus y hacedores de prodigios, mientras buscaban secretamente cómplices en las logias masónicas.

En compañía de los principales discípulos de Weishaupt, Mirabeau fue iniciado en Brunswick en los últimos misterios del iluminismo. Ya conocía el valor de la masonería en la revolución, y a su regreso a Francia introdujo estos misterios entre *los Philalèthes. Se* decidió entonces iluminar todas las logias de Francia; para ello se designó a los Illuminati, a Bode o *Aurelius* y al barón de Busche o *Bayard*, alumno de Knigge. Después de muchas discusiones se resolvió adoptar los misterios bávaros sin cambiar las antiguas formas de las logias, iluminarlas sin revelar el nombre de la secta de la que se habían recibido los misterios, y sólo utilizar el código de Weishaupt en la medida en que pudiera acelerar la revolución (Le Couteulx de Canteleu).

A partir de entonces se acentuó el objetivo político, se añadió un nuevo grado, conservando los emblemas y ritos masónicos, que se transmitió a las provincias. Se concluyó la alianza más estrecha, y un Convento general de los masones de Francia y del extranjero fue convocado por. el comité secreto para el 15 de febrero de 1785. Savalette de Langes fue elegido presidente, y entre los diputados se encontraban: Saint-Germain, Saint-Martin, Etrilla, Mesmer, Cagliostro, Mirabeau y Talleyrand, Bode, Dalberg, Barón de Gleichen, Lavater, Príncipe Louis de Hesse, y también diputados de los Grandes Orientes de Polonia y Lituania. El Duque de Orleans era entonces Gran Maestre del Gran Oriente de Francia, y -su comité tenía bajo su jurisdicción y órdenes logias de 282 ciudades de Francia y del extranjero (Mirabeau). En este Congreso se resolvió la Revolución Francesa y su propagación por toda Europa hasta el decreto de regicidio. El papel que, según Mirabeau, debía tomar el pueblo es descrito así en sus Memorias por Marmontel:

> "¿Tenemos que temer a la gran parte de la nación que desconoce nuestros proyectos y no estaría dispuesta a prestarnos su apoyo?
>
> ... Si los desaprueban, será sólo tímidamente, sin clamor. Por lo demás, ¿sabe la nación lo que quiere? Le haremos querer y decir lo que nunca ha pensado... La nación es un gran rebaño que sólo piensa en hojear y que, con buenos perros, los pastores conducen a su antojo... Habrá que imponerse a la burguesía que no ve nada que perder, sino todo que ganar con el cambio. Para agitarla se tienen los motivos más poderosos: la pobreza, el hambre, el dinero, los rumores de alarma y miedo, el frenesí de terror y rabia con que golpearemos sus mentes... ¿Qué haremos con toda esta gente mientras amordazamos sus principios de honradez y justicia? Los hombres de bien son débiles y tímidos; son los canallas los que son decididos. Es ventajoso para la gente durante las revoluciones no tener moral... no hay una sola de nuestras viejas virtudes que pueda servirnos... Todo lo que es necesario para la revolución, todo lo que es útil para ella es justo - ese es el gran principio."

Al principio de la revolución, el comité del Gran Oriente emitió un manifiesto dirigido a todas las logias y consejos masónicos, para ser utilizado en toda Europa. En él

> "se convocó a todas las logias a aliarse para unir sus esfuerzos en pro del mantenimiento de la Revolución, buscar en todas partes adeptos, amigos y protectores, propagar su llama, avivar su espíritu, excitar el celo y el ardor por ella en todos los países y por todos los medios a su alcance."

Tras la recepción de este manifiesto, las ideas antimonárquicas y republicanas se hicieron dominantes en todas partes, y las ideas antirreligiosas sólo se utilizaron para socavar las nacionalidades (Deschamps, *Les Sociétès Secrètes et la Société*, vol. ii). .

El judío y alto masón Crémieux, fundador y presidente de *L'Alliance-israélite-universelle*, decía en su manifiesto de 1860:

> "La red que Israel echa ahora sobre el globo terrestre se agranda y se extiende... Nuestro poder es inmenso; aprended a volcar ese poder a nuestra causa. No está lejano el día en que todas las riquezas, todos los tesoros de la tierra, pasarán a ser propiedad de los hijos de Israel."

En su libro *Marie-Antoinette et le complot maçonnique*, Louis Dasté muestra cómo se extendió esa red antes y después de la Revolución Francesa de 1789. Escribe: "De 1774 a 1783 hemos visto a la masonería cubrir sin cesar a María Antonieta con el fango de sus panfletos. Se acercaba la hora en que la secta iba a asestar el golpe del que murió la reina".

Fue el Affaire del Collar que fue, según G. Bord, "organizado por la *Stricte Observance* y los *Amis réunis* de París". "El judío Cagliostro", dijo el ex masón Doinel 33°, "fue el despreciable agente de esta intriga en la que naufragó la popularidad de la reina y se arruinó el prestigio del desdichado Luis XVI." Además, Louis Blanc escribió, 1848:

> "Su iniciación tuvo lugar a poca distancia de Frankfort, en una bóveda subterránea, (se le mostró) un libro manuscrito en cuya primera página podía leerse: Nosotros, Grandes Maestros de los Templarios; seguido de una fórmula de juramento trazada con sangre. El libro... sostenía que el Iluminismo era una conspiración urdida contra los tronos, que los primeros golpes caerían sobre Francia; que tras la caída de la Monarquía francesa atacarían Roma.

> Cagliostro supo por sus iniciadores que la sociedad secreta a la que pertenecía en adelante poseía una masa de dinero dispersa en los bancos de Amsterdam, Rotterdam, Londres, Génova y Venecia.
>
> ... En cuanto a él, manejó una enorme suma destinada a los gastos de propaganda, recibió instrucciones de la Secta y se fue a Estrasburgo".

En los sellos de la logia fundada por él en Lyon figuraban las tres letras *L.P.D. - Lilia pedibus destrue, pisotear* los lirios (borbónicos) (véase Bernard Picard, ritual, 1809). Esta era, pues, su diabólica misión. Así pues, cuando Cagliostro llegó a Estrasburgo, en 1781, su primer cuidado fue controlar y poner en marcha sus herramientas. Se dio a conocer al cardenal príncipe de Rohan, su incauto, y a la condesa de la Motte, su cómplice; encontrándose esta última en circunstancias reducidas, el cardenal le aconsejó que se dirigiera directamente a la reina, confiándole al mismo tiempo sus ambiciones y su amargura por la negativa de la reina a verle. A partir de ese momento, la Sra. de la Motte, fingiendo estar en contacto con la Reina, bajo las instrucciones de Cagliostro, actuó como intermediaria en una correspondencia entre la Reina, cuyo nombre fue falsificado, y el Cardenal, que nominalmente iba a lograr su restauración del favor Real y la realización de sus ambiciones, pero que finalmente iba a manchar y comprometer a la involuntaria Reina. Nada se hizo sin consultar a Cagliostro. En mayo, junio y julio de 1784, se multiplicaron las cartas falsificadas, escritas por Retaux de Villette y dictadas por Mme de la Motte. En la medianoche del II de agosto, se produjo la breve entrevista fingida en el parque de Versalles entre la reina y el cardenal. Nicole d'Oliva, vestida como la Reina, se parecía mucho a ella; el Cardenal creyó haber visto y hablado con María Antonieta. Cuando, por consiguiente, otras cartas falsificadas le pidieron dos veces que encontrara 60.000 libras para las recompensas de la Reina, el Cardenal pidió prestadas de buena gana ambas sumas al judío Cerfbeer. El dinero se lo quedó Mme de la Motte.

En diciembre, habiendo entrado en contacto con el joyero de la Corte, Boehmer, que estaba ansioso por deshacerse de un collar de diamantes valorado en 1.800.000 libras, planeó rápidamente adquirirlo, del mismo modo, para sí misma. Más cartas falsificadas de la Reina, junto con los consejos de su oráculo Cagliostro, tranquilizaron al Cardenal, y el 1 de febrero de 1785 se completaron las negociaciones con Boehmer; el collar pasó a posesión de Mme de la Motte, y las piedras más finas fueron vendidas en Londres por su marido. Al no recibir el primer pago de 100.000 ecus, que vencía el 30 de julio, Boehmer se dio cuenta del fraude; la Reina, indignada, fue informada de todo, y en agosto el Cardenal, Mme de la Motte y Cagliostro fueron arrestados, no sin antes quemar en secreto la mayoría de las cartas comprometedoras. El cardenal rechazó la oferta del rey de actuar como juez, por lo que fueron juzgados por el Parlamento, que estaba ampliamente masonizado. El Cardenal y Cagliostro fueron absueltos, Mme de la Motte fue condenada a ser tachada de ladrona, azotada y encerrada, pero más tarde fue ayudada en secreto a escapar.

Desde Londres emprendió su campaña de calumnias contra María Antonieta; en 1788 se publicó su *Mémoire justificatif*, formada, dijo de Nolhac, de rabia y mentiras, arrastrando a la Reina por un lodo infame. Fue retocada casi en su totalidad por el Sr. de Calonne en un fermento de odio contra la Reina, a la que culpaba de su desgracia ministerial. En 1789 apareció la *Segunda mémoire justificatif, de* nuevo atribuida a Mme de la Motte pero repudiada por ella, y que superaba a la primera en suciedad y veneno. Luego siguió una avalancha de panfletos indecentes, todos basados en la *Mémoire* con el doble objetivo de vilipendiar a la Reina y manchar las mentes con imágenes sucias, matando de antemano toda piedad en los corazones de la gente y de sus verdugos - *Lilia pedibus destrue.* Pero Cagliostro estaba acabado, el Poder Secreto, temiendo revelaciones, lo quebró sin piedad; obligado a abandonar Londres, perseguido por toda Europa, fue finalmente arrestado en Roma por la Policía Pontificia. Tras un largo proceso, recogido en *Vie de Joseph Balsamo,* 1791, fue condenado a muerte, conmutada por cadena perpetua, y murió en 1795. En una miserable buhardilla de Londres, en 1791, Mme de la Motte terminó su vida con terribles sufrimientos, abandonada por todos. El Poder Secreto no teniendo ningún uso para las herramientas rotas, había cesado de protegerlas.

En *La Revue,* el 1 de marzo de 1909, el editor escribió sobre un panfleto indecente, *O Marquez de Bacalhoa,* publicado en febrero de 1908, un mes antes del asesinato de Don Carlos:

> "Se publica en la forma de los romances que aparecieron hacia 1780 sobre la vida privada de Luis XVI y María Antonieta.
>
> ... Asfixió al Rey con barro y no perdonó a la Reina Amelia... Las páginas consagradas a la Reina eran un mero tejido de infames mentiras..."

Y la revolución portuguesa de 1910 fue obra de judíos de *l'Alliance-israélite-universelle* unidos a la masonería. De nuevo tenemos a Proudhon escribiendo:

> "Qué misterios de iniquidad se revelarían si los judíos, como el topo, no se empeñaran en trabajar en la oscuridad".

MASONERÍA FRANCESA

La Francmasonería, originada y organizada en Inglaterra, donde los cabalistas judaizantes de la Rosa-Croix la habían injertado en las antiguas Corporaciones de Obreros Masones, se introdujo por todas partes en Europa de 1725 a 1730. Y como escribe de Poncins: "En Francia, donde las mentes estaban en franca ebullición, la Masonería encontró un terreno favorable y bajo la doble influencia de los *Enciclopedistas* y de los Illuminati de Baviera evolucionó rápidamente hasta el punto de ser uno de los elementos preponderantes de los grandes movimientos revolucionarios de 1789." Y en un informe de una reunión de las Logias *Paix et Union* y *La Libre Conscience,* en el Oriente de Nantes, el 23 de abril de 1883, se decía: "Fue de 1772 a 1789 cuando la masonería elaboró la gran Revolución que iba a cambiar la faz del mundo... Fue entonces cuando los francmasones vulgarizaron las ideas que habían absorbido en sus logias" (véase Dasté). Dasté añade: "En efecto, fue el 23 de diciembre de *1772* cuando se proclamó la formación del Gran Oriente de Francia. Ese día se llevó a cabo la concentración de todas las armas masónicas para el asalto que se iba a realizar sobre Francia." Y Ragon, la autoridad masónica judía, nos dice que en esa fecha fue "solemnemente declarado que la antigua Gran Logia de Francia dejaba de existir, que era reemplazada por una nueva Gran Logia Nacional que sería parte integrante de un nuevo cuerpo que administraría la Orden, bajo el nombre de Gran Oriente de Francia" (*Orthodoxie maçonnique*, 1853).

Y en *Vérité-Israélite*, 1861, fue escrito: "El espíritu de la masonería es el espíritu del judaísmo en sus creencias más fundamentales".

> "Es, por lo tanto," - escribe Freiherr von Stolzinger, 1930 - "perfectamente comprensible que el Judaísmo se volviera pronto hacia la Francmasonería, y que, gracias a sus notables poderes de adaptación, se convirtiera en una influencia creciente dentro de ella. Difícilmente uno se equivoca al afirmar que hoy en día el mayor número de las Logias están sujetas a la influencia judía, y que forman las tropas de asalto espirituales del judaísmo."

Finalmente, como se explica en el *Freimaurer-Zeitung*, 15 de diciembre de 1866:

> "En una conferencia sobre el elemento religioso de la Francmasonería... F. Charles de Gagern hizo la siguiente declaración: 'Estoy firmemente convencido de que llegará, y debe llegar, el tiempo en que el ateísmo será la opinión general de toda la humanidad, y en que ésta considerará el deísmo como una fase pasada, del mismo modo que los deístas-masones están por encima de las divisiones religiosas. No sólo debemos situarnos por encima de las diferentes religiones, sino por encima de toda creencia en cualquier Dios'".

ALBAÑILERÍA AZUL

A continuación damos una breve reseña de los grados más importantes de la Masonería de Gran Oriente, es decir: Masonería Azul, Rosa-Croix y grados Kadosch, tal como se practican en Francia. En ellos se encontrarán las mismas ideas panteístas y de naturaleza expresadas en su simbolismo.

Según Bazot, Secretario General del Gran Oriente, 1812:

> "La masonería no es más que el culto primitivo del hombre descubierto después de satisfacer sus primeras necesidades. Los brahmanes y los sacerdotes egipcios transmitieron sus misterios a Salomón. Jerusalén, víctima de revoluciones, habiendo sido

> destruida, el pueblo judío se dispersó, esta masonería se difundió con ellos por toda la tierra."

Y el lugar del hombre en este culto se expresa así en un documento masónico oficial holandés: "Una unidad sagrada reina y gobierna en el vasto firmamento. Sólo hay una misión, una moral, un Dios... nosotros, los hombres, formamos un todo con el Gran Ser. Todo termina en esta revelación: *¡Somos Dios!"* Aquí encontramos la idea panteísta del judaísmo, su raza, su Dios Yahveh. Como escribieron Claudio Jannet y Louis d'Estampes en *La Franc-Maçonnerie et la Révolution,* 1884:

> "Esta deificación de la humanidad no es declarada abiertamente al principio por la Francmasonería, pero se insinúa en todos sus ritos y se expresa en todos sus símbolos. Un vasto templo debe ser construido, aprendices, compañeros artesanos y maestros trabajan en él; Hiram o Adonhiram, uno de estos maestros, es asesinado por tres artesanos para obtener la palabra de Maestro; el cuerpo de este Maestro, escondido en la tierra, debe ser encontrado y reemplazado y su muerte vengada; la construcción del templo se reanuda y debe ser terminada; tal es la alegoría fundamental y universal, la base y la esencia de la Francmasonería y de todas las sociedades secretas. Así lo enseñan todos sus ritos y manuales, sus más autorizados oradores e intérpretes. Esta alegoría se indica en los grados de Aprendiz y Compañero, se desarrolla ampliamente en el de Maestro, se completa y explica en los grados de Rosa-Croix y Kadosch, y en los últimos grados del rito Misraim alcanza su desarrollo final."

Los tres asesinos que hay que perseguir y exterminar son: las supersticiones, los prejuicios y la tiranía; es decir, la religión, el control moral, la monarquía y toda autoridad, la familia, la propiedad y la nacionalidad.

Como ya hemos mostrado, la masonería francesa fue capturada, justo antes de la Revolución Francesa de 1789, por Weishaupt, e iluminada secretamente por algunos de sus altos adeptos. De este modo se hizo con la dirección de todas las logias, y aún hoy en día, la mancha de su pernicioso sistema permanece entre ellas, y entre todos aquellos que de algún modo están vinculados a ellas. El pensamiento fundamental de este sistema es expresado por el mismo Weishaupt:

> "La igualdad y la libertad son los derechos esenciales que el hombre, en su perfección original y primitiva, recibió de la naturaleza. El

> primer ataque a esta igualdad fue hecho por la propiedad; el primer ataque a la libertad fue hecho por las sociedades políticas o Gobiernos; los únicos apoyos de la propiedad y de los Gobiernos son las leyes religiosas y civiles. Por lo tanto, para establecer al hombre en sus derechos primitivos de igualdad y libertad, debemos comenzar por destruir toda religión, toda sociedad civil, y terminar por abolir la propiedad."

A lo que Claudio Jannet añade: "Estas pocas líneas indican la idea raíz de la masonería y de todas las sociedades secretas; el germen se encuentra en los grados simbólicos, se desarrolla científicamente en los grados superiores, y se realiza brutalmente en el comunismo de la Internacional y en el anarquismo de Bakunin y de la democracia socialista." Y nosotros añadiríamos: en el sistema soviético en la Rusia de hoy, y de nuevo intentado en España, Sudamérica y otros lugares. Brevemente, los tres grados representan la generación, la putrefacción y la regeneración. El Templo, el de la naturaleza, es mantenido, como dice Clavel, por dos Pilares, "Boaz y Jakin, los principios generativos; el uno, la luz, la vida y el bien, el otro la oscuridad, la muerte y el mal; ellos mantienen el equilibrio del mundo". Es el dualismo de los gnósticos, de los maniqueos, de la cábala mágica judía y de todos los misterios antiguos. En cada grado se hace un juramento de secreto, etc. En el primer grado, ni vestido ni aún desvestido, el candidato entra como el hombre de la naturaleza que ha de recibir la luz; es la piedra bruta sobre la que ha de trabajar, bajo la dirección de sus jefes, para liberarse de prejuicios, vicios y supersticiones. El Aprendiz así liberado pasa del Pilar Jakin al Pilar Boaz, de la ciencia natural a la sabiduría, al entrar en el segundo grado, el de Compañero, en el que debe aprender a conocer la letra G, el Dios de la Masonería. Hablando de la consagración del triángulo en las logias, Ragon escribe: "En el centro está la letra hebrea Yod, espíritu vivificador, o fuego, principio generador, representado por la letra G, inicial de la palabra Dios en las lenguas nórdicas, y cuyo significado filosófico es generación." Además, según Ragon, el grado de Maestro representa alegóricamente la muerte del Dios-Luz, putrefacción solar, filosófica o física, pues la vida se retira, como se expresa en la palabra de grado *Macbenac* - la carne abandona los huesos, y de ella surge la forma regenerada. Finalmente, como explica Ragon:

"El triángulo entero ha significado siempre a Dios o a la naturaleza, y las alegorías de las verdades, fundamento de los primeros misterios, los actos sucesivos y eternos de la naturaleza: (I) que todo se forma por generación; (2) que la destrucción sigue a la generación en todas sus obras; (3) y que la generación restablece bajo otras formas las acciones de la destrucción."

En la masonería revolucionaria y en las sociedades secretas, este credo panteísta y cabalístico se aplica a todos los aspectos de la vida; se destruyen viejas ideas y opiniones, se insinúan otras, nuevas y subversivas, y se absorben y establecen más o menos inconscientemente; se pervierten y anulan las creencias cristianas; el hombre, iluminado, se convierte aparentemente en su propio redentor, y Dios, aunque en realidad está esclavizado a la jerarquía invisible -¡según algunos la kundalini es el redentor del hombre! Los reyes son destronados y sustituidos por alguna forma de república desintegradora o democracia socialista. Es la muerte de todas las viejas tradiciones y civilizaciones, y del inevitable caos y putrefacción surgirá el "Nuevo Cielo y la Nueva Tierra", la Hermandad Universal de todas estas sectas subversivas y judaicas.

ROSE-CROIX

Como nos dice Gaston Martin: "Todos los Francmasones de las tres obediencias en relaciones amistosas, pertenecen a lo que en política se llama 'la Izquierda'. Los matices en doctrina no son tales que impidan que reine la concordia entre todos los miembros." Estas tres obediencias son: el Gran Oriente, la Gran Logia y el Derecho Humano.

"Como los tres grados de la masonería ordinaria [decía Louis Blanc] comprenden un gran número de hombres opuestos por posición y principios a todo proyecto de subversión social, los innovadores multiplicaron los grados de la escala mística que hay que subir; crearon logias secretas reservadas a las almas ardientes; instituyeron los altos grados de *élus, chevalier du soleil, Rose-Croix, stricte observance*, de *Kadosch* u hombre regenerado, santuarios misteriosos cuyas puertas sólo se abren al adepto después de una larga serie de pruebas, calculadas para establecer el progreso de su educación revolucionaria, para probar la firmeza de su fe, para poner a prueba el temple de su corazón. No había, en medio de una

> multitud de prácticas, a veces pueriles, a veces siniestras, nada que se relacionara con las ideas de libertad o igualdad" *(Historia de la Revolución Francesa).*

En el grado Rosa-Croix, cuando se celebra el Capítulo, la logia debe estar colgada de rojo, y en el Este un altar triangular, con una cara vuelta hacia el Oeste. Sobre este altar debe haber un gran cuadro transparente que represente un calvario; dos cruces a los lados (el bien y el mal, la luz y las tinieblas, de los maniqueos), y sobre ésta, en el centro, una rosa y un drapeado entrelazado, encima la inscripción I.N.R.I. Abajo, delante del cuadro, hay pilares rotos, sobre cuyas ruinas están los vigilantes durmiendo; en medio de ellos hay una especie de tumba cuya piedra superior ha sido movida y de la que sale un sudario. Cuando haya una recepción, las colgaduras, la transparencia y el altar deben cubrirse de negro sembrado de lágrimas. Debe haber tres grandes pilares triangulares sobre los que estén las tres virtudes, Fe, Esperanza y Caridad, o como sugiere Ragon: activa, pasiva y manifestación del Principio Creador.

En la apertura de la Logia, el "Très-sage" está sentado en el tercero de los siete peldaños del altar, con la cabeza apoyada en la mano. Tras las primeras órdenes, dice: "Hermano mío, me ves abrumado por la tristeza; todo ha cambiado; el velo del templo se ha rasgado, los pilares de mampostería se han roto, la piedra cúbica suda sangre y agua, la Palabra se ha perdido, *et consummatum est".* Se pide a los caballeros primero y segundo que, con la ayuda de otros caballeros dignos, miren en los pilares y encuentren la Palabra perdida. Cada hermano da la Palabra, susurrada al oído - la Palabra perdida es encontrada, y, rindiendo homenaje al Supremo Arquitecto, todos se levantan y, volviéndose hacia el Este, hacen signo y se inclinan con una rodilla en tierra. En el Este está la Estrella Flamígera, el Delta y la letra G o J, signos de fuego. Se abre el Capítulo.

El candidato preparado es conducido a la logia, ahora colgada de negro, y al ser interrogado, responde que nació de padres nobles de la Tribu de Judá, que su patria es Judea y que profesa el arte de la Masonería. Se le dice entonces que la Palabra se ha perdido, y que esperan encontrarla gracias a su valor; ¿estaba dispuesto a utilizarlo para ese fin? Consintiendo, hace el juramento, y finalmente, en la logia, ahora colgada de rojo, responde de nuevo a las preguntas, que viene de Judea, pasando por Nazaret, guiado por Rafael, y que es de la Tribu de Judá. Uniendo las iniciales de estos cuatro nombres, forma I.N.R.I.: ha encontrado la Palabra perdida. El candidato se arrodilla entonces a los pies del altar, y el "Très-sage" coloca su espada desnuda sobre la cabeza y lo admite, lo recibe y lo constituye ahora y para siempre, *Chevalier prince de l'aigle et du pélican, perfecto masón libre de Hérédon, bajo el título soberano de Rose-Croix.* Entonces se le eleva, se le da la faja, la palabra, el signo y la empuñadura; la Palabra es I.N.R.I. *(Recueil précieux, Avignon,* 1810; Teissier, *Manuel,* 1854). Tal es el grado de *Rosa-Croix* del Rito Escocés. El rito francés sólo difiere en la elaboración de las fórmulas y los accesorios. Es el Viernes Santo cuando los Rose-Croix celebran sus Capítulos y tienen sus recepciones (Deschamps, 1881).

Algunas explicaciones del simbolismo dadas por el escritor judío Ragon, autoridad "sagrada" del Gran Oriente, en su *Cours philosophique,* etc., 1841, son esclarecedoras:

> "Tres grandes acontecimientos deben fijar la atención de la Rosa Cruz: la creación del mundo (generación), el diluvio de Noé (destrucción) y la redención de la humanidad (regeneración). La triple consideración debe estar, de hecho, siempre presente en la mente de todos los francmasones, ya que el arte real no tiene, como los antiguos misterios, otro objetivo que el conocimiento de la naturaleza, donde todos nacen, mueren y se regeneran... Esta regeneración del hombre fue y será siempre obra de la filosofía practicada en los misterios... el águila es la libertad, la Rosa-Croix, la humanidad, simbolizada por el pelícano... La rosa era también el emblema de la mujer, y como la cruz o triple falo simbolizaba la virilidad o el sol en toda su fuerza, la combinación de estos dos emblemas ofrece un significado más que expresa, como el *lingam* indio, la unión de los dos sexos, símbolo de la generación universal.
>
> El fuego (o energía vital) está oculto en todas partes, abarca toda la naturaleza, produce, renueva, divide, consume, mantiene todo el cuerpo... el calor y la luz no son sino sus modificaciones, la fecundidad, el movimiento y la vida los efectos (de las letras I.N.R.I., dice). Su combinación formaba un significado misterioso mucho antes de que el cristianismo y los sabios de la antigüedad le atribuyeran uno de los mayores secretos de la naturaleza: el de la regeneración universal."

Así lo expresan: *Igne Natura Renovatur Integra,* toda la naturaleza se renueva por el fuego.

Por último, está la cena:

> "Todas las mistagogías antiguas se terminaban partiendo todos el pan y saboreando el vino de una copa común, para recordar entre ellos la comunidad de bienes y que los iniciados no tienen nada propio. El pan y el vino están consagrados. Este alimento místico, que debía alimentar el cuerpo y el alma, era un emblema de inmortalidad"

fuerzas activas y pasivas

Así vemos que este grado Rosa-Croix es una perversión completa del simbolismo cristiano y de las creencias sagradas, es el culto de la naturaleza por cuyas fuerzas, generación, destrucción y regeneración, el adepto, bajo la máscara de la deificación o del desarrollo de poderes latentes, es conducido a la esclavitud del iluminismo, por el que se convierte en un instrumento voluntario en manos de algunos líderes poderosos y sin escrúpulos, pero desconocidos, que profesan como su objetivo la emancipación de la humanidad, a través de la cual esperan gobernar el mundo.

KADOSCH

En el *Tuileur de l'ecossisme,* 1821, se dice:

> "30th grado, gran inquisidor, gran élu, chevalier Kadosch, también llamado Águila Blanca y Negra. Aunque los escoceses, dicen, nunca confieren este grado sino por comunicación, y que ocupa, en el rito antiguo, sólo el trigésimo grado, debe ser considerado como el final, el verdadero objetivo del Rito Escocés, así como es el *nec plus ultra* de la Masonería Templaria. En él se conmemora la abolición de la Orden de los Templarios por Philippe le Bel y el Papa Clemente V, y el castigo del primer Gran Maestre Jacques Molay, que pereció en las llamas, el 11 de marzo de 1314."

Como escribe Deschamps, 1881:

> "En vano repiten con complacencia que el Kadosch de Francia es puramente filosófico... La guerra al trono y al altar es el gran grito de la Orden. El feroz *Nekam Adonai* (¡Señor de la Venganza!) ha producido a los Illuminati y a los Carbonari. En manos de hombres

> fanáticos, ayudados por circunstancias favorables, da constantemente resultados similares."

Según los manuales de Willaume y Teissier, autorizados por el Gran Oriente, el grito, al hacer el signo del grado, es *Nekam Adonai,* y las tres contraseñas para entrar en el Consejo Supremo empiezan todas por Nekam - ¡Venganza!

Ragon escribe además:

> "El mayor o menor desarrollo, extensión o aplicación que se da a la venganza introduce en el Kadosch una multitud de variantes, o mejor dicho, lo hace como tantos grados diferentes (algunos admite que son horribles). Se encuentra en manuscritos muy antiguos de la masonería inglesa que el Kadosch se llama *Killer".*

Aparentemente pertenece a todos los ritos, entre otros: 30th grado Rito Escocés, 66th Rito Egipcio o Misraim, 25th Rito de Hérédon o Rito de Perfección u Orden del Templo, que se cree que es su fuente, 10th grado Rito de Saint-Martin, también en la Logia de Lyon, que sirvió más tarde de cuna del Iluminismo francés bajo el nombre de *chevaliers bienfaisants de la sainte cité,* 1743 (Deschamps). De nuevo, en su *Cours d'initiations,* 1842, Ragon escribe sobre este grado:

> "Lleva con razón el título de *nec plus ultra;* los tres grados anteriores son meramente administrativos... El Kadosch no es sólo el masón de las Logias, el masón de los Capítulos, sino que, admitido en el tercer santuario, es a él a quien se dirigirán estos dos preceptos de la antigua iniciación. Dedícate a la ciencia de la naturaleza, estudia la política para el bien de tus semejantes. Penetra en los secretos de la religión y de las altas ciencias, y comunica tus ideas con prudencia... el iniciado, pues, estudiaba política y religión".

Luego nos dice que hay cuatro departamentos en el grado, y que la iniciación se realiza en el cuarto. Dice: "La palabra hebrea *Kadosch* significa *santo,* consagrado, purificado. No debe pensarse por ello que los Caballeros del Águila Blanca y Negra tienen pretensiones de santidad, quieren expresar con esta palabra que sólo ellos son los elegidos, hombres *por excelencia,* purificados de todas las escorias de los Prejuicios."

En la cuarta sala, colgada de rojo, se sienta el Consejo Supremo.

> "Al llegar a este santuario divino el candidato aprende las promesas que contrae. En este santuario hay una cruz, una serpiente de tres cabezas que lleva, la primera una corona, la segunda una tiara y la tercera una espada; le entregan un puñal de hoja blanca y negra. La cruz, dice Ragon, es la Tau fálica. La serpiente representa el principio maligno; sus tres cabezas son el emblema de los abusos o del mal que ha penetrado en las tres altas clases de la sociedad. La cabeza de la serpiente que lleva una corona indica a los *soberanos*, la que lleva una tiara o una llave indica a los *Papas*, la que lleva una espada al *Ejército*".

La daga mitraica o la hoz de Saturno,

> "recuerda moralmente al gran elegido que debe trabajar continuamente para combatir y destruir los prejuicios, la ignorancia y la superstición, o lo que está sobre las tres cabezas de la serpiente".

Por último, se le dice al nuevo gran electo Kadosch:

> "... Tú te conoces; no olvides nunca que no existe ningún grado de buena fortuna al que no pueda aspirar el hombre que vuelve a entrar en sus derechos primitivos. No olvides que tienes dentro de ti el hilo precioso (kundalini) por medio del cual puedes salir del laberinto de las cosas materiales... Reintegrado (por el iluminismo) hoy en tus derechos naturales (o primitivos), mírate liberado para siempre del yugo de los prejuicios; aplícate sin cesar a liberar de él a tus semejantes" (Ragon; Willaume; y Teissier).

En el *Morning Post,* 14 de julio de 1920, *Causa del malestar mundial,* hablando de esta masonería revolucionaria, decía: "Cuando finalmente el candidato es admitido en el grado 30th, y después de pasar por terribles ordalías para probar su obediencia y secreto, se convierte en Caballero Kadosh, aprende que ya no es Adoniram o Hiram cuya muerte clama venganza." Y su catecismo dice:

> "¿Comprendes plenamente que este grado no es, como gran parte de la llamada Masonería, una farsa que no significa nada y no llega a nada... que lo que ahora te propones es *real,* requerirá el cumplimiento del *deber,* exigirá *sacrificio,* te expondrá al *peligro,* y que esta Orden significa ocuparse de los asuntos de las naciones, y ser una vez más una *Potencia* en el mundo."

LAS MUJERES EN LA ALBAÑILERÍA

Y las mujeres también fueron arrastradas a la red masónica. Minos, uno de los jefes de Weishaupt, escribió: "Las mujeres ejercen una influencia demasiado grande sobre los hombres para que podamos esperar reformar el mundo si ellas mismas no se reforman... pero necesitarán algo que las dirija y estimule: una orden, reuniones de recepción, secretos, etc...". Según Albert Lantoine, escritor masónico: de la Gran Logia de Francia, la Constitución de Anderson, 1723, dice: "Los esclavos, las mujeres, los inmorales y las personas deshonradas no pueden ser admitidos, sino sólo los hombres de buena reputación." Sin embargo, Clavel nos informa de que la francmasonería femenina se instituyó por primera vez, 1730, en Francia, pero hasta después de 1760 las formas variaron en nombre y ritual, y sólo fue reconocida y sancionada por el Gran Oriente en 1774, a condición de que las reuniones fueran celebradas por oficiales de logias regulares. Más tarde se adscribieron a una logia masculina, recibiendo su nombre, es decir, "Logia de adopción". En 1743 las hermanas de la Orden de los *Félicitaires,* en imaginación, navegaron bajo el pilotaje de los hermanos a la Isla de la Felicidad, y en 1747 se instituyó la Orden de los *Fendeurs,* o leñadores, copiada de la cofradía de los Charbonniers. La logia era el Chantier o leñador, los miembros eran primos y primas. Otra era la Orden de los *Caballeros y Ninfas de la Rosa.* Estaban frecuentadas por hombres y mujeres de la Corte que, vestidos como campesinos, participaban en todas las algaradas de la alegría popular.

Más tarde les sucedieron otras más próximas a la masonería ordinaria, y hacia 1760, y más tarde, las más famosas fueron las logias *des Neuf soeurs, presidida* por Mme Helvétius, el *Contrat social,* con la princesa de Lamballe como presidenta, y la duquesa de Chartres como Gran Maestra (¡o Maître!), y *La Candeur.* En *El poder y el secreto de los jesuitas,* 1930, Fülöp-Miller escribe:

> "Los líderes, de la Ilustración *(Enciclopedistas),* Montesquieu, d'Alembert, Diderot, Lamettrie, Helvétius, La Chalotais, y poco antes de su muerte, Voltaire, eran miembros de la Logia parisina 'A las Nueve Hermanas'... El éxito de los grandes *Enciclopedistas* se debió en gran medida a la iniciativa y el apoyo de la Gran Logia parisina."

Y, sin embargo, no pudieron salvar a la princesa de Lamballe de su horrible muerte a manos de los revolucionarios. Las fiestas y bailes de estas logias femeninas eran frecuentadas por todo lo más brillante de la literatura, el arte y la nobleza; toda la Corte estaba encaprichada con la masonería. Pero como dice Ragon, aunque frívolas en apariencia, estas sociedades eran poderosos agentes para sembrar en las mentes de sus miembros los gérmenes de los principios masónicos de igualdad.

La masonería de adopción, dice Teissier, consta de cinco grados principales, de los cuales tres son obligatorios: Aprendiz, Compañero, Maestro; los otros eran Maestro Perfecto y *Souveraine illustré écossaise.* Este último grado era político, y una revista de Florencia, *Vera buona nouvella,* recoge el discurso del Gran Maestre antes de la recepción. Tras el juramento de secreto, dice: "... A partir de ahora se os impone una tarea ardua pero sublime. La primera de vuestras obligaciones será incensar al pueblo contra reyes y sacerdotes, en el café, en el teatro y en los espectáculos nocturnos, con esta sacrosanta intención" (Deschamp). Este encaprichamiento persistió durante el Imperio, la Restauración y los regímenes siguientes.

RITO MISRAIM

A principios del siglo XIX reapareció la masonería de Cagliostro, combinada con los llamados grados francés y escocés bajo el nombre de Misraim o Rito Egipcio. Tenía 90 grados. Como escribe Clavel:

> "Este sistema, al que se atribuye una gran antigüedad, se divide en cuatro clases, llamadas: simbólica, filosófica, mística y cabalística. Los grados de instrucción fueron tomados del rito escocés, del martinismo, de la masonería hermética y de diversas reformas antiguamente en vigor en Alemania y Francia y cuyos libros de texto sólo se encuentran ahora en los archivos de los entendidos. Al principio, los postulantes sólo podían alcanzar el grado 87th . Los otros tres, que completan el sistema, estaban reservados a los Superiores Desconocidos, e incluso los nombres de estos grados se ocultaban a los hermanos de los grados inferiores. Así organizado, el Rito Misraim se difundió, en la segunda invasión francesa del primer Imperio, en el Reino de Italia y en Nápoles... Fue traído de

> vuelta a Francia en 1814 y propagado más tarde en Bélgica, Irlanda y Suiza."

Según Ragon, en su *Cours Philosophique des Initiations, 1841*, sus fiestas solemnes se celebraban en los Equinoccios; durante el vernal bajo el nombre de *despertar de la naturaleza;* durante el otoñal bajo el nombre de *reposo de la naturaleza.* Más adelante escribe:

> "El grado 87th tiene tres departamentos. El primero está colgado de negro y representa *el caos; está iluminado por* una sola luz. El segundo está iluminado por tres luces y colgado de verde, simboliza la *esperanza. El tercero está iluminado por* 72 velas y en la puerta de entrada hay una transparencia de un Jehová en un trono, signo de la creación eterna y del fuego vital de la naturaleza".

Ahora, según Eliphas Levi

> "El nombre Jehová se resuelve en *72* nombres, llamados *Shemahamphoras.* El arte de emplear estos 72 nombres y descubrir en ellos la clave de la ciencia universal es llamado por los cabalistas las Llaves de Salomón... con la ayuda de estos signos y de sus infinitas combinaciones es posible llegar a la revelación natural y matemática de todos los secretos de la naturaleza."

Aquí también, como en todos esos grados, ¡es el eterno Pan con su flauta de siete voces!

CAPÍTULO V

CARBONARI, MAZZINI, L'ALLIANCE-ISRAELITE-UNIVERSELLE Y KARL MARX

En una carta introductoria a la obra de George Pitt-Rivers *World Significance of the Russian Revolution,* 1920, el judío Dr. Oscar Levy escribió:

> "No hay raza en el mundo más enigmática, más fatal y, por lo tanto, más interesante que los judíos. Todo escritor que, como usted, se sienta oprimido por el aspecto del presente y avergonzado por sus ansiedades por el futuro, debe tratar de dilucidar la cuestión judía y su influencia en nuestra época. Porque la cuestión de los judíos y su influencia en el mundo, pasado y presente, llega a la raíz de todas las cosas."

Uno de los instrumentos más poderosos de la universalidad judía del siglo pasado fue la *Carbonaro* y sus afiliaciones, de las que se dice que tanto Mme Blavatsky, 1856, como más tarde el Dr. Steiner, fueron miembros. Dos de los líderes más formidables de la Haute-Vente, conocidos, excepto por unos pocos, sólo por sus seudónimos, eran *Nubius* y su colega judío, *Petit-Tigre* o *Piccolo-Tigre;* y sus siniestros métodos para atraer a los incautos a su red universal han sido expuestos por este último en la siguiente carta de instrucciones enviada por él a los agentes superiores de la Vente piamontesa, el 18 de enero de 1822:

> "Es esencial aislar al hombre de su familia y hacerle perder la moral... Le encantan las largas charlas del café, la ociosidad de los espectáculos. Sedúcelo, aléjalo, dale cualquier tipo de importancia, enséñale discretamente a cansarse de su trabajo diario, y de este modo... después de haberle mostrado lo fastidiosas que son todas las obligaciones, inculca en él el deseo de otra existencia. El hombre nace rebelde. Avivad su deseo de rebelión hasta el fuego, pero que

> no estalle la conflagración. Es una preparación para la gran obra que debes comenzar. Cuando hayáis insinuado en varias mentes el disgusto de la familia y de la religión, dejad caer ciertas palabras que incitarán el deseo de afiliarse a la logia más próxima. Esta vanidad del burgués de identificarse con la masonería tiene algo tan banal y tan universal que siempre estoy admirado ante la estupidez humana..."

Tanto des Mousseaux como Crétineau-Joly cuentan cómo Nubius, este formidable jefe del ocultismo, se ganó la confianza del Príncipe de Metternich, Primer Ministro de Austria, y así le sonsacó la mayoría de los secretos políticos de Europa. *Gaetano,* seudónimo de un noble lombardo llamado V-, miembro de la Haute-Vente, fue colocado cerca de Metternich, en Viena, allí para espiar, observar e informar a Nubius. En uno de esos informes, del 23 de enero de 1844, confesó temores y dudas:

> "... Aspiramos a corromper para llegar a gobernar... Hemos corrompido demasiado... Empiezo a temer que no seamos capaces de contener el torrente que hemos desatado. Hay pasiones insaciables que yo no adivinaba, *apetitos desconocidos, odios salvajes* que fermentan a nuestro alrededor y debajo de nosotros... Ha sido muy fácil pervertir; ¿será también siempre fácil amordazar a los pervertidos?... Estoy turbado, porque envejezco, he perdido las ilusiones, no quiero, pobre y despojado de todo, asistir como supernumerario teatral al triunfo que he creado y que me repudiaría confiscando mi fortuna y quitándome la cabeza. Hemos ido demasiado al extremo en muchas cosas. Hemos arrebatado al pueblo todos los dioses del cielo y de la tierra que tenían su homenaje. Les hemos arrancado su fe religiosa, su fe en la monarquía, su honradez y sus virtudes familiares, y oímos a lo lejos sus rugidos siniestros. Temblamos, porque el monstruo puede devorarnos... El mundo está lanzado sobre el declive de la democracia, y desde hace algún tiempo para mí la democracia significa demagogia. Nuestros veinte años de intrigas corren el riesgo de ser aniquilados por charlatanes que adularían al pueblo, arrancarían las piernas a la nobleza, después de haber ametrallado al clero... Todavía no tengo remordimientos, pero me agitan los temores, y en su lugar, tal como percibo el espíritu en Europa, no desearía asumir una responsabilidad que podría llevar a Joseph Mazzini al Capitolio. ¡Mazzini al Capitolio! Nubio en la roca Tarpeya o en el olvido!... ¡Te sonríe este sueño, oh Nubio!".

En 1849 Metternich, al darse cuenta por fin de la verdad, exclamó:

> "... En Alemania los judíos ocupan los papeles principales y son revolucionarios de primer orden. Son escritores, filósofos, poetas, oradores, publicistas y banqueros, ¡y sobre sus cabezas y en sus corazones todo el peso de la antigua ignominia! Un día serán terribles para Alemania... *probablemente seguidos de un mañana terrible para ellos"* (Rougeyron, 1861).

Y este "canalla consumado" Nubio, según des Mousseaux, "fue envenenado por uno de sus propios seguidores después de haber hecho maravillas en favor de la revolución anticristiana". De nuevo des Mousseaux escribe:

> "Pero, ¿de dónde viene esta siniestra maravilla (el progresivo poder judaico)? Viene del fracaso de la fe cristiana... del progreso de las sociedades secretas, llenas de cristianos apóstatas que desean lo que desea el judío; es decir, la civilización judaica tal como nos la ha dado nuestro maestro y señor, el judío filósofo, el judío de la 'Alliance universelle'."

El carbonarismo era un campo de forzamiento para la propagación y la edificación de la República Universal, y Domenico Anghera, escribiendo en 1864, nos dice que hacia 1820-21 el trabajo de los carbonari estaba dirigido por las logias masónicas y conducido por sus adeptos. Pero no todos los masones eran carbonarios, sólo los definitivamente republicanos. Estas sociedades secretas han sido agentes en todas las insurrecciones y revoluciones en Italia, España y Francia. En Italia se las conocía con el nombre de *Carbonarismo,* en Francia con el de *Charbonnerie,* y en España con el de *Comuneros,* y todas ellas estaban unidas por una dirección oculta, formando el peso irresistible de la opinión pública que influía en las elecciones. La Haute-Vente estaba compuesta por algunos grandes señores corruptos y por judíos, y era la continuación de la *Orden Interior* constituida antes de la revolución de 1789. En el último grado, al que pocos llegaban,

> "Se aprende que el objetivo de los Carbonari es enteramente el mismo que el de los Illuminati... El iniciado jura la ruina de toda religión y de todo gobierno positivo, sea despótico o democrático. Todos los medios para la ejecución de sus planes están permitidos, asesinato, veneno, perjurio, todos están a su disposición."

Así nos lo cuenta Jean Witt en su obra *Les Sociétés Secrétes de France et d'Italie*, 1830.

En su organización se tomaron todas las precauciones para impedir la penetración policial en el conjunto. Por eso el carbonarismo consistía en la autoridad soberana, la Alta Vente, de Ventes Centrales, y bajo ellas de nuevo Ventes individuales, ambas de número ilimitado, comunicándose estas últimas con la Vente Suprema (París) sólo a través de los diputados de las Ventes Centrales, prohibiéndose de nuevo a cada miembro, bajo pena de muerte, intentar entrar en cualquier otra Vente que no fuera la suya. Para penetrar en el ejército contaban con la legión, las cohortes, las centurias y los manípulos. Los miembros se llamaban "bons cousins", y tenían cada uno un seudónimo y un número especial.

Su trabajo ha sido descrito así por el judío Carbonaro, *Piccolo-Tigre*, a su colega Nubius, el 5 de enero de 1846:

> "... En todas partes encontré mentes muy inclinadas a la exaltación. Todos sienten que el viejo mundo se resquebraja, y que los reyes están acabados... La cosecha hecha debe fructificar... La caída de los tronos ya no me hace dudar a mí, que vengo de estudiar la obra de nuestras sociedades en Francia, Suiza y Alemania, e incluso en Prusia. El asalto que, dentro de algunos años, o tal vez de algunos meses, se dará a los príncipes de la tierra, los sepultará bajo las ruinas de sus *ejércitos impotentes* y de sus monarquías decrépitas. En *todas partes hay entusiasmo entre nuestro pueblo y apatía e indiferencia entre el enemigo* (¡como vemos hoy!). Es un signo cierto e infalible de éxito... Para matar seguramente al viejo mundo hemos creído necesario sofocar el germen católico y cristiano... Este valiente Mazzini, a quien he conocido en diversas ocasiones, tiene siempre su sueño humanitario en el cerebro y en la boca. Pero, aparte de sus pequeños defectos y sus métodos de asesinatos, tiene algo bueno. Con su misticismo llama la atención de las masas que no entienden nada de sus grandes aires de profeta ni de sus discursos de Illuminatus cosmopolita..."

Mazzini, sin embargo, por su actividad y audacia que no retrocedía ante ningún medio, consiguió hacerse una especie de director supremo sobre todo lo que había de más joven y más democrático en las logias, ventes y clubes clandestinos; en 1832 fundó en Marsella la revista y sociedad de *Jeune-Italie,* y de punta a punta Italia estuvo pronto como en un volcán. Entre sus artículos de adhesión figuraban: "Art. 2.-Habiendo reconocido los horribles males del poder absoluto, y los aún mayores de las monarquías constitucionales, debemos trabajar para fundar una república una e indivisible. Art. 30.-Aquellos que no obedezcan las órdenes de las sociedades secretas, o que revelen los misterios, serán apuñalados sin piedad. El mismo castigo para los traidores. Art. 31.-El Tribunal Secreto pronunciará la sentencia, y designará a uno o dos afiliados para su inmediata ejecución. Art. 32.-El que se negare a ejecutar la orden será reputado perjuro, y como tal asesinado inmediatamente..." La Jeune-Allemagne, dominada en gran parte por judíos, trabajaba para la revolución de 1848; y, como escribió Eckert: "Mazzini era el jefe de la Jeune-Europe y del poder guerrero de la masonería." La República Universal preparada por Mazzini y Jeune-Europe parecía que iba a triunfar en todas partes, ¡pero era prematura!

Mucho más tarde, en 1865, fundó la *Alliance-républicaine-universelle* en América, y en enero de 1867 hizo un llamamiento, con la esperanza de difundir así su idea en aquel vasto país. Su organización era en realidad una Sociedad de Naciones:

> "La asociación debe componerse de secciones distintas... Estas secciones serán otros tantos representantes de las futuras repúblicas, mientras que sus delegados, unidos en un Consejo Central, representarán la solidaridad de las repúblicas, cuya realización es el objetivo supremo propuesto para el trabajo de la Alianza. El Consejo Central debe estar compuesto por un presidente, un secretario de finanzas, un secretario de actas y tantos secretarios como nacionalidades estén representadas en el Consejo. Cada secretario, representando así a una república, presente o futura, será el miembro acreditado de su propia sección e intermediario de la misma... Las deliberaciones del Consejo Central serán secretas... Del Consejo Central emanarán órdenes y reglamentos generales. Agentes especiales nombrados por el Consejo Central para todos los asuntos necesarios para la organización o extensión de la *Alliance-républicaine-universelle...*" (Deschamps, 1881).

Además, encontramos al judío francmasón Crémieux, fundador y presidente de la *Alliance-israélite-universelle*, proclamando en nombre del Gobierno Provisional, 1848: "La República hará lo que hace la Masonería, se convertirá en la espléndida prenda de la unión de los pueblos de todos los puntos del globo en todos los lados de nuestro triángulo. ¡Ciudadanos y hermanos de la Masonería! Viva la República!"

Finalmente Mazzini, soñador de esta República Universal, en sus instrucciones a sus seguidores, el 1 de noviembre de 1846, dijo:

> "¡Asociado, asociado, asociado! Todo está en esa palabra. Las sociedades secretas dan una fuerza irresistible al partido que sabe invocarlas. No temáis verlas dividirse; cuanto más se dividan, mejor será; todos avanzan hacia el mismo fin por caminos diferentes... El secreto es necesario para dar seguridad a los asociados, pero se necesita cierta transparencia para inspirar miedo a los que se quedan quietos. Cuando un gran número de asociados reciban órdenes de difundir una idea y formar la opinión pública, y puedan por un momento trabajar juntos, encontrarán el viejo edificio penetrado por todas partes y derrumbándose como por milagro al menor soplo del Progreso. Se asombrarán al ver a los reyes, a los nobles, a los ricos y a los sacerdotes, que forman la carcasa del viejo edificio social, volar ante el único poder de la opinión. Ánimo, pues, y perseverancia".

Saber, atreverse, querer, ¡guardar silencio! Tal es el sistema común a todas las sociedades ocultas, subversivas y secretas, siempre aparentemente controladas por algunos Superiores Desconocidos que trabajan para la Dominación Universal.

L'ALLIANCE-ISRAELITE-UNIVERSELLE

En 1869, en su libro *Le Juif,* el Chevalier Gougenot des Mousseaux escribió:

> "Los esfuerzos antirreligiosos pero, sobre todo, anticristianos que distinguen la época actual tienen un carácter de concentración y *universalidad* que marca el sello del judío, patrón supremo de la unificación de los pueblos, porque es el pueblo cosmopolita *por excelencia;* porque el judío prepara con la licencia de la *libre-pensée*, la era llamada por él 'mesiánica' - el día de su triunfo universal. Atribuye su realización próxima a los principios difundidos por los filósofos del siglo XVIII; los hombres a la vez incrédulos y cabalistas, cuya obra preparó la judaización del mundo. El carácter de *universalidad* se notará en *L'Alliance-israélite universelle, en* la *Asociación Universal de la Francmasonería,* y en las auxiliares más recientes, *L'Alliance-universelle-religieuse,*

> abierta a los que todavía se espantan con el nombre de israelita y finalmente en la *Ligue-universelle de l'enseignement...*"

L'Alliance-israélite-universelle, esa vasta asociación revolucionaria de defensa, ataque y propaganda, con su asombrosa diversidad de miembros, fue fundada por el judío Adolphe Cremieux, quien, según los *Archives israélites,* fue "elegido en 1869, Soberano Gran Maestre del Rito Escocés de la Francmasonería, la más alta dignidad de la Orden Masónica en Francia". La Alianza surgió de la relajación de la religión judía y de la difusión del movimiento revolucionario reformado *de la libre-pensée,* y sus dogmas eran los de la Francmasonería y el Ocultismo. En 1861, la misma revista judía escribió:

> "*L'Alliance-israélite-universelle...* se dirige a todas las religiones... Desea penetrar en todas las religiones como ha penetrado en todos los países. ¿Cuántas naciones han desaparecido? ¿Cuántas religiones desaparecerán a su vez? *Israel no dejará de existir...* la religión de Israel no perecerá; es la unidad de Dios".

De La France Juive de Edouard Drumont, 1886, extraemos la siguiente información sobre esta misma Alianza. Como sabemos, Cremieux, su fundador, fue un importante líder de la democracia francesa, y él más que ningún otro dio un carácter estrictamente judío al movimiento revolucionario francés; "Preparó y proclamó en voz alta, durante los últimos años de su vida, el reino mesiánico, el tiempo tan esperado en que todas las naciones estarán sujetas a Israel y todos los hombres trabajarán para los representantes de la raza bendecida por Jehová." La Alianza se fundó en 1860, y su primera Asamblea General tuvo lugar el 30 de mayo de 1861. "En realidad ya funcionaba secretamente desde hacía muchos años, pero ciertos judíos, seguros de la victoria, sintieron la necesidad de un poder oficial, de un representante efectivo de su nación que pudiera hablar a Europa en su nombre."

La constitución de la Alianza es aparentemente muy sencilla. Cualquier judío, mediante el pago de una suscripción anual de seis francos, podía pertenecer a ella. Está gobernada por un Comité Central en París, compuesto primero por cuarenta miembros y más tarde por sesenta, elegidos por nueve años por el voto de todos los miembros de la Alianza. El Comité Central elegía cada año una mesa compuesta por un Presidente, dos

Vicepresidentes, un Tesorero y un Secretario General. Se podía constituir un comité allí donde la sociedad contara con diez adherentes, y un Comité Regional en cualquier país donde hubiera varios comités locales. En los asuntos locales y regionales, estos comités actuaban bajo su propia responsabilidad, pero en los asuntos relativos a la Asociación actuaban en función de las comunicaciones recibidas del Comité Central. Las cuotas se recaudaban y remitían al órgano central. En 1886 los miembros eran unos 28.000 y el presupuesto de la Asociación rondaba el millón de francos, pero sus recursos reales eran casi ilimitados.

Entre las sociedades adscritas a ella se encontraban: The Anglo-Jewish Association, la Union of American Hebrew Congregations, la B'nai B'rith of America, etc. Controlando con dinero la mayor parte de la gran prensa europea y actuando a través de ella sobre los pueblos, los israelitas tenían sin embargo numerosas revistas dirigidas únicamente a los judíos, como *Archives israélites, l'Univers israélite* de París, la *Crónica judía*, el *Mundo judío* de Londres, el *Mensajero judío* de Nueva York, etc. Como dijo Crémieux "L'Alliance no es una Alianza francesa, alemana o inglesa; es judía, es universal. Por eso progresa, por eso tiene éxito". La Alianza fue tratada en pie de igualdad por las Potencias; envió notas, protestas e incluso ultimátums que fueron recibidos y considerados por los Soberanos, como por ejemplo, la cuestión de Rumania en 1867-68, y la opresión de su pueblo por los judíos usureros. Cremieux intervino con éxito en favor de los judíos.

Los dogmas de *l'Alliance-israélite-universelle* son los del judaísmo reformado, que, según el racionalista Kluber, "fueron preparados por Moise Mendelssohn -amigo de Mirabeau- ... [y] conducirían con toda probabilidad a un deísmo puro o religión natural cuyos adeptos no necesitan pertenecer a la raza judaica". Espera judaizar el mundo y abrir el camino a la expansión y el desarrollo judaicos, penetrando en todas las religiones y todas las naciones. Según Leon de Poncins, 1928, la orden masónica judía B'nai B'rith fue fundada en Nueva York en 1843:

> "Divide el mundo en once distritos, de los cuales siete se encuentran en los Estados Unidos. El número de Logias es de unas 500, con

> cerca de 100.000 adeptos... Según fuentes bien informadas, hay en la B'nai B'rith una superposición de sociedades secretas que terminan en un único poder gobernante. Por encima de la B'nai B'rith están la B'nai Moshé, luego la B'nai Zion, y finalmente el centro oculto del mando supremo".

Hace esta última afirmación sin pruebas.

En este mismo libro, *Los poderes secretos detrás de la revolución*, de Poncins nos dice que la Sociedad de Naciones se debió en gran parte a la influencia mundial de *l'Alliance-israélite-universelle*, y fue la realización de una idea y ambición judías perseguidas durante mucho tiempo y persistentes. Como por ejemplo: En marzo de 1864, los *Archives israelites* publicaron una carta escrita por un miembro de la Alianza, Levy Bing, en la que decía:

> "si, en una palabra, ya no está permitido dictar sentencia uno mismo, sino remitirla a jueces generalmente aceptados y desinteresados en el litigio, ¿no es natural, necesario y, sobre todo, importante ver pronto otro tribunal, que se ocupe de los grandes litigios públicos, de las querellas entre naciones, que juzgue como última instancia, y cuya palabra sea ley? Y esta palabra, es la palabra de Dios pronunciada por sus hijos mayores, los hebreos, y ante la cual se inclinarán con respeto todos los hijos menores [las naciones], es decir, la Universalidad de los hombres, nuestros hermanos, nuestros amigos, nuestros discípulos."

HOLY VEHM

De vez en cuando, las sociedades secretas han desempeñado un gran papel en la vida de los pueblos germánicos. Existió el "Santo Vehm", una sociedad secreta única en el mundo cuyo nombre hizo temblar de miedo durante siglos a poderosos y simples en todo el Imperio alemán. Admitía abiertamente ser revolucionaria, un Tribunal secreto que emitía y ejecutaba decretos, y que durante la Edad Media actuaba en nombre del Emperador incluso cuando se oponía a él. En los siglos XIV y XV su número se estimaba en 100.000 miembros. Se diferenciaba esencialmente del tipo masónico de sociedad secreta, aunque sus miembros se calificaban a sí mismos de "videntes" e "iluminados", es decir,

Wissend, mientras que describían a los extraños de todos los rangos diciendo que "no habían recibido la luz."

El masón Clavel, en su *Histoire Pittoresque de la Franc-maçonnerie et des Sociétés Secrètes*, 1843, hace un largo e interesante relato del "Santo Vehm", vinculándolo también, en su objetivo general, con los Asesinos. Dice:

> "Lo que, en sus comienzos, tuvo una apariencia de equidad y de resultado saludable degeneró más tarde en un abuso clamoroso. La asociación ya no utilizaba su poder para proteger a los débiles contra la opresión de los fuertes; lo empleaba para satisfacer venganzas personales;... [habiendo terminado por perder el apoyo del pueblo] se vio obligada a sucumbir bajo el peso de la reprobación universal que había suscitado."

Presta juramento en una recepción; las recepciones se celebraban siempre en una cueva o en las profundidades solitarias de algún bosque, bajo un espino:

> "Juro ser fiel al Tribunal secreto, defenderlo contra mí mismo, contra el agua, el sol, la luna, las estrellas, el follaje de los árboles, todos los seres vivientes, todo lo que Dios ha creado entre el cielo y la tierra; contra el padre, la madre, los hermanos, las hermanas, la esposa, los hijos, finalmente todos los hombres, sólo exceptuado el jefe del Imperio [el Emperador era por regla general un *Wissend*]; mantener el juicio del Tribunal secreto, ayudar en sus ejecuciones y denunciar ante éste o cualquier otro Tribunal secreto todas las faltas contra su jurisdicción, que lleguen a mi conocimiento... para que el culpable sea juzgado como por ley o se suspenda el juicio con el asentimiento del acusador. [Nadie ni nada creado por Dios] podrá persuadirme de faltar a este juramento... Que Dios y sus santos me ayuden".

Además, Le Couteulx de Canteleu escribe sobre este terrible Tribunal:

> "En las antiguas actas, que aún se conservan en Dortmund, los miembros de estos tribunales eran designados a menudo bajo el nombre de Rosa-Croix; había tres grados de iniciación: los Francs-juges, los verdaderos Francs-juges que ejecutaban las sentencias de los primeros, y los Saints-juges del Tribunal secreto, cuyo deber era observar, recorrer el país e informar de lo que ocurría."

Tenían signos y palabras para reconocerse. En 1371, después de la Paz de Westfalia, ellos, reforzados por los Templarios errantes y proscritos, según Clavel, se establecieron en todo el este de Alemania, el País Rojo, y la sede principal del Santo Vehm estaba entonces en Dortmund y Westfalia. Aunque los abusos llegaron a ser tan grandes y su poder tan formidable, sólo hacia el siglo XVII se quebró su poder. Como dice el Barón de Bock en su *Histoire du Tribunal Secret,* I801: "Estos Tribunales, según algunos, nunca fueron formalmente abolidos por las leyes del Imperio; sólo fueron reconducidos a su destino original y circunscritos a los distritos en los que tenían derecho a ejercer su jurisdicción", que en definitiva era pública y muy limitada.

Los judíos no eran admitidos en el "Santo Vehm", y hasta el siglo XVI no fueron castigados por los Tribunales. Existiera aún o no en algún organismo secreto, el viejo espíritu Vehm marcó fuertemente las primeras logias masónicas creadas en Alemania durante el siglo XVIII, aprobadas y apoyadas por Federico el Grande y sus sucesores. Su política era romper la Alianza Franco-Austriaca de 1756 y establecer una Alemania unida bajo dominio prusiano.

Siempre según Clavel:

> "Federico el Grande fue recibido en Brunswick, los días 14 y 15 de agosto de 1738, desconocido por su padre, el Rey reinante, que siempre se opuso al establecimiento de la sociedad en el Estado... Convertido en Rey, la propaganda masónica templaria no encontró más obstáculos."

En 1740 fomentó la fundación, en Berlín, de *La Grande Loge Nationale Aux Trois Globes.* Se dice que organizó, en 1762, los 25 grados de la masonería escocesa superpuestos a la masonería de Saint-John, poniéndola así en relación más directa con el sistema templario. Después de la aparente disolución de los Illuminati de Weishaupt, Fessler, como dice Eckert, asumió la tarea de dar una forma exterior a los objetivos y métodos del Iluminismo. Así, organizó en Prusia la *Grande Loge Royal York À l'Amitié,* bajo el patrocinio del Príncipe Real, más tarde Federico Guillermo III, que sirvió de centro de conspiración anticristiana y antisocial. La idea de la reunificación de Alemania bajo Prusia nunca dejó de ser el objetivo de estas logias, y después de 1848 Bismarck fue el hombre que agrupó todas las fuerzas de las sociedades secretas bajo su propia dirección, y los judíos, aliados con él desde 1866, fueron sus partidarios más activos en esta unificación.

Y de la reciente masonería alemana, la *Revue Internationale des Sociétés Secrètes,* 21 de junio de 1931 y I de junio de 1933, daba la siguiente información. Después de la guerra, todas las logias alemanas, bajo cualquier obediencia, tendieron a negar el universalismo clásico de la masonería y admitieron un germanismo igualmente estricto.

> "Se replegó sobre sí misma y creyó descubrir que el mundo sólo podía curarse mediante el cultivo y la exaltación del germanismo. Y lo proclamaron dogmáticamente como específicamente alemán. La dominación aria, la espiritualidad cristiana, el principio de la propiedad privada y un germanismo opuesto a toda influencia exterior" (Dr. R. Teilhaber - An. *Mac. Uni.*, 1930).

O como dijo el Dr. Steiner, difunto jefe de la Antroposofía o "Iluminismo Cristiano", en Stuttgart, 1918, la única nación del mundo que distingue el bien del mal es la nación alemana, y Alemania debe cumplir su misión, de lo contrario la civilización europea se arruinará.

KARL MARX

Se ha dicho con razón que el origen del leninismo y el bolchevismo fueron, en primer lugar, los *enciclopedistas* y, en segundo lugar, los marxistas y otros sistemas socialistas. Los primeros fueron *los* ateos, *filósofos* y *economistas* del Hôtel d'Holbach, una logia o academia literaria fundada hacia 1769, de la que Voltaire era presidente honorario y permanente, y que tenía como miembros a d'Alembert, Condorcet, Diderot, La Harpe y otros. La mayoría de los libros y panfletos contra la religión, la moral y el Gobierno fueron escritos y controlados por ellos; en esta logia fueron revisados, añadidos, cortados y corregidos para adaptarlos a su propaganda revolucionaria, creando el panorama mental, moral y político que dio lugar a la Revolución Francesa de 1789. Además, hemos mostrado cómo la Francmasonería, el Carbonarismo y el Martinismo propagaron sus cancros, iniciando secretamente las ideas que finalmente condujeron en parte a la Revolución Rusa de 1917. A partir de esta masonería secreta se construyeron las manifestaciones externas más simples, el marxismo y otros sistemas socialistas, que en Rusia culminaron en el actual régimen soviético de colectivismo, esclavitud, inmoralidad y ateísmo. Su objetivo era el de Weishaupt: la libertad y la igualdad de los bosques, sobre las ruinas de la religión y la propiedad.

En 1850 varias ciudades de Alemania poseían asociaciones obreras llamadas *comunas*. Los jefes de esta conspiración eran Engels y Marx, y a la cabeza de su manifiesto de 1851 estaba escrito: "¡Proletarios de todos los países, uníos!". En 1862 la asociación se desarrolló enormemente bajo el nombre de *Asociación Internacional de Trabajadores*, y finalmente en 1864, en una asamblea de trabajadores en Londres, se nombró un comité de cincuenta miembros, que elaboró los estatutos. El manifiesto y los estatutos de Mazzini fueron rechazados y los de Marx adoptados por unanimidad y ratificados posteriormente en el Congreso de Ginebra de 1866. La Internacional tenía dos características: los socialistas simples, apolíticos, y los socialistas políticos jacobinos; también es curioso observar que estos últimos eliminaron o absorbieron casi inevitablemente a los primeros. Cada año, el Congreso supremo indicaba la sede del Consejo General y nombraba a sus miembros. Esta sede estaba al principio en Londres, pero en 1873 se trasladó a Nueva York.

De 1864 a 1870 la Internacional siguió desarrollándose; en sus congresos se escucharon y aplaudieron las mociones más revolucionarias, y en 1870 fue la promotora de la efímera *Comuna* de París. En todas partes se dejaba sentir; el veneno de sus doctrinas carcomía la vida social de todos los países. Como dijo Dupont en el Congreso de Bruselas: "Ya no queremos gobiernos, porque los gobiernos nos aplastan con impuestos... ya no queremos ejércitos, porque los ejércitos nos masacran; ya no queremos religión, porque la religión ahoga la inteligencia". Y en una reunión de Internacionales en Londres, 1869, Vezinier dijo: "La negación de la Divinidad es afirmar al hombre en su fuerza y libertad. En cuanto a la familia, la repudiamos con todas nuestras fuerzas en nombre de la emancipación de la humanidad..."

Además de la Internacional proletaria y de la Internacional republicana universal, existía la de *L'Alliance Internationale de la democratie-socialiste,* organizada por Bakunin, 1850-60, que publicó su manifiesto en 1868. Pretendía la nivelación completa de todos los hombres, se declaraba atea, deseaba la abolición de los cultos, la sustitución de la fe por la ciencia y de la justicia divina por la justicia humana. La Internacional obrera inscribió en su bandera: "Comunidad de Propiedad"; la Internacional de los republicanos: "Comunidad de Poder"; la Internacional de los demócratas: "Comunidad de Propiedad, Poder, Mujeres y guerra contra Dios".

Esta última era más terrible por sus negaciones avanzadas. En 1860 esta Internacional Socialista-Demócrata se afilió a la Internacional de los Trabajadores, conservando una organización secreta, convirtiéndose en un Estado dentro del Estado. Surgieron problemas, y la alianza se disolvió, pero pronto fue reorganizada por Bakunin como la *Fédération jurassienne,* y fue excomulgada más tarde por el Congreso Internacional de La Haya. De estos *anarquistas* el nihilista Kropotkin escribió: "Se encontraron dos grandes corrientes de ideas, el Estado popular y la Anarquía - 'anarquía', es decir, abolición completa de los Estados y organización de la libre federación de las fuerzas populares, la producción y el consumo."

Los nihilistas eran en Rusia lo que los socialdemócratas, o la *Federación jurásica,* eran en otras partes, sólo que aumentaban al máximo los principios de anarquía y destrucción. Su dogma, que les ha dado su nombre, es que todo es nada, cero, tal como lo encontramos entre los maniqueos y los martinistas; profesan un materialismo grosero, un retorno a la naturaleza. Como escribió Winterer: "El nihilismo no es un sistema, es la negación de todo orden religioso, moral, político y social". Se extendió como el cancro que era por toda Rusia y atacó profundamente todos los órganos del cuerpo social; incluía a todos los rangos de la sociedad rusa: nobleza, clero, burgueses y funcionarios, pero pocos campesinos. Sus miembros más valiosos eran las mujeres cultas de las universidades. Las cabezas del nihilismo no estaban en Rusia, sino en Europa occidental, principalmente en Suiza. Como continuó Winterer:

> "Si el nihilismo pudiera disponer durante un breve período de tiempo de los enormes recursos del inmenso Imperio, veríamos precipitarse de este a oeste un torrente devastador como el mundo nunca ha visto antes, llevando sobre todo el continente sus terribles estragos."

Los creadores del marxismo teórico fueron judíos, o de familia judía, desde Karl Marx hasta Trotsky y su banda. El judío Dr. Angelo Rappoport, miembro del Bund y del Poale Sion, en su libro *Los pioneros de la revolución rusa*, 1918, escribió:

> "El Bund, o Unión General de los Trabajadores Judíos, fue fundado en 1897. Es una asociación política y económica de los judíos proletarios... Llevó a cabo una activa propaganda en yiddish... [sirvió] de modelo a los que lucharon por la libertad y fueron pioneros de la Revolución Rusa. No había organización política en el vasto Imperio que no estuviera influida por los judíos o dirigida por ellos - los socialdemócratas, los partidos socialistas revolucionarios y el Partido Socialista Polaco, todos tenían judíos entre sus directores..."

Además, el *Jewish World del* 25 de junio de 1931 decía: "El verdadero autor del Plan Quinquenal, Kaganovitz, es judío, y lo que es más, un gran favorito de Stalin".

¿No estamos presenciando, en el bolchevismo, ese torrente devastador, temido por Winterer, que tiene a su disposición los enormes recursos del inmenso Imperio, vertiendo sus estragos - económicos, sociales, religiosos y políticos- en la vida de todos los países, trabajando para esta Revolución Mundial Judía y la Dominación Mundial?

En su libro, *Le Temps de la Colère,* 1932, R. Vallery-Radot escribe: "Es bueno observar que en abril de 1917, el judeo-masón y financiero de Wall Street, Jacob Schiff, jefe de la firma Kuhn Loeb and Co., se había jactado públicamente de haber participado en la Revolución Rusa." Y de la filosofía bolchevique, M. Pierre Dominique, brillante redactor de *La République,* dice:

> "Los bolcheviques tienen -por tanto- una filosofía. Preguntémonos de dónde la han sacado. Para ser francos, han sacado esta filosofía

de *L'Encyclopédie*, que fue una vasta empresa de ateísmo y que, políticamente hablando, se expresó de manera precisa a finales del siglo XVIII por la Revolución Francesa. Se adhieren a una filosofía que encontramos en la raíz de todos los sistemas socialistas propagados durante el siglo XIX, y particularmente en la raíz del sistema de Marx. Así su fuente primitiva: *L'Encyclopédie; fuente posterior* y muy diversa: la serie de sistemas socialistas contemporáneos... Tales son los orígenes profundos del leninismo y de la revolución soviética."

Además, tanto el bolchevismo como la judeo-masonería trabajan por una República Universal mediante la Revolución Mundial.

En su famoso *Catecismo*, publicado en la *Revue des Deux Mondes* en junio de 1880, Bakunin describe así la herramienta revolucionaria:

"El revolucionario es un hombre *consagrado*. No debe tener intereses personales, negocios, sentimientos ni propiedades. Debe estar absolutamente absorbido por un solo interés exclusivo, un solo pensamiento, una sola pasión, *la revolución*. Desprecia y odia la moral actual; para él es moral todo lo que favorece el triunfo de la revolución, e inmoral y criminal lo que lo impide. Entre él y la sociedad hay una lucha a muerte, incesante e irreconciliable. Debe estar dispuesto a morir, a soportar la tortura, a dar muerte con sus propias manos a todos los que obstaculizan la revolución. Tanto peor para él si tiene en este mundo vínculos de familia, amistad o amor. No es un verdadero revolucionario si sus apegos le detienen el brazo. Sin embargo, debe vivir en medio de la sociedad fingiendo ser lo que no es. Debe penetrar en todas partes, entre las clases altas como entre las medias, en la tienda, la Iglesia, el Ejército, el mundo literario, la policía secreta e incluso el salón imperial. Debe considerar a sus subordinados como parte del capital revolucionario puesto a su disposición, y debe disponer de él económicamente para sacarle todo el provecho posible."

Más adelante se lee en los estatutos de *L'Alliance humanitaire universelle:*

"Los reyes, los nobles, la aristocracia del dinero, los empleados de la policía o de la administración, los sacerdotes y los ejércitos permanentes son los enemigos de la humanidad. Contra ellos se tiene todo el derecho y todo el deber. Todo está permitido para aniquilarlos: la violencia, la artimaña, el tiro y el proyectil, el veneno y el puñal; el fin santifica los medios."

Hoy la revista masónica *L'Accacia*, escribe:

> "Entre la Iglesia y la Masonería es una guerra a muerte, sin piedad". Y comparando este judaísmo masonería y revolución, M, Xavier Vallat explica acertadamente: "Así pues, tenemos de un lado una organización en apariencia esencialmente antirreligiosa, la Masonería, ¡y se descubre que además persigue un objetivo revolucionario, social y político! Por otra parte, una revolución en apariencia política y social, se revela hoy como profundamente atea. Este singular encuentro, tras la máscara de un violento antagonismo, es de una naturaleza que hace reflexionar a las mentes despiertas" *(R.I.S.S.,* 1 de enero de 1933).

Los medios revolucionarios de propaganda difieren de los de ayer sólo en su campo y facilidades mayores y extendidos, incluyendo tales intercomunicaciones internacionales como prensa, radio, cines, etc. También tenemos a nuestros modernos *enciclopedistas,* no menos poderosos o persistentes que los del siglo XVIII. Escribiendo sobre ese siglo en sus *Paroles d'un révolté,* el célebre nihilista Kropotkin dijo:

> "El folleto ponía al alcance de las masas las ideas de los *filósofos* y economistas, precursores de la Revolución; panfletos y octavillas agitaban atacando a los tres enemigos principales: el Rey y su corte, la aristocracia, el clero. No teorizaban, se burlaban... la policía en vano allanaba las bibliotecas y detenía a los colportores; los autores desconocidos escapaban para continuar su trabajo... Las pancartas impresas o escritas a mano aparecían en cada ocasión en que ocurría algo que interesara al público... Despertaba en el corazón de los campesinos, obreros y burgueses el odio contra sus enemigos, anunciaba el día de la liberación y la venganza... Invadía los pueblos y preparaba las mentes."

Hoy en día, en todos los países, los comunistas dirigidos por Moscú tienen sus centros de actividad, sus panfletos y sus revistas de rebelión contra el capital, la autoridad civil y religiosa; su único pensamiento, su única pasión, la creación de una máquina soviética que trabaje por la Revolución Mundial que traería, no como ellos piensan, el reino de la democracia, sino el de los amos desconocidos en cuyos esclavos se convertirían finalmente. Y citando de nuevo a M. R. Vallery-Radot:

> "Habiendo exiliado a los dioses de la Ciudad, el mundo moderno busca algo que los reemplace, no saben qué, que no existe en

> ninguna parte... Como en vísperas de la Revolución, percibimos en la superficie un difuso olor a herejía: la misma traición de palabras, la misma confusión de principios... extraños apóstoles intentan conciliar con el cristianismo las ideologías masónicas de la Democracia, la Humanidad, la Sociedad, el Progreso, el Pacifismo y el Internacionalismo; por inevitable pero unilateral endosmosis sus dogmas se diluyen en abstracciones, sus misterios en política."

Otra vez:

> "Es que la Paz, cuyos frutos estamos saboreando hoy, no debería tener nada en común con los Tratados anteriores. Cumpliría el gran plan masónico esbozado en 1789, retomado en 1830, luego en 1848 y en 1870, proclamando el advenimiento de la Democracia Universal."

Lo que dijo Disraeli en 1876 podría aplicarse todavía a las condiciones actuales del mundo: -

> "Los Gobiernos de este país tienen que vérselas, no sólo con Gobiernos, emperadores, reyes y ministros, sino también con sociedades secretas, elementos que hay que tener en cuenta, que en el último momento pueden echar por tierra todos los planes, que tienen agentes en todas partes, agentes sin escrúpulos, que incitan a los asesinatos y pueden, si es necesario, dirigir una masacre."

Y según Disraeli, hombres de raza judía se encontraban a la cabeza de todas esas sociedades políticas secretas. George Sand también escribió: "Hay momentos en que la historia de los Imperios sólo existe nominalmente, y en que no hay nada realmente vivo salvo las sectas ocultas en ellos." La madre de todas estas sociedades secretas es la masonería judeomasónica, cuyos principios son idénticos a los realizados con la Revolución. Como dice Claudio Jannet:

> "Se extiende por el mundo entero, cubriéndose de misterio, actuando en todas las partes del cuerpo social... vinculando en su seno, por lazos secretos, a las sociedades individuales aparentemente más diferentes. Sus doctrinas son en todas partes las mismas; su unidad, su universalidad explican así la unidad y la universalidad de la Revolución."

En cuanto al poder director, en el informe del Tercer Congreso de Nancy, 1882, el orador, Caballero Kadosch, creía que los últimos grados llevaban a cabo una obra masónica internacional de muy gran penetración, y que probablemente de allí procedían esas palabras misteriosas que en medio de los levantamientos pasaban a veces por las multitudes, incendiándolas "por el bien de la humanidad." También se decía que esta jerarquía secreta era rosacruz, una especie de Tercera Orden, como los "Jefes Ocultos" de la Stella Matutina.

René Guénon, orientalista, explica además en el *Voile d'Isis*, enero de 1933:

> "Aunque algunas de estas organizaciones, entre las más exteriores, se encuentren en oposición entre sí, ello no impedirá en absoluto la existencia efectiva de la unidad de dirección. En resumen, hay algo comparable al papel desempeñado por diferentes actores en la misma obra en un teatro, y que, aunque opuestos entre sí sin embargo están de acuerdo en el progreso del conjunto; cada organización desempeña también el papel al que está destinada; y esto puede extenderse también al dominio esotérico donde los elementos que luchan unos contra otros sin embargo obedecen todos, aunque de forma bastante inconsciente e involuntaria, a una dirección única cuya existencia ni siquiera sospechan."

Y como dijo Henri Misley, que participó activamente en las revoluciones de Italia hacia 1830:

> "Conozco un poco el mundo, y sé que en todo este gran futuro que se está preparando, sólo hay cuatro o cinco que tienen las cartas. Un número mayor cree tenerlas, pero se engañan a sí mismos".

De nuevo, en el Congreso de Nancy, 1882, se dijo:

> "Qué fuerza no tendrá la Masonería sobre el mundo exterior, cuando alrededor de cada logia existirá una multitud de sociedades cuyos miembros, diez o quince veces más numerosos que los masones, recibirán de los masones inspiración y objetivo, y unirán sus esfuerzos a los nuestros para la gran obra que perseguimos. Dentro de este círculo una vez fundado, hay que perpetuar con cuidado un núcleo de jóvenes masones de tal manera que los jóvenes de las escuelas se encuentren directamente sometidos a las influencias masónicas."

En el Convento, Gran Oriente de Francia, 1923, se resolvió:

> "Es urgente una propaganda activa, para que la masonería vuelva a ser la inspiradora, la maestra de las ideas por medio de las cuales la democracia ha de ser llevada a la perfección... Influir en los

> elementos sociales difundiendo ampliamente la enseñanza recibida dentro de la institución". Algunos de estos elementos eran "sociedades deportivas, boy scouts, círculos artísticos, grupos corales e instrumentales. Todas las organizaciones que atraen a la juventud republicana a obras de educación, física e intelectual." Pero como exclamó Mazzini: "La dificultad no es convencer a la gente, para eso bastan algunas grandes palabras, libertad, derechos del hombre, progreso, igualdad, fraternidad, despotismo, privilegio, tiranía y esclavitud; la dificultad es unirlos. El día en que estén unidos será el día de la nueva era".

En *La Temps de la Colère,* M. Vallery-Radot, 1932, aclara aún más los métodos:

> "Lo que se ha llamado la conquista de la revolución no es en realidad más que un dogma implacable afirmado por un partido con exclusión de todos los demás... este partido ha sabido extender sus conquistas con admirable método, a veces subterráneo, como bajo el Primer Imperio; a veces combinando la infiltración con la demostración violenta, como bajo la Restauración, la Monarquía de Julio, la República de 1848; luego retomando su intriga oculta bajo el Segundo Imperio, y, finalmente, desvelando francamente su juego bajo la Tercera República...". Esta Voluntad general intangible revelada al mundo por un medio tonto como la emanación sagrada de una humanidad autónoma, que no tiene que rendir cuentas a nadie más que a sí misma, esta Voluntad general se llama a sí misma Democracia, Progreso, Revolución, República, Humanidad, Laicidad, pero es siempre el mismo Poder, que no lo comparte con nadie, celosamente guardado por sus sacerdotes y doctores."

Y mostrando lo que puede suceder en el mundo si las naciones no despiertan y se dan cuenta de la fuerza secreta que está minando y que busca la destrucción de la civilización cristiana, dice:

> "Hay en los trópicos casas que parecen sólidas, aunque lenta y seguramente las hormigas blancas se ocupan de roer la estructura interna. Un día los habitantes se sientan en las sillas, las sillas se convierten en polvo; se apoyan en las paredes, y las paredes se desmoronan. Así ocurre con nuestra civilización, de la que estamos tan orgullosos".

Lo que sigue está tomado de un artículo de de Fremond, en la *Revue Internationale des Sociétés Secretes,* 1 de julio de 1932:

Ahora bien, no olvidemos que, incluso en opinión de los más optimistas, el pueblo mismo está casi totalmente descristianizado... *(Mercure de France,* 1 de abril de 1932).

"Y según el Cardenal Verdier: "Cada día vemos aumentar el número de paganos"...

"Las causas...

"Sin remontarnos al Renacimiento ni siquiera a la Reforma, que han preparado ambas el terreno, encontramos como primera causa la Revolución, llamada francesa, pero en realidad europea, mundial incluso; la Revolución difundiendo por doquier ideas nacionalistas y aplicando, más aparentes que reales, los falsos principios de los "Derechos del Hombre": *Libertad, Igualdad* y *Fraternidad...* No omitamos la Regencia, que tan poco precedió a la Revolución. La gran crisis, dice Demolins en su *Histoire de France,* 1880, *a propósito* del sistema de derecho, ha tenido consecuencias deplorables: desarrolló sobre todo en las clases superiores la avaricia, el ansia de poderes materiales, el amor a la especulación; desplazó las fortunas y las volvió inestables al desprenderlas de los bienes raíces para fundarlas en las operaciones de cambio de la Bolsa; produjo también en la organización de la propiedad y de la fortuna pública un trastorno que pronto contribuiría al hundimiento total de la sociedad.

"¿Dónde estamos medio siglo después?

"Los enormes progresos materiales realizados, gracias a los grandes descubrimientos del siglo XIX y el salto que han dado aún más en el XX al llevar estos descubrimientos a la perfección; las nuevas facilidades de existencia que se derivan de ellos en lugar de mantener a la gente en la admiración de tales maravillas, mediante el uso razonable de ellas, en la gratitud en definitiva hacia el Creador, de quien dependen y quien nos las dispensa, la gente, por el contrario, ha vuelto la espalda a las prácticas religiosas e incluso a la creencia.

"¿Actúa este movimiento por sí mismo, espontáneamente y a causa de las pasiones humanas de placer y orgullo, etc.? No para empezar, ha intervenido un poder que ha empujado la rueda cada vez más: el que, sistemáticamente, atribuye todo al hombre, su sagacidad, su poder de llevar a la perfección, y lo sustituye así, gradual y casi imperceptiblemente, en lugar del Divino Creador, suprimiendo al mismo tiempo toda obligación hacia Él. Primero indiferencia, luego incredulidad. La mezcla de ideas racionalistas y materialistas...

> "Coloca a todas las religiones en pie de igualdad: es decir, no reconoce ninguna religión... ¿Cuál es el resultado? Una sociedad desequilibrada y desmoralizada, donde abundan los crímenes, tanto más que la provocación de la Prensa queda más a menudo impune, donde la materialización general se acentúa día a día... De lo alto a lo bajo de la escala social no hay ya más que un motivo, el placer, pero sí un agente, el dinero..."

¿No es acaso "el gran judaísmo, que gradualmente moldea pensamientos y sistemas no judíos en moldes judíos", como lo describe el *Jewish World* del 9 de febrero de 1883?

CAPÍTULO VI

LA CUESTIÓN JUDÍA

Con el fin de ilustrar la historia del pueblo judío desde sus comienzos más tempranos a través de los tiempos hasta el día de hoy, tal como la ve y representa la propia mente judía, ofrecemos el siguiente relato de un desfile judío, cuyos detalles fueron recibidos de un amigo que lo presenció en Chicago, y también del *Chicago Tribune,* 4 de julio de 1933.

Esta maravillosa, impresionante y espectacular representación de "El romance de un pueblo", que recorre la historia de la raza judía a lo largo de los últimos cuarenta siglos, se celebró en la Jornada Judía en el Soldier Field de Chicago, los días 3 y 4 de julio de 1933. Fue escuchado casi en silencio por 125.000 personas, la gran mayoría judíos. La mayoría de los intérpretes, 3.500 actores y 2.500 coristas, eran aficionados, pero con el don innato de su raza para el drama vívido, y a sus rabinos y cantores, profundamente instruidos en siglos de ritual hebreo, se debía gran parte de la autorizada música y pantomima. "Por ejemplo, la curiosa colocación del pulgar con el pulgar y del índice con el índice por parte del Sumo Sacerdote cuando levantaba las manos, con las palmas hacia fuera, para bendecir a la multitud... Gran parte del texto del drama procedía del Antiguo Testamento y del ritual ortodoxo del judaísmo". Un canto hebreo al unísono, suave y bajo, fue adoptado enseguida con efecto mágico por muchos de los asistentes, y los judíos ortodoxos se unieron a muchos de los cantos y a algunos de los rituales hablados.

La historia, tal como se mostraba en la representación, era transmitida al público por voces ocultas, que amplificaban casi a la perfección el drama de la esclavitud egipcia, la vergüenza de la idolatría, las penas del exilio, la amargura de la derrota y la desolación por las legiones de Roma. El retorno al monoteísmo, la alegría y los triunfos de la construcción del templo y de la nación. Por todas partes se veían los triángulos entrelazados de la estrella de seis puntas y la bandera blanca de Palestina con las dos barras azules y esta misma estrella en medio. Como declaró el Dr. Chaim Weizmann, ahora había unos 200.000 judíos en Palestina, y se proponía sacar de Alemania a 250.000 más para llevarlos a Palestina. Pero ¿qué pasa con los derechos de los árabes?

Nuestro corresponsal cita el programa oficial, con su Prólogo, y La Vidente *en la cima de la montaña,* y en ellos se encontrará el significado oculto de todo el imponente espectáculo. "Fue la mayor asamblea judía desde los días del Templo", y como dice la *Vidente*:

> "Dentro de todas las corrientes cruzadas de la vida judía, en medio de las divisiones internas que daban testimonio tanto de la debilidad del judío como de la fuerza de las convicciones judías, una verdad se afirmaba, con un poder que acallaba todas las dudas: el pueblo judío *vivía...* En número, superior a cualquier generación judía del pasado, en el calibre de su material humano, tan poderoso como siempre, en autoconciencia, más alerta y más orgulloso de lo que había estado durante siglos, estaba entrando, no en una decadencia, sino en una nueva eflorescencia."

Es un sueño racial, no un espectáculo religioso, y posiblemente pretende ser "profético" del poder mundial venidero.

Según el programa oficial, el judío se encuentra en problemas bajo Alejandro de Macedonia, bajo Asiria, Persia, Roma, en España, Rusia, la antigua Inglaterra, Polonia, Rumania, y ahora en Alemania. ¿Por qué? Nuestro corresponsal concluye: "Creo que el secreto se encuentra en la materia del *imperium in imperio* y en el programa común hacia el que cada *imperium in imperio* se mueve, y se ha estado moviendo durante cuarenta siglos". Como dice la *Vidente*:

> "Los que se sitúan demasiado cerca del lienzo de la historia mientras se está tejiendo errarán en su estimación de las fuerzas. Los pequeños reveses tendrán el aspecto de derrotas decisivas, los pequeños avances el de grandes victorias. Sólo en la perspectiva de toda nuestra historia -la perspectiva más larga de que puede jactarse

> un pueblo- podremos estimar la importancia de los acontecimientos recientes. Hoy los corazones de los judíos están oprimidos por los amargos acontecimientos de Alemania; que, mientras prestan ayuda a las víctimas de un régimen cruel, recuerden que los gobiernos y los gobernantes cambian, el pueblo judío permanece. En otras tierras, además de Alemania, arde todavía una peligrosa amenaza contra la vida judía. Que los judíos estén preparados... Que sus temores se atenúen por la comprensión de su largo pasado, y que sus esperanzas se vuelvan sobrias por la apreciación del largo futuro que tienen por delante. Que midan todas las tareas, todas las dificultades y todas las perspectivas con el rasero de una perspectiva mundial."

De nuevo nuestro corresponsal señala:

> "Mientras contemplaba aquel espectáculo, mientras veía las banderas de las naciones llevadas a sus lugares ante la reproducción del Templo judío de Jerusalén, y mientras veía la estrella de seis puntas, los triángulos entrelazados iluminados, brillando por encima de todas las banderas de todos los pueblos de todo el mundo, mi mente volvía a lo que el juez Harry M. Fisher, Presidente del Comité de la Jornada Judía, dijo de antemano en cuanto a la idea general de este desfile: "Se representará la idea resumida por el profeta Isaías: "Al final de los días todos los pueblos vendrán al monte del Señor"".

Pero toda referencia al Fundador del Cristianismo fue omitida en el Pageant.

Con respecto al significado de los símbolos y la unidad judía de raza y propósito - el Sumo Sacerdote uniendo los pulgares y los índices al bendecir al pueblo, representaba así el Triángulo Divino hebreo, la Trinidad en Unidad del Nombre Inefable - Yod, He, Vau - el Principio Creativo que se hace manifiesto y poderoso en el He final, la base material en y a través de la cual actúa. Es Yahveh, el Tetragrammaton, símbolo de creación o generación, la misteriosa unión de su Dios con sus criaturas y del que se dice que es todopoderoso para obrar milagros o magia. Este Nombre Inefable era considerado por los judíos como demasiado santo y sagrado para ser pronunciado, pero para que no se perdiera el Sumo Sacerdote lo pronunciaba una vez al año en el templo en la gran fiesta de la Expiación. Además, sostienen que el verdadero nombre será revelado en la venida de su Mesías; ¡y *para muchos el Mesías significa la raza!*

De los triángulos entrelazados o Sello de Salomón, se dice en la *Asamblea Menor,* par 720: "Así también aquí, cuando el Macho se une a la Hembra, ambos constituyen un cuerpo completo, y todo el universo está en un estado de felicidad porque todas las cosas reciben la bendición de su cuerpo perfecto. Y esto es un arcano". Es la estrella del Macrocosmos, las fuerzas duales en toda la naturaleza, el signo de un poder que nada puede resistir. Constituye el poder secreto del judío mediante el cual domina la mente y las acciones de los hombres y las naciones. Es el talismán hebreo del poder y del iluminismo.

Volviendo a *Nomades,* del escritor judío Kadmi Cohen, 1929, leemos:

> "El semita perfecto es positivo y apasionado. Los dos elementos ejercen una influencia recíproca, cada uno modera lo que es demasiado excesivo y por lo tanto improbable de vivir en el otro, creando un ser aparte que llega fácilmente a la dominación, pues nada puede detener a un hombre así... Es la eterna oposición de Shylock y Jessica. Es la mezcla ilógica y monstruosa de las cualidades más raras con los defectos más abyectos, mezcla de fuerza irresistible y de debilidad irremediable."

Y de su raza-idea de Dios, Kadmi Cohen dice:

> "Los judíos no son una parte de un vasto Todo que reintegran al morir, sino que son un Todo en sí mismos, desafiando el espacio, el tiempo, la vida y la muerte. ¿Puede Dios estar fuera del Todo? Si existe, necesariamente se confunde con este Todo... Así pues, la Divinidad en el judaísmo está contenida en la exaltación de la entidad representada por la Raza: entidad pasional, llama eterna, es la esencia Divina. Debe ser preservada y perpetuada, por eso se creó la idea de lo puro y lo impuro."

Es panteísta y cabalístico.

Podríamos, por tanto, concluir que *El Romance de un Pueblo* representa esta Divinidad Judía, la eternidad y unidad de la Raza y su esperanza siempre viva de traer a todas las naciones bajo la influencia del poder unificador e iluminador de estos triángulos entrelazados. De ahí las muchas sectas y cultos iluminadores de hoy en día, algunos de los cuales son nominalmente cristianos, pero en realidad todos son cabalísticos, gnósticos, panteístas e instrumentos del judaísmo.

En *Nomades*, que es un ensayo sobre el alma judía, encontramos muchas ideas interesantes y esclarecedoras sobre el lugar, tal como lo ve el autor, del judío en el mundo. Socialista, comunista, revolucionario, pasional, utilitarista, unitarista, el judío es, sin embargo, una solidaridad fija, indiferenciada. Kadmi Cohen escribe: "*Yo soy el que soy*", dijo el Eterno. El Eterno - es la raza. Uno en sustancia - indiferenciado. Uno en el tiempo - estable y eterno".

Desde el punto de vista psicológico hay dos clases de judíos: Los *jasidim*, los pasionales, los místicos mediterráneos, cabalistas, hechiceros, poetas, oradores, frenéticos, soñadores, voluptuosos, profetas; y los *mitnagdim*, los utilitaristas, los nórdicos, fríos, razonadores, egoístas, positivos, y en el extremo izquierdo, los elementos vulgares, ávidos de ganancias, sin escrúpulos, arribistas, despiadados. El "pasionalismo" de los semitas se caracteriza por

> "una excitabilidad nerviosa, una exaltación crónica de la pasión, en la que se mezclan la vida interior del individuo y sus manifestaciones exteriores, un estado en el que se confunden el sentimiento, la idea y la voluntad, donde por falta del poderoso correctivo de la lógica, los vuelos de la imaginación no conocen límites, donde la vida y la actividad humana están privadas de un regulador, y se mueven al margen de los factores materiales y concretos, por la sola fuerza interior del alma."

¡Una condición que aparentemente corresponde a las visiones psíquicas desequilibradas del Iluminismo!

> "No es sólo este ferviente 'Pasionalismo' lo que condiciona la actitud de los judíos en el orden político y social... Siempre experimentan la necesidad de buscar la unidad. Por eso se ven llevados sentimentalmente a rechazar de manera más o menos absoluta todo lo que contradice esta unidad. Para ellos, lo que es diferenciación es un ataque al principio de unidad; la injusticia y la desigualdad son diferenciaciones. Hay que rechazarlas o atenuarlas... Así se explican las tendencias socialistas y comunistas que se les reprochan. Es en lo que se llama negocios donde el alma judía, por el utilitarismo del que está tan fuertemente impregnada, encuentra una carrera liberal: el comercio, los negocios, los bancos, las finanzas y las industrias. Es esta misma característica la que en todos los tiempos y en todos los lugares ha hecho recaer sobre el

judío tradicional sarcasmos y reprobaciones, con bastante frecuencia, reconozcámoslo, justificadas."

El papel judío en el socialismo mundial

"es tan importante que no es posible pasarla por alto en silencio. ¿No basta recordar los nombres de los grandes revolucionarios del siglo XIX y XX, los Karl Marx, Lassalles, Kurt Eiseners, Bela Kuhns, Trotskys y Léon Blumes, para encontrar así mencionados los nombres de todos los teóricos del socialismo moderno?... Además, en la Europa de esos mismos años, el papel desempeñado por los judíos en todos los movimientos revolucionarios era considerable... El "revolucionarismo" exige, al menos técnicamente, una dosis muy fuerte de pasionalismo junto con el *esprit de masse* de la multitud. Los diferentes individuos, en principio autónomos, se mezclan hasta desaparecer en el conjunto, y el "magma" así creado adquiere un aspecto totalmente diferente de las figuras individuales, por muy características que sean cada una de ellas, de las que estaba compuesto en primer lugar. "

Otra vez:

"Falta la misma base de un Estado: intereses opuestos que se equilibran combatiéndose mutuamente. En su lugar las pasiones que animan a las masas populares, las pasiones privadas del correctivo de la consideración de las realidades, las pasiones soltadas a voluntad de meros factores psíquicos... estos factores que agitan a las masas enmudecen su poder material de razón, que encontrarán misteriosos los que no tienen en cuenta los imponderables. Como una aguja de brújula, influenciada por una tormenta magnética, imperceptible a nuestros sentidos, se vuelve errática, desviando la nave que confía en sus indicaciones, perdiéndola en los misteriosos caminos del océano...

"En general, en casi todas partes, los judíos son republicanos. La República tendente a la nivelación ha sido siempre una de sus aspiraciones más queridas. No la República que afirma y consolida los privilegios de los poseedores, sino una República... cuya misión teórica es hacer desaparecer la mayoría de las desigualdades sociales. Para ellos, la República no cristaliza en una fórmula constitucional: es un progreso constante, una marcha lenta pero segura hacia el encuentro de las alturas y los abismos, la unificación, la igualación individual, social y política...

"Por último, un fenómeno de contradicción atestigua la existencia del concepto semita de unidad: es el del antisemitismo.

> ... Un *antisemitismo* muestra la realidad de la cosa, del sistema. No nos referimos a ese antisemitismo vulgar, fermento de odio y calumnias, compuesto de errores y absurdos, factor de injusticia y crímenes... Hablamos de ese antisemitismo que no se deja perturbar por la pasión, una forma particular de juicio, que reivindica la lógica, razonada y racional. Tal antisemitismo tiene su propia contención, su valor intrínseco, su fuerza de ideas y de acción. Representante cualificado, campeón de un determinado orden de pensamiento, de sentimientos, creencias y resultados, ha establecido, gracias a la poderosa extensión del cristianismo... un modo de civilización casi universal. Si se opone al concepto semita de unidad en casi todos los dominios, si se levanta contra él en casi todos los terrenos, no lo ignora, no lo niega: afirma por contraste la sustancia, la consistencia y la constancia de este concepto."

Mostrando los dos factores opuestos, Kadmi Cohen continúa:

> "Al antisemitismo nacional, producido por el genio reciente de los pueblos, se opone el genio milenario de la raza (las nacionalidades y una raza idéntica en sí misma)... Al antisemitismo intelectual, producido por las pretensiones de la razón, construido sobre la sólida base de la lógica, se opone una forma de pensamiento atribulada, incoherente, pasional. Al antisemitismo social, producido por las exigencias de los principios más conservadores -sostenidos por la fuerza del orden y del jerarquismo-, se opone un espíritu de indisciplina, de revuelta y de unitarismo innatos. Al antisemitismo económico producido por la existencia y el dominio del derecho de propiedad, resiste y ataca una concepción que niega a ese derecho toda necesidad y virtud..."

Así, algunos de estos judíos se convirtieron inevitablemente en el fermento de todas las revoluciones, e incluso Bakunin, socialdemócrata, anarquista y nihilista, se topó con el poder de esta unidad judía. En su *Estudio sobre los judíos alemanes*, 1869, escribió:

> "Sé que al expresar con esta franqueza mi opinión definitiva sobre los judíos, me expongo a un enorme peligro. Mucha gente la comparte, pero muy pocos se atreven a expresarla públicamente, porque la secta judía... constituye hoy un verdadero poder en Europa. Reina despóticamente en el comercio, en los bancos, y ha invadido las tres cuartas partes del periodismo alemán, y una parte muy considerable del periodismo de otros países. Ay, pues, de quien tenga la torpeza de contrariarla!".

No odiaba a los judíos ni los detraía, pero los judíos se encargaron de que su *Estudio* permaneciera inédito durante más de treinta años.

En un libro reciente, *Israël aux mystérieux destins*, de A. Cavalier y P. d'Halterive, encontramos las siguientes útiles declaraciones sobre el antisemitismo de varios judíos eminentes. *El Estado judío*, de Theodore Herzl, el célebre iniciador del sionismo, un ensayo sobre la solución moderna de la cuestión judía, apareció en 1895, creando una gran sensación en el mundo israelita. En él escribe:

> "La cuestión judía existe allí donde viven los judíos, por pequeño que sea su número. Donde no existe es importada por los inmigrantes judíos. Naturalmente vamos donde no nos persiguen, y, aún así la persecución es el resultado de nuestra aparición... Por persecución no podemos ser exterminados... los judíos fuertes se vuelven orgullosos a su raza cuando estalla la persecución. Ramas enteras del judaísmo pueden desaparecer, romperse; el árbol vive".

Otra vez:

> "Creo que entiendo el antisemitismo, que es un movimiento muy complejo. Lo veo como judío, pero sin odio ni miedo. Reconozco lo que en el antisemitismo es burla grosera, vulgar envidia de métier, prejuicio hereditario; pero también lo que puede considerarse *de hecho legítima defensa.*"

Los que prevén su desaparición en el desarrollo del amor universal o la fraternidad humana son, según Herzl, "soñadores blandos" o "dotardos sentimentales."

Más adelante dice:

> "Producimos incesantemente inteligencias medias que se quedan sin salida y que, por ello, constituyen un peligro social.
>
> ... Los judíos cultivados sin fortuna tienden hoy naturalmente todos hacia el socialismo... Entre los pueblos el antisemitismo crece de día en día, de hora en hora, y debe seguir creciendo, pues las causas siguen existiendo y no pueden ser suprimidas... En la base nos hacemos revolucionarios proletarizándonos, y formamos la oficialidad inferior de todos los partidos subversivos. En la cima, al mismo tiempo, crece nuestro formidable poder financiero".

Herzl había comprendido y proclamado el fracaso de la asimilación. En el *Jewish Chronicle del* 28 de abril de 1911, M. Schindler, un rabino americano, escribió:

> "Durante cincuenta años he sido un partidario decidido de la asimilación de los judíos, y he creído en ella. Hoy confieso mi error. El crisol americano nunca producirá la fusión de un judío. Hace cincuenta años estábamos cerca de asimilarnos a los americanos. Pero desde entonces dos millones de nuestros hermanos (o tres) han llegado del Este, conservando sus antiguas tradiciones, trayendo consigo su viejo ideal. Este ejército nos ha sumergido. Es la mano de Dios. El judío debe diferenciarse de su vecino; debe saberlo; debe ser consciente de ello; debe estar orgulloso de ello."

Pero como dijo Isaac Blumchen en *Le Droit de la Race Supérieure:*

> "Somos extranjeros hostiles, huéspedes en todos los países, y al mismo tiempo nos encontramos en casa en todos los países cuando somos amos en ellos".
>
> "No pretendo", declara Herzl, "provocar un ablandamiento de la opinión a nuestro favor. Sería ocioso y carecería de dignidad. Me contento con preguntar a los judíos si, en los países donde somos numerosos, es cierto que la posición de los abogados, médicos, ingenieros, profesores y empleados de toda clase, pertenecientes a nuestra raza, es cada vez más intolerable."

Y como dijo el israelita Cerfberr de Medelsheim en *Les Juifs*, 1847:

> "[Los judíos] ocupan en proporción, gracias a su insistencia, más puestos que las otras comunidades, católicas y protestantes. Su desastrosa influencia se hace sentir sobre todo en los asuntos que tienen más peso en la fortuna del país; no hay empresa en la que los judíos no tengan su gran parte, no hay préstamo público que no monopolicen, no hay desastre que no hayan preparado y del que no se beneficien. Es, pues, desconsiderado quejarse, como hacen siempre, ¡ellos que tienen todos los favores y que obtienen todos los beneficios!"

(Citado también por Gougenot des Mousseaux en *Le Juif*, 1869).

En cuanto a *la* influencia de los judíos en las diversas revoluciones del siglo XIX, citamos a otro escritor judío, Bernard Lazare, en *L'Antisémitisme*, 1894:

> "Durante el segundo período revolucionario, que comenzó en 1830, mostraron aún más fervor que durante el primero. Además, estaban directamente afectados, pues en la mayoría de los Estados europeos no gozaban de plenos derechos cívicos. Incluso aquellos de entre ellos que no eran revolucionarios por razón o por temperamento lo eran por interés propio; al trabajar por el triunfo del liberalismo trabajaban para sí mismos. No hay duda de que con su oro, su energía, su habilidad, apoyaron y ayudaron a la revolución europea... Durante aquellos años sus banqueros, sus magnates industriales, sus poetas, sus escritores, sus demagogos, movidos por ideas muy diferentes por otra parte, luchan por el mismo fin... los encontramos participando en el movimiento de la Joven Alemania: eran numerosos en las sociedades secretas que formaban las filas de la revolución militante, en las logias masónicas, en los grupos de Carbonaria, en la Haute-Vente romana, en todas partes, en Francia, en Alemania, en Suiza, en Austria, en Italia."

(Citado por León de Poncins en *The Secret Powers behind Revolution*, 1929.)

De nuevo, Bernard Lazare escribe:

> "¿Qué virtudes y qué vicios acarrearon al judío esta enemistad universal? ¿Por qué fue a su vez igualmente maltratado y odiado por los alejandrinos y los romanos, por los persas y los árabes, por los turcos y por la nación cristiana? Porque en todas partes y hasta el día de hoy el judío fue un ser insociable.
>
> "¿Por qué era insociable? Porque era exclusivo, y su exclusividad era al mismo tiempo política y religiosa o, dicho de otro modo, se atuvo a su culto político, religioso y a su ley... Esta fe en su predestinación, en su elección, desarrolló en los judíos un inmenso orgullo; llegaron a mirar a los no judíos con desprecio y a menudo con odio, cuando a las razones teológicas se añadieron las patrióticas."

Como ha dicho justamente de Poncins, las fuerzas secretas de la subversión que hay que combatir y vencer para volver a la cordura mundial son: "la Masonería, el Judaísmo y el Ocultismo, cuya alianza e interpretación recíproca ya no requieren demostración". Por medio de ellas la mentalidad del mundo occidental ha sido durante mucho tiempo y sigue siendo judaizada en todos los departamentos de la vida, produciendo el Socialismo, el Comunismo y el Bolchevismo, que si tuvieran éxito conducirían inevitablemente a la dominación judía y a la destrucción de la civilización occidental y cristiana.

En *Le Problème Juif*, 1921, Georges Batault nos dice que al estudiar la civilización griega -

> "Llegado al período helénico vi surgir ante mí al pueblo judío armado con su extraña y poderosa religión, que se lanza a la conquista del mundo. Vi surgir frente a frente al helenismo en su esplendor, pero ya en decadencia, al judaísmo insinuante, tenaz y misterioso, que crecía y se extendía sobre el mundo antiguo como un mal pernicioso que se propaga en detrimento del cuerpo que invade. Como el éxito y luego la victoria de las concepciones judaicas han marcado la decadencia y luego la ruina del mundo antiguo, estamos plenamente justificados al sostener que los judíos no aportaron absolutamente nada a la civilización antigua, salvo el más poderoso fermento de disolución."

Y la causa principal de este fermento destructivo del judaísmo reside en su "exclusivismo", del que ha surgido su eterno espíritu de revuelta.

Citando a Georges Batault:

> "No hay en la historia un pueblo tan estrecha y ferozmente conservador y tradicionalista como el pueblo de Israel, y sus tradiciones nacionales son todas religiosas; nos encontramos ante esta composición única, extraña y estrafalaria: un *pueblo-religión* y un *pueblo-religión*, las dos ideas son inseparables".

Como escribió el historiador judío Graetz:

> "El Talmud ha sido el estandarte que ha servido de señal de unión a los judíos, dispersos en diversos países; ha mantenido la unidad del judaísmo".

Batault continúa:

> "La humanidad cambia, los imperios surgen y caen, los ideales surgen, se hacen resplandecientes y se extinguen, el judío permanece, el judaísmo permanece revestido de su feroz exclusivismo, esperándolo todo del futuro, infatigable, sobrehumano, inhumano... Pueblo sin tierra, nación errante, raza dispersa, conserva un país - su religión.... persiguiendo siempre el espejismo de una edad de oro, de una nueva era, de un tiempo mesiánico en el que el mundo viviría en la alegría y la paz, sometido a Yahvé, sirviendo a su Ley bajo el gobierno del pueblo sacerdotal,

> que había sido preparado por las pruebas para la consecución de esta hora... [Este] el más conservador entre los pueblos tiene justa fama de estar poseído por un espíritu de revuelta inextinguible... son eternamente inadaptables, y sólo pueden esperar la subversión..."

Desde la época de Alejandro Magno, los judíos de Alejandría, tan numerosos como poderosos, no cesaban de provocar sediciones y de sublevarse, y estas revueltas eran religiosas, no sociales, debidas al exclusivismo, no al humanitarismo. Conscientes de su poder, utilizaban la amenaza de la revuelta para obtener privilegios. Poco se sabe de la influencia y el poder de los judíos en Roma hacia el final de la República, salvo un pasaje de *Pro Flacco*, de Cicerón. Flacco, pretor de la provincia de Asia, fue acusado por los judíos, a través de Lelio, de haber puesto sus manos sobre el oro que ciertos judíos enviaban a Jerusalén; Cicerón, al defenderlo, dijo a Lelio:

> "Tú sabes cuán numerosa es esta tribu, cuán unida y cuán poderosa en las asambleas. Alegaré en voz baja para que sólo oigan los jueces, pues instigadores no faltan para azuzar a la multitud contra mí, y contra todos los mejores ciudadanos. Despreciar, en interés de la República, a esta multitud de judíos tan a menudo turbulenta en las asambleas demuestra una singular fortaleza de ánimo. El dinero está en el Tesoro; no nos acusan de robo; buscan atizar odios..."

Como añadió Batault:

> "De repente aprendemos, no sólo que había judíos en Roma en gran número, sino que tenían influencia política que ejercían en beneficio del partido popular contra el de Cicerón y el Senado".

> "Revolucionarios por doctrina, ya que todo mesianismo declara la destrucción de todo orden existente... los judíos han sacado provecho de todos los movimientos revolucionarios de la historia desde la caída del Imperio Romano. En el Renacimiento, una época de levantamientos perpetuos, prestaron dinero a príncipes y comerciantes, y fueron bien considerados; de nuevo en la Reforma se aprovecharon de los cismas religiosos para promover sus propias creencias. A partir de la Revolución de 1789 se produjo la emancipación de los judíos en Francia, y su principal defensor fue Mirabeau, en gran medida bajo la influencia de Moise Mendelssohn y Dohm; las revoluciones de 1830 y 1848 trajeron nuevas mejoras para ellos".

Volviendo a la actualidad, Batault prosigue:

> "El sombrío destino del Imperio Ruso ha aterrorizado profundamente a las almas y ha traído problemas al mundo. La ideología bolchevique, por su naturaleza y por la voluntad de sus criaturas, es en primer lugar internacional; para que tenga una oportunidad de triunfar, no le basta con subyugar a Rusia, debe también desorganizar y subyugar al resto del mundo. Con este fin el Tesoro de Rusia, caído en manos de los tiranos de Moscú, es puesto al servicio de una intensa propaganda exterior, y los fondos son enviados a todos los países por hábiles agentes de propaganda; si las tres cuartas partes del personal bolchevique son judíos, sus agentes en el extranjero, con raras excepciones, son todos judíos... Parece, pues, que el bolchevismo es una de las causas más poderosas y actuales del movimiento antisemita universal."

Y de Alemania dice:

> "En ningún lugar tanto como en Alemania los judíos [en las finanzas, las industrias y el comercio] tienen un papel tan importante, casi preponderante. Por eso podría decirse fácilmente que todos los nuevos ricos y los especuladores de guerra eran judíos... el judío-usurero, el judío-explotador, el judío-profitero, es un antiguo de mil años... La inmensa mayoría de los influyentes en el socialismo austríaco eran y siguen siendo judíos [1921]... Por último, en cierto sentido los judíos se oponen a los no judíos, sobre todo en el papel que desempeñan como iniciadores y actores en los partidos de extrema izquierda como internacionalismo opuesto al nacionalismo."

En conclusión:

> "Más que nunca el estudio del problema judío es una realidad apremiante, pero... la cuestión judía es también más que nunca *tabú*; no se debe hablar de ella, y menos aún estudiarla. A lo sumo se reconoce el derecho a negar su existencia. Incluso aquellos que deberían estar más interesados en encontrar una solución pretenden resolver el problema mediante la abstención o el silencio, lo que se considera tanto un método cuerdo como una alta idea humanitaria... El judaísmo en sus orígenes y expansiones presenta un conjunto de sentimientos, nociones e ideas que son la fuente de verdaderos sistemas, religiosos, políticos y sociales; uno tiene derecho a discutir y rebatir estos sistemas."

Según el *Jewish Chronicle*, 4 de abril de 1919:

> "... que los ideales del bolchevismo en muchos puntos están en consonancia con los mejores ideales del judaísmo".

El 22 de abril de ese mismo año se hizo pública una carta firmada por diez de los judíos más conocidos de Inglaterra, en la que se desvinculaban, junto con otros judíos británicos, de la citada declaración del *Jewish Chronicle.*

En *Le Livre Proscrit*, un diario escrito durante los terrores de los movimientos revolucionario y bolchevique húngaros, Cecile Tormay describe así este espíritu del judaísmo tan afín al bolchevismo:

> "Una tiranía bestial se establece sobre los pueblos debilitados por la guerra. La marea arrasa, en su ebullición sin fin, ciudades, naciones y partes de continentes. Bajo tierra irrumpe a través de alcantarillas reventadas, invadiendo casas, ascendiendo por la escalera de mármol de las riberas, desplegándose en las columnas de los diarios. En cada lugar donde el suelo reblandecido parece ceder, hace espuma, y en todas partes es la misma marea de inundación".

Hablando de su efecto disolvente en Rusia, Hungría y Baviera, el autor continúa:

> "Tan grandes son las diferencias específicas entre los tres pueblos que la misteriosa similitud de los acontecimientos no puede deberse a las analogías de raza, sino únicamente a la obra de la cuarta raza que vive entre las otras sin mezclarse con ellas. Entre las naciones modernas, el pueblo judío es el último representante de la antigua civilización oriental... Llora sobre las murallas destruidas de Jerusalén y levanta otras nuevas sin darse cuenta. Se queja de estar aislado, y por caminos misteriosos une las infinitas partes de Jerusalén que cubren el universo entero. En todas partes tiene conexiones y vínculos que explican cómo el capital y la Prensa concentrados en sus manos pueden servir a los mismos planes en todos los países del mundo... Si glorifica a alguien, éste es glorificado en todo el mundo; si desea arruinar a alguien, la obra de destrucción opera como si una sola mano la dirigiera... Si enseña la revuelta y la anarquía a otros, ella misma obedece admirablemente a guías invisibles... ¿Cómo ha logrado disimular este plan mundial? ... Pusieron frente a ellos a hombres del país, ciegos, volátiles, venales, perversos o estúpidos, que servían de pantallas y no sabían nada. Entonces trabajaron con seguridad, ellos los formidables organizadores, los hijos de la raza antigua, que saben guardar un secreto."

Además, René Fülöp-Miller, en *The Mind and Face of Bolshevism*, 1927, escribe sobre las primitivas sectas gnósticas, que durante mucho tiempo han dominado la Rusia campesina, e incluso invadido la intelectualidad. Como dice la *Enciclopedia Judía*, el gnosticismo "era de carácter judío mucho antes de convertirse en cristiano", y tanto el panteísmo como el racionalismo del judaísmo, que tan a menudo termina en la teurgia cabalística, se encuentran en estas sectas. Fülöp-Miller nos informa:

> "Casi todas las sectas rusas, tal como existían en la época del gobierno de los zares, y siguen existiendo en medio del mundo bolchevique del materialismo ortodoxo" muestran en sus principios espirituales un carácter predominantemente religioso-racionalista. Es cierto que hay también cierto número de cofradías de tendencias orgiásticas, místicas; pero en sus ritos, culto religioso y artículos de fe, un psicólogo entrenado reconocerá también, sin dificultad, muchas de las raíces y primeras etapas del bolchevismo actual... Si pasamos revista a todas estas sectas rusas podemos... establecer un notable avance en la forma en que expresan la idea del comunismo, que es fundamental en todas ellas, los molokany y los dukhobors y todas las demás sectas racionalistas se limitaban a proclamar una comunidad de posesiones terrenales (a ellas, se nos dice, debe Tolstoi su sistema de ética social); pero entre los jlysty vemos un avance: el amor, el matrimonio y la familia han dejado de ser un asunto privado, y con ellos encontramos relaciones sexuales promiscuas... Finalmente, si consideramos que difícilmente podemos equivocarnos al estimar el número de los miembros de estas sectas, antes de la Revolución, en alrededor de un tercio de la población total de este enorme país, estamos obligados a admitir que aquí nos enfrentamos a un fenómeno de poder verdaderamente elemental, que debe ser de la mayor importancia, no sólo desde el punto de vista religioso, sino también desde el sociopolítico. Pues estas nociones racionalistas-chiliasticas (milenaristas) de las sectas rusas... pronto se abrieron camino en los estratos superiores de la intelectualidad rusa, e incluso en el mundo de las ideas de los políticos.
>
> ... Unir estas nociones medio místicas con los principios modernos del materialismo marxista, pues sólo mediante la amalgama se preparó el terreno para la revolución bolchevique."

Del mismo modo, y con el mismo efecto, desmoralizador, descristianizador y judaizante, vemos un enjambre de sectas neognósticas, cabalísticas, místicas e iluministas invadiendo todas las naciones del mundo occidental, envenenando su mentalidad desde el punto de vista religioso y sociopolítico, infectándolas de panteísmo, racionalismo, socialismo y comunismo, preparando el camino para la dominación por este mismo poder secreto que trabaja detrás del bolchevismo.

Los pueblos de habla inglesa están totalmente desinformados sobre las diferencias de carácter entre las diversas secciones de los más de quince millones de judíos dispersos por la tierra. Esas variadas secciones de judíos son, sin embargo, capaces de aportar a los movimientos mundiales una maravillosa solidaridad de influencia racial, ejercida por medio de importantes posiciones políticas ocupadas en todos los países, y por un extenso poder sobre la Prensa y otros medios de publicidad. Pero es del todo imposible que el público británico comprenda los movimientos del bolchevismo y la revolución mundial, debido a la ignorancia predominante del papel dominante desempeñado por los judíos revolucionarios en todos los países. Como lo ha expresado Thackeray:

> "Siembra un pensamiento y cosecha una acción; siembra una acción y cosecha un hábito; siembra un hábito y cosecha carácter; siembra carácter y cosecha destino".

Así se siembran y se cosechan las revoluciones; así también se frustrarían y fracasarían las revoluciones de no ser por el siniestro poder que hoy controla en todas partes a la Prensa y a los Editores.

Ya el 29 de junio de 1789, Arthur Young, en sus *Viajes por Francia e Italia,* escribe sobre este control secreto de la Prensa:

> "¿Creerá la posteridad que, mientras la Prensa ha pululado con producciones incendiarias que tienden a probar la bendición de la confusión teórica y el libertinaje especulativo, no se ha empleado un solo escritor de talento para refutar y confundir las doctrinas de moda, ni se ha tenido el menor cuidado en difundir obras de otra complexión?".

Además, en *Les Victoires d'Israël,* Roger Lambelin escribió sobre este mismo mal:

> "¡Qué decir de los grandes periódicos de todos los países, controlados directa o indirectamente por los grandes capitalistas judíos, a través de intermediarios, redactores, agencias de

> información o publicidad! Intentad anunciar en la gran Prensa, o incluso en las llamadas revistas nacionales de París, Londres, Nueva York, Viena o Roma, una publicación que muestre claramente la acción de Israel y su imperialismo, y veréis qué acogida tendrá."

Como ejemplo, la "Anti-Defamation League, Chicago", el 13 de diciembre de 1933, escribió a los editores de publicaciones periódicas anglo-judías en relación con un libro antagónico a los intereses judíos: *The Conquest of a Continent*, de Madison Grant:

> "Estamos interesados en sofocar la venta de este libro. Creemos que la mejor manera de conseguirlo es negándonos a que nos presionen para darle publicidad... Cuanto menos se hable de él, más resistencia a la venta se creará.
>
> Por lo tanto, les rogamos que se abstengan de comentar este libro... Estamos convencidos de que el cumplimiento general de esta petición servirá de advertencia a otras editoriales contra este tipo de empresas. (Firmado) RICHARD E. GUTSTADT, *Director*".

Hablando de uno de sus propios libros, Léon de Poncins cuenta cómo una americana se ofreció a traducirlo y publicarlo, pero aconsejada así por su abogado, las negociaciones se interrumpieron:

> "En mi opinión, de acuerdo con la ley de difamación que prevalece en este país (EE.UU.), no se puede de ninguna manera participar en la publicación de las *Forces Secrètes de la Révolution* de de Poncins, sin incurrir en una grave responsabilidad legal con riesgo de daños y perjuicios... Las personalidades y asociaciones criticadas son tan poderosas en este país que seguramente se derivarían pleitos muy costosos de la publicación del libro."

Otro aspecto de esta formidable cuestión judía se observa en Argelia en sus relaciones con el árabe autóctono.

En *Le Péril Juif*, Charles Hagel pone ante sus lectores lo que considera la verdadera posición del judío y del árabe argelinos. Escribe:

> "Lo miramos objetivamente con documentos y pruebas en la mano, dando conclusiones autorizadas por cincuenta años de una vida atenta, vivida con los ojos abiertos en esta África del Norte, que es, en efecto, el laboratorio más maravilloso y el mejor terreno para seguir la evolución del judío... Vivimos en Francia bajo la ley de un tabú; es decir, del judío... Quién dirá que exagero... en esta Argelia

> donde ya no hay un solo diario en el que la palabra judío pueda escribirse con J mayúscula.
>
> ... Ateos en la religión de otros, internacionales en el país de otros, revolucionarios en la sociedad de otros, pero prodigiosamente celosos y ferozmente conservadores en lo que es suyo, su originalidad, espíritu y raza, así durante medio siglo se han revelado los judíos a mis atentos ojos... No es tanto por sí mismo y por su acción deletérea por lo que el judío es peligroso, es por el ejemplo que da, el contagio que ejerce y el espíritu que enseña a las masas desencadenadas, privadas de dirección y demasiado inclinadas a imitar... Nuestro antisemitismo, por lo tanto, no es de violencia, desorden o recriminación, sino de clarividencia, de protección metódica; nuestro antisemitismo es del Estado, de los reglamentos y de las leyes"."

En 1830, cuando Carlos X se convirtió en Regente de Argelia, los Judíos vivían en barrios especiales, y se les permitían ocupaciones bien definidas, y hasta entonces formaban un grupo completamente aislado y estrictamente supervisado por los Musulmanes, quienes, cuando era necesario, ejercían con energía la venganza y el derecho de represalias. Alrededor de 30.000 en número, divididos en comunidades, los Judíos formaban una nación, con sus jefes, y culto autorizado, consejo, orden, leyes, jurisdicción *más Judaico,* y sus derechos; pero por encima de todos sus cargos y deberes con respecto a su amo Musulmán no teniendo derecho a llevar armas, o una luz por la noche en las calles, vistiendo túnicas negras distintivamente marcadas, prohibida la entrada en ciertas ciudades o pasar por delante de las Mezquitas o acercarse a los pozos, y no podían ser llamados como testigos. No tenían estatus real y no podían poseer propiedades.

En el musulmán se enfrentaban a un hombre primitivo que no temía a la muerte, un guerrero feroz y formidable cuya vida era rudimentaria y pobre, pero cuya fuerza en tiempos pasados creó Imperios. De 1830 a 1870 los judíos fueron asimilados judicial y administrativamente antes de ser incorporados jurídica y políticamente. Amparados por la autoridad francesa y defendidos por soldados franceses, se entregaron a su industria nacional de la usura. El judío fue el tentador que trajo al musulmán, ese hombre impulsivo, improvidente y ávido de placer, el dinero para satisfacer sus pasiones y placeres.

En 1848, el judío Cremieux, miembro del Gobierno Provisional de Francia, Ministro de Justicia y más tarde Presidente de *L'Alliance-israélite-universelle,* preparó un decreto e intentó acelerar la incorporación civil, política y administrativa de los judíos de Argelia, pero el *golpe de Estado* de 1851 se lo impidió. No obstante, los judíos prosperaron rápidamente, y en 1861 un magistrado declaró: "Que los israelitas poseen una gran parte de las propiedades, que las fortunas de los árabes pasan a sus manos, y que sólo en la ciudad de Argel se podría valorar su patrimonio inmobiliario en más de 12.000.000 de francos". Aprovechándose de una Francia distraída y desesperada tras su derrota ante los alemanes en 1870, el decreto Crémieux para los judíos argelinos fue votado por una mayoría aplastante y sin debate.

Los judíos de Argelia se convirtieron en ciudadanos franceses, y todo lo que Francia ganó fue el odio de sus súbditos árabes, el único elemento de valor con el que podía contar para poblar y desarrollar económicamente la colonia. ¡Los judíos colocados en superioridad sobre ellos! Los árabes no podían aceptar el insulto. Ciudades, aldeas, granjas fueron saqueadas, los nacionales degollados y los establecimientos arruinados. ¡Pero los judíos no apreciaron el reclutamiento obligatorio! El jefe árabe Mokrani fue asesinado y los demás depusieron las armas. La Kabulia perdió su autonomía y los insurrectos tuvieron que pagar 32.000.000 de francos y 500.000 hectáreas de sus tierras fueron confiscadas. De vez en cuando se produjeron otros motines y saqueos, y el de 1898, más grave que los anteriores, fue rigurosamente reprimido por la Francia dominada por los judíos.

> "De manera general, si no se puede atribuir al judío toda la responsabilidad de la situación, económica, política y social, por la que Argelia está siendo estrangulada, no es exagerado reconocerle como moralmente culpable, pues la gran parte de su papel aquí, aún más que en otras partes, ha consistido en corromper, degradar y desintegrar."

En 1934 el autor cifra el número de judíos entre 120.000 y 150.000 y el de árabes en 6.000.000, de los cuales tres cuartas partes están permanentemente mal alimentados desde la más tierna infancia.

> "Reducida a sus propios recursos desde que Francia... le concedió la autonomía financiera y este Parlamento Colonial, primero consultivo y luego deliberante, de las Delegaciones Financieras... Argelia es incapaz de asegurar con sus propios recursos el gasto aplastante del primer establecimiento de administración y mantenimiento que recae sobre ella. El equipo económico es demasiado pesado a causa de la inmensidad de su territorio y de la insignificancia de su población.
>
> ... En la actualidad, el fellah ya no tiene más que su piel seca estirada sobre sus huesos, y debe pagar a los contratos, a los bancos y, sobre todo, al judío".

En Argelia, el judío ha contribuido poderosamente al desorden de la mentalidad pública. Desmoralizados por él, una cuarta parte de los ciudadanos de las grandes ciudades comercian abiertamente con "sus derechos", vendiendo su voto por 20 a 500 francos o más. Las listas están cocinadas: "En cada elección... el servicio de correos devuelve a los alcaldes miles de tarjetas de electores" marcadas como desconocidos; desaparecidos, sin dirección; muertos. Los judíos "ejercen en la economía argelina una sumersión de la que se puede afirmar que destruirá toda la élite, eliminará toda competencia, y pondrá a discreción de este grupo étnico, inasimilable y eternamente extraño, la dirección de todos los asuntos de este país".

Wickham Steed, en su libro *The Hapsburg Monarchy,* cita una carta de un medio judío que escribió en 1905 sobre Hungría:

> "Hay una cuestión judía, y esta terrible raza pretende, no sólo dominar a una de las mayores naciones guerreras del mundo, sino que pretende, y se esfuerza conscientemente por entrar en las listas contra la otra gran raza del norte (los rusos), la única que hasta ahora se ha interpuesto entre ella y su objetivo de poder mundial. ¿Me equivoco? Dígamelo. Porque ya Inglaterra y Francia están, si no exactamente dominadas por los judíos, muy cerca de estarlo, mientras que los Estados Unidos, de la mano de aquellos cuyas garras ignoran, están cediendo lenta pero firmemente a esa hegemonía internacional e insidiosa. Recuerden que soy medio judío por sangre, pero que en todo lo que tengo poder de ser, no lo soy".

Como sabemos, en 1918 Hungría estaba rápidamente en manos de Bela Kuhn y otros judíos rojos, todos ellos instrumentos del Gobierno bolchevique. En *Diario de una proscrita,* Cecile de Tormay, patriota y escritora húngara, describe las condiciones preparatorias:

> "Entonces llegó Karolyi y preparó el camino para el bolchevismo en la educación de la generación más joven de Hungría. El nombramiento en masa de profesores y maestros masones judíos; la reforma bolchevique de los libros escolares; la destrucción del alma de los niños; la degradación de la autoridad paterna; la destrucción sistemática de los principios morales y patrióticos; la revelación de asuntos sexuales; todo esto fue obra del Gobierno de Karolyi."

Además, para explicar el papel desempeñado por la judeo-masonería en Hungría, tomamos la siguiente información documentada del libro de Leon de Poncin *La Dictature des Puissances Occultes*. La historia de esta masonería en Hungría es de especial interés, porque tras la caída de la revolución bolchevique de Bela Kuhn, el Gobierno de Hungría disolvió las logias masónicas, incautó y publicó sus archivos, y éstos mostraban claramente la conexión de la masonería dominada por los judíos con el movimiento revolucionario de 1918. Reproduce una carta abierta sobre este tema enviada por el Diputado Julius Gombos (Primer Ministro de Hungría) al Comte Paul Teleki, Presidente del Consejo Húngaro, en la que se lee:

> "El Gobierno Real de Hungría ha disuelto, como todo el mundo sabe, la Masonería húngara porque algunos de los miembros de esta organización han tomado parte en la preparación de la revolución de octubre y en la obra de destrucción sistemática que se ha llevado a cabo contra los intereses del pueblo y del Estado de Hungría. Había, según los investigadores, entre estas personas hombres que, en este país, eran representantes o agentes de tendencias judías que tenían en vista la dominación universal, y que han soñado en el silencio del secreto con adormecer el sentimiento nacional para hacer triunfar una doctrina antinacional, que nos es ajena pero a ellos les es querida... Aunque la decisión sobre el destino de la masonería húngara es asunto de la orden del Interior, en mi opinión, Vuestra Excelencia prestaría un gran servicio al país ilustrando al extranjero sobre esta cuestión, y sobre otra, relacionada con ella, la cuestión judía, para que el extranjero no se forme ideas erróneas

sobre las medidas tomadas en vista de la defensa de la religión y de la moral del pueblo y de la nación."

En cuanto al judaísmo en la Rusia soviética de hoy, citaremos *L'Univers-israélite,* 7-14 de septiembre de 1934, que escribe:

"En la U.R.S.S. el judaísmo y el cristianismo han sido enterrados juntos. Duermen en la fosa común reservada a todas las religiones. Los comunistas no han hecho ninguna diferencia entre cultos.

... Su filosofía era el materialismo científico, negaban el valor de toda religión, por lo que atacaban al judaísmo como a todas las religiones. Está prohibido dar clases de religión a los menores de dieciocho años. En la escuela se explica a los alumnos que traicionarán a la revolución si ponen un pie dentro de la iglesia o la sinagoga. El resultado es que las sinagogas están vacías... El sionismo está prohibido. Para los comunistas el sionismo es doblemente censurable, en primer lugar porque creen que está al servicio del imperialismo británico... Quienquiera que defienda la causa del sionismo es severamente castigado; los sionistas han sido encarcelados, exiliados e incluso fusilados. La supresión del sionismo y de la religión [continúa el editor de] fue una gran tragedia para el espíritu judío... Los hijos, victoriosos, persiguen su objeto [el comunismo] con la certeza de haber elegido un modo de Vida superior."

Por último, un corresponsal judío del *Patriot,* observador atento de todos los hechos que se escapan del caos político bolchevique, comenta:

"El hecho de que el antisemitismo haya sido tipificado como delito en Bolchevia no prueba el filo-semitismo; al contrario, se podría razonar lógicamente así: El odio a los judíos está tan extendido en el país que las autoridades se vieron obligadas a poner el delito en la misma categoría que la contrarrevolución, que es el delito más severamente castigado en la Rusia soviética, pues de otro modo no podrían reprimir la tendencia."

Continúa:

"Hace algunos años se reprochó a un financiero judío que invirtiera millones de dólares en la Rusia soviética. "¿Ha pensado alguna vez en lo que les ocurriría a nuestros hermanos rusos si -Dios no lo quiera- el régimen soviético se derrumbara? Las represalias serían terribles, aparte de los estallidos de la población vengativa". El hecho es que en Rusia el antisemitismo existe ahora en el mismo

> grado que en la época zarista, con la única diferencia de que ahora es clandestino, lo que agrava la enfermedad".

De nuevo el mismo escritor concluye:

> "Es bastante evidente que la clave de la solución de este viejo problema reside en encontrar la manera de superar los obstáculos del formidable, tanto numérica como energéticamente, sector revolucionario de la judería."

CAPÍTULO VII

MASONERÍA CONTINENTAL

GUSTAVE BORD, escribiendo en *La Franc-maçonnerie en France,* 1908, dice:

> "La Masonería se erigió al principio en defensora de la religión natural: la creencia en el más allá, en la existencia de Dios y en la inmortalidad del alma basada únicamente en las ideas de la Razón. Pero gradualmente esta religión natural se transformó en mera moral social basada en la inmortalidad de la materia, y después de haber pasado por el Panteísmo terminó en la negación de la Divinidad."

Como hemos explicado anteriormente, hay un curioso libro *Long Livers,* de Robert Sambers, dedicado a la Gran Logia de Londres, 1722, y referido por historiadores masónicos como Mackay, Whytehead, Yarker, etc., en el que el autor indica una misteriosa *Iluminación* e igualmente misteriosa jerarquía trabajando a través de los grados superiores de la Masonería, siendo el lenguaje utilizado el de la alquimia y el Rose-Croix. Es en esta iluminación secreta de los grados superiores procedente de una fuente desconocida, común a todos los grupos teosóficos y ocultistas, donde reside el cancro que suscita las revoluciones y pretende la destrucción de la civilización occidental y cristiana. Como escribe justamente J. Marquès-Rivière en *La Trahison Spirituelle de la F.— . M.-.:*

> "Se podría concluir fácilmente la existencia en la Masonería de dos corrientes que parecen contradictorias, y que no son más que complementarias: los racionalistas y los Iluminados. Lo que los une y los vincula es el ritual... Los políticos racionalistas tienen inspiradores: son los ocultistas de las logias... La Francmasonería es el lugar de donde extraen sus elementos las diversas sectas; es para ellas una escuela preparatoria, un filtro, una disciplina. Los martinistas exigen que sus miembros sean Maestros masones. Los

mejores reclutas de otros grupos son temas de masonería... inversamente las opiniones, los sueños, las elucubraciones de estas capillas pseudo-místicas, de estos antros de locura, penetran en el gran cuerpo de la masonería a través de sus miembros... Teosofía, ocultismo, masonería, sectas secretas o mistico-civilizadores no tienen más que un objetivo común: asegurar la liberación del hombre, retirar de él todo sentido moral tradicional para poder esclavizarlo en bien de los intereses perseguidos, que ellos llaman liberarlo... Existe una contra-Iglesia, con sus escrituras, sus dogmas, sus sacerdotes, y la Francmasonería es uno de sus aspectos visibles. Hay que desenmascarar este falso dogmatismo, este pseudo misticismo que atrae a más almas de lo creíble, cuyos peligros son tan reales como ocultos... Este misticismo es, en efecto, el gran Secreto Masónico, la Suprema Iniciación... Es viejo como es este viejo mundo."

RUSIA

En el Congreso de Verona de 1822, el Príncipe de Metternich, Primer Ministro de Austria, dirigió una *memoria* sobre las sociedades secretas al Emperador Alejandro de Rusia, en la que decía:

> "Engañados por su propia imaginación desordenada, engañados por quien quiera servirse de su manía para sus fines diversos, estos hombres [los místicos vagos] han sido constantemente como un vivero de adeptos para las sociedades secretas... estas sociedades son un mal que corroe el cuerpo social en sus partes más nobles, el mal ya ha echado raíces profundas y extendidas; si los gobiernos no toman medidas eficaces... Europa corre el riesgo de sucumbir a los ataques que estas asociaciones repiten incesantemente contra ella... monarquías absolutas, monarquías constitucionales, repúblicas, todas están amenazadas por los niveladores."

Más tarde, Metternich reconoció a los judíos como uno de los elementos más terribles de la revolución. Un breve esbozo de la masonería en Rusia confirmará su opinión. Lo tomamos en gran parte de un libro de Georgios Michalof, 1877 (véase *Documento K, Deschamps*, vol. ii).

Durante los primeros años del reinado de Catalina II, las logias se multiplicaron enormemente en la alta sociedad rusa, y Saint-Martin, a través del conde polaco Grabianka y del almirante ruso

Pleschischejev, propagó sus doctrinas en las logias. Difundió sus ideas por medio de una *Société typographique* que publicaba los escritos de Boehme y todas las obras y traducciones francesas marcadas con la religiosidad moral de la secta, y pronto la literatura del país se impregnó de ellas (una orientación como la de nuestros propios pacifistas e internacionalistas). El alma de la sociedad era Novikof, Gran Maestro y Director de la masonería rusa. Todos los talentos fueron arrastrados a la red, y las logias martinistas penetraron también en la Iglesia por medio de los altos dignatarios, utilizándola en gran parte como máscara para sus objetivos políticos y para engañar a la Emperatriz.

Al principio, Catalina se declaró protectora de la masonería, y en 1784 se formó la Logia Imperial en Petersburgo. Sin embargo, tras la Revolución de 1792, al descubrir que Novikof, sin que ella lo supiera, había iniciado al Gran Duque, más tarde Pablo I, Novikof fue arrojado a la fortaleza de Schlusselburg y los príncipes Leopuchin, Troubetskoi y Turgenjef fueron exiliados a sus haciendas; la masonería seguía trabajando en secreto. Pablo I favoreció la masonería y liberó a Novikof, pero en 1797 cerró las logias y exilió a la mayoría de los iniciados peligrosos, Alejandro I, a través de Bober Consejero de Estado y Gran Maestro del Gran Oriente Ruso, revocó la ordenanza de Pablo, y en 1803 se hizo masón. La primera Gran Logia, *Vladimir,* se fundó en 1811, pero más tarde fue sustituida por dos grupos, *Astres* y *Provinciale.* En 1822, las logias fueron disueltas por decreto imperial, por temor a las consecuencias que tendría para el Estado una organización tan democrática.

Durante la campaña contra Napoleón, se formaron logias carbonarias en el Ejército, que fue así infectado gradualmente con las ideas de libertad absoluta de toda autoridad civil y religiosa. Fue mientras el Emperador preparaba una reforma constitucional cuando Pestel y otros, con Novikof a la cabeza, fundaron su *Alliance du salut,* formándose el primer grupo en el regimiento de los Guardias, 1813. Como propaganda exterior organizó la *Société de bien public, dividida* en cuatro secciones: filantrópica, civilización intelectual y moral y escuelas, supervisión de Tribunales y funcionarios, y economía nacional. En 1823 existía en Kiev otra sociedad, la *Slavoniens unis, que mantenía* relaciones con la *Société du sud.* Sus ritos eran los de la alta masonería, aspirando, con cierta independencia, a unir los ocho países eslavos, Rusia, Polonia, Bohemia, Moravia, Dalmacia, Hungría (?) con Transilvania, Servia con Moldavia, y Valaquia, teniendo una ciudad federal y central - ¡una de las primeras formas de las sectas de los Estados Unidos de Europa! Si la conspiracion hubiera tenido exito Pestel hubiera sido Dictador. Intentó unirse a los polacos, pero cuando reveló sus planes de asesinar a toda la familia imperial y proclamar una república socialista, el príncipe Jablonowski retrocedió horrorizado, y se permitió a los polacos formar su propio gobierno. El levantamiento estaba fechado para 1829, pero la repentina muerte de Alejandro aceleró el estallido, y en diciembre de 1825 se produjo el intento y el fracaso con la ejecución de los líderes (1826). En 1857 Alejandro II permitió en vano la apertura de las logias, pues se decía que la masonería odiaba tanto a Rusia como a Austria.

Bajo Nicolás II, Rusia seguía siendo presa del martinismo. Papus y Philippe, el curandero magnético, crearon logias martinistas y difundieron las perniciosas doctrinas, contribuyendo no poco a traer problemas a la Corte y a la nobleza. Philippe, escribe Sokoloff en su *Investigación,* fue introducido en la Corte por el judío Manoussevitch Manouilof, siniestro consejero de Rasputín, quien en 1905, según Paleólogo, instigó las manifestaciones de los obreros y más tarde ayudó a preparar los pogromos de Kiev, Alexandrovsk y Odessa. Como escribió el escritor judío Dr. Angelo Rappaport, en 1918:

> "No hay organización política en el vasto Imperio que no haya sido influenciada por los judíos o dirigida por ellos... Plehve quizá tenía razón cuando decía que la lucha por la emancipación política en Rusia y la cuestión judía eran prácticamente idénticas."

La Rusia imperial por el momento ha sido barrida, sin embargo la masonería rusa persiste. El American *Builder, de* junio y agosto de 1927, daba cuenta de cuatro logias ordinarias, una Logia de Perfección y un Capítulo Rosa-Croix que funcionaban entonces en París, en lengua rusa y según los antiguos ritos rusos, bajo la jurisdicción de la Gran Logia de Francia y del Supremo Consejo, pero con total libertad. Las cuatro logias ordinarias están dirigidas por un comité que representa el embrión de la futura Gran Logia de Rusia. La Logia de Perfección trabaja en estrechas relaciones con el Capítulo Rosa-Croix, y existe, conforme al Congreso de Lausana de 1922, un comité temporal reconocido por el Supremo Consejo de Francia, que se convertirá posteriormente en el Supremo Consejo del Rito Escocés en Rusia. La tarea consistirá: "En restaurar en Rusia un gobierno normal y en establecer condiciones ordinarias de vida económica y política" (citado de *R.I.S.S.*, II Diciembre, 1927).

¿Es la Masonería, este fermento universal, un instrumento adecuado para restablecer las condiciones normales en un inmenso Imperio destrozado y corrompido por las fuerzas secretas de los judíos?

POLONIA

Lo que sigue está tomado de la revista nacionalista polaca *Mysl Narodowa*, Nos. 30-33, 1933. El *R.I.S.S.* lo reproduce, sin asumir ninguna responsabilidad, por arrojar luz sobre el trabajo universal judeo-masónico de destrucción y dominación antirreligiosa. Damos un breve resumen. Fue sobre todo durante la Gran Guerra cuando la masonería apareció en territorio polaco. En Polonia, bajo el Imperio Ruso, existía la Logia *Odrodzenie, que* databa de antes de la Guerra, y entre sus miembros había funcionarios del Ministerio de Instrucción Pública y profesores del Instituto Politécnico y de la Universidad Libre. Algunos pretendían infiltrarse en la masonería. Ya había varios judíos pertenecientes al Gran Oriente de Francia: Litauer, importante funcionario del Ministerio de Asuntos Exteriores; Wasserzug, llamado Wasowski, iniciado en París antes de la Guerra, donde publicó, junto con otros masones, la revista anticristiana *Panteón. De* regreso a Varsovia, colaboró en la revista *Pravda*, luego, al principio de la Guerra, en *Widnokreci*, y durante la ocupación alemana en la revista *Glos Stolicy*, órgano dirigido contra las potencias aliadas, en particular Francia e Inglaterra. Tras la declaración de independencia fue destituido del Ministerio de Asuntos Exteriores. Reanudó entonces su colaboración con la prensa antinacional y judía, y fundó L'Agence Polonaise Publiciste, prosiguiendo su propaganda masónica con la vista puesta en la prensa provincial. Actualmente dirige la revista masónica *Epolia* de Varsovia.

Otro miembro era el judío Salomon Posner, del Gran Oriente de Francia, escritor del diario socialista *L'Ouvrier,* también Presidente de la *Ligue des Droits de l'Homme* en Polonia. Ya fallecido, fue uno de los embajadores más influyentes y activos de la judería polaca. El judío Simon Askenazy, uno de los masones polacos más influyentes, controlaba en secreto todos los hilos. Otro miembro era el judío Léon Chrzanowski, corresponsal del *Correo de Varsovia* en Roma, y más tarde en Ginebra. El Consejo de Estado Provisional estaba infestado de masones. El director de la masonería polaca, perteneciente al Gran Oriente de Francia, era el judío Jan Finhelhaus, que durante mucho tiempo vivió en París como "Jean Finot", donde dirigió la *Revue des Revues.* Transmitió información a las familias judías Natanson y Kempner de Varsovia. Los primeros eran en su mayoría financieros e industriales con considerable influencia social. Los segundos eran periodistas y dirigían *La Gazette Nouvelle,* órgano de los radicales y socialistas. Estos judíos desempeñaron un gran papel durante la ocupación alemana, y uno de ellos, bajo el seudónimo de A. Kerr, estuvo estrechamente relacionado con los círculos periodísticos y literarios de Berlín. Durante la guerra, la masonería rusa ejerció cierta influencia en Polonia. Los masones polacos fueron instruidos por el judío Winawer, miembro del Partido Democrático Constitucional y ministro del gobierno de Kerenski. Muchos de los jóvenes polacos en Rusia, sometidos a centros radicales y socialistas, regresaron a Polonia instruidos en las doctrinas masónicas, y se afiliaron a logias en Polonia. La mayoría de los funcionarios del Consejo de Estado Provisional fueron nombrados por la presión de los masones alemanes, franceses y rusos. Los masones dominaban la Liga de los Partidarios del Estado Polaco (L.P.P.).

Tras la muerte de los judíos Finhelhaus y Kempner, se produjo una reagrupación de las logias. En 1920, la masonería italiana impulsó la fundación de la Gran Logia de Polonia, filial de la logia "Polonia" de Roma. La *Unión de Philalètes*, fundada en 1909, desarrolló una intensa actividad en la Polonia independiente. Aparentemente inofensiva, tenía directores ocultistas, y los iniciados eran masones de un rito particular, que invadían todas las administraciones. Hoy en día está consolidada y es fuerte, y los judíos que la componen, aunque discretos, son influyentes.

En colaboración con ella está la *Asociación Polaca de Libres-Pensadores,* fundada en 1921 por cuatro judíos y dirigida por la masonería. En relación con ella, de nuevo, la *Comunidad de Productividad,* dedicada a la propaganda bolchevique, y fundada por el judío Lubecki en 1922. Todos los miembros son judíos. Renuncian a toda religión, declaran la guerra al nacionalismo y a los prejuicios contra los judíos, y se oponen a los matrimonios mixtos: judíos y arios. La Unión Polaca de Profesionales de las Letras está dirigida por el judío-masón Jules Kaden-Bandrowski. La masonería en particular actúa sobre las mujeres a través de la Asociación de Trabajo Cívico Femenino. Una de sus principales impulsoras es Mme Kipa, judía y esposa del Gran Secretario de la Gran Logia de Polonia. Por último, la "democracia sexual", cuyo objetivo es la destrucción de la religión y la familia, está dirigida por un escritor judío apoyado por judíos y organizaciones masónicas.

HUNGRÍA

Según Léon de Poncins en *La Franc-maçonnerie,* 1934, tras la revolución bolchevique de Bela Kuhn en Hungría, el Gobierno ordenó incautar y publicar los archivos masónicos, mostrando así la flagrante conexión de la masonería con el movimiento revolucionario . En un resumen de los papeles secretos encontrados en las logias de Budapest encontramos:

> "El libro sobre la Masonería húngara que acaba de ser publicado por la *Unión de las Sociedades Cristianas y Nacionales de Hungría,* está dividido en tres partes: (1) Los crímenes de la Masonería, por Adorjan Barcsay, contiene una gran cantidad de documentos incautados cuando las Logias fueron disueltas en 1922. (2) Escrito por Joseph Palatinus, se titula, *Los secretos de una logia provincial,* y expone el trabajo secreto de destrucción masónica que llevó a Hungría a la revolución de octubre de 1918 y al comunismo en 1919. (3) Contiene la lista de miembros de las logias masónicas de

> Hungría, que nos demuestra que el *90% de los masones húngaros eran judíos.*"

Otra vez:

> "El autor cita a este respecto un prefacio muy característico al principio de un libro, *La Voie des Juifs*, del profesor Pierre Agoston (uno de los comisarios del pueblo que compartía el poder con Bela Kuhn y a quien el Tribunal húngaro condenó a muerte en diciembre pasado). En él dice, entre otras cosas Escribir la historia de los judíos en Hungría es escribir la historia del movimiento francmasónico húngaro..."
>
> "Con respecto a su papel en la revolución comunista en Hungría, este libro muestra que los francmasones han trabajado sobre todo a través de la prensa. Con un trabajo paciente y persistente han conseguido hacerse con la mayoría de los órganos de prensa, con cuya ayuda han tratado de disminuir el sentimiento nacional magiar. El diario *Vilag* es especialmente responsable del debilitamiento de la disciplina en el ejército húngaro; miles de ejemplares fueron distribuidos en las trincheras... *Kelet*, diario oficial de los masones húngaros, 14 de diciembre de 1910, afirmaba: Debemos conquistar a los profesores y maestros de escuela para llegar a través de ellos al alma de la juventud y preparar la enseñanza laica. Los maestros deben ser los precursores de las ideas más avanzadas'".

A pesar de estos y otros hechos documentados, la *Crónica Judía del* 20 de julio de 1934, al escribir sobre *"Los Francmasones"*, del judío Eugen Lennhof, que fundó en Austria *La Ligus Internationale des F.— . M.-.*, informa a sus lectores que los curiosos escudriñarán en vano las vívidas páginas de Lennhof en busca de la confirmación del viejo absurdo sobre la alianza revolucionaria entre judíos y francmasones. No es, sin embargo, sorprendente, que Lennhof, él mismo un Judío Internacional y Francmasón, luche tímidamente contra estos y muchos otros hechos igualmente autentificados sobre esta Alianza Judío-Masónica. Él blanquearía tanto a la judería como a la judeo-masonería.

ALEMANIA

El gran hecho del año 1930 fue el inesperado triunfo de los partidarios de Hitler en las elecciones de septiembre. Un formidable nacionalismo apareció de repente, prusiano y luterano, en ciertas *logias - Grande Loge Nationale des Francs-Maçons d'Allemagne; Grande Loge Mère Aux Trois Globes; Grande Loge Royal York 'À l'Amitié.'* Esta masonería prusiana se había separado de la masonería universal en 1924 y, según Oswald Wirth, había renunciado al ideal de la Constitución de Anderson para adoptar el del germanismo intransigente. La A.M.I. la declaró irregular. En 1930 se formó una nueva obediencia, la *Grande Loge Symbolique d'Allemagne,* que agrupaba a ocho logias, dependientes del Supremo Consejo Escocés de Alemania. Sus tendencias eran pacifistas; adoptando la fórmula de Anderson en su sentido más amplio, admitían adeptos de todas las religiones, incluidos los judíos. También estaban las logias humanitarias: las cuatro Grandes Logias de Bayreuth, Darmstadt, Frankfort y Hamburgo. Por último, la Federación *Au Soleil Levant,* considerada sospechosa y ardorosamente pacifista. Hay que reconocer que los objetivos de la masonería prusiana en 1924 se han realizado; ahora ha transformado las logias en Órdenes de Caballería, y todas las demás logias han sido suprimidas. Hemos, dijeron, transformado la *Grande Loge Mère Nationale Aux Trois Globes,* fundada por Federico el Grande en *1740, en* la Orden *Nacional Cristiana de Federico el Grande.*

Ha roto todos los vínculos existentes con otras masonerías; para los miembros, la obligación es de origen racista germánico, se suprime el secreto relativo a la ceremonia, las palabras "francmasón" y "logia" han desaparecido, y la constitución es totalmente nueva. Los mismos principios se aplican a las otras dos logias. *La Grande Loge des Franc-Maçons d'Allemagne* se llamará en adelante *La Orden Cristiana Alemana de los Templarios;* el nombre de la tercera no se había fijado (julio de 1933). Su ideal es el germano-cristianismo, que tiene mucho en común con el antiguo culto ario de sus antepasados: ¡el culto a Odín! Los símbolos de la Orden son la Luz y la Cruz; profesan. un ideal de nacionalidad de pura raza germánica, cuyos símbolos elegidos son el Martillo de Thor y la Espada del Caballero. Se dice ahora que la Masonería está totalmente suprimida en Alemania.

El Martillo de Thor, o Cruz Hermética, es el rayo de la llama giratoria, un símbolo de fuerza dinámica que representa el Fuego de la fuerza generadora universal abriéndose paso a través de la negrura de la materia. En el Iluminismo, al revés, es un símbolo de la muerte que conduce a la Iniciación o al Iluminismo. Además, Federico el Grande era amigo íntimo de Voltaire, que fue uno de los *enciclopedistas* y presidente del ateo y revolucionario Hotel d'Holbach, precursor de la Revolución Francesa de 1789.

ESPAÑA

Deschamps en *Les Sociétés Secrètes et La Société*, 1881, escribe sobre España:

> "Las revoluciones que desde 1812 se han sucedido en este país han sido causadas en su mayor parte por las rivalidades de las diferentes facciones masónicas que siempre se unen para combatir el orden social cristiano."

Una carta del 15 de enero de 1728 muestra que la masonería española comenzó por una delegación del Gran Maestre inglés; la logia se llamaba *Matritense*. La introducción del rito escocés en España se debió al conde de Tilly autorizado por su pariente, el conde de Grasse-Tilly, que poco antes había introducido en Francia el rito regularizado procedente de Charleston. Este rito era una simple evolución de la masonería filosófica. Sevilla fue el primer centro, y en 1808 Tilly, junto con los miembros liberales del Gobierno, participó en su Consejo Supremo. Este rito escocés, al introducir los altos grados, era más democrático, mientras que la masonería de los tres grados era, bajo Montijo, la defensora de la aristocracia y el absolutismo. Más tarde, las dos masonerías se unieron y se creó una Cámara de Ritos bajo la dirección de Montijo (*Monde Maçonnique*, junio de 1875).

Una de las primeras logias, bajo la Gran Logia de Inglaterra, se formó en Madrid, 1731, y, cuando Carlos III llegó de Nápoles al Trono de España, entre sus cortesanos había varios masones; muy pronto la logia de Madrid empezó a ejercer una seria influencia sobre el Gobierno. En 1766, por mediación del conde Aranda, los jesuitas fueron expulsados de España y de las posesiones españolas; doctrinas jansenistas, masónicas, *enciclopedistas* e incluso iluministas infectaron sedes episcopales, capítulos y universidades, y bajo Carlos IV la secta planeó sin éxito establecer a los judíos en España.

Durante la invasión napoleónica, oficiales y funcionarios franceses formaron los *Afrançesados,* logias favorables al dominio francés. Pero también había logias puramente españolas que intentaban realizar sus planes a través de las Cortes Constituyentes de Cádiz, de las que se excluía a la nobleza y al clero. Los que representaban a las provincias ocupadas por los franceses, españoles originarios de estas provincias pero afincados en Cádiz, se denominaban *suplantadores.* Desde *1753 existía* en Cádiz una logia de 500 afiliados, pudientes y de buena posición, a ella pertenecían la mayoría de los *suplantadores,* y ella y sus adeptos formaban la mayoría de las Cortes; una Prensa Liberal dominaba la Asamblea y el mando del Ejército a favor de la Masonería. La minoría católica y realista fue conocida como *Serviles,* y la mayoría tomó el nombre de *Liberales,* y más tarde *Jacobinos.* Promulgaron una Constitución, el 19 de marzo de 1812, manteniendo la Monarquía como forma, declarando la soberanía del pueblo, pero el poder real residía en las Cortes. Cuando Fernando VII regresó tras la caída de Napoleón, influido por el sentimiento popular, repudió esta Constitución, y más tarde ejerció un despotismo personal.

En 1814 la masonería fue prohibida, pero continuó abiertamente su propaganda. Muchos prisioneros españoles en Francia se afiliaron, 5000 oficiales y un mayor número de subordinados, que dieron así un poderoso impulso a los proyectos liberales, tramaron en secreto la aniquilación de las instituciones políticas y religiosas existentes. Se estableció una Gran Logia en Granada con Montijo como Gran Maestro, y se formaron muchas logias en el Ejército; esta logia se volvió tan activa que finalmente algunos fueron arrestados, otros huyeron, y Montijo fue ordenado a Madrid, en junio de 1817; pero la Gran Logia le siguió, y allí continuó sus intrigas. Según el historiador Thomas Frost, todos los constitucionalistas moderados eran francmasones, e hicieron uso de la organización masónica para consultar secretamente sobre el movimiento que terminó en la revolución de 1820. El partido extremista, los *Comuneros,* formaron una organización similar, *la Confédération,* que se dividía en *comunas,* cada una de las cuales constaba de ilimitados grupos o *giras* locales. Sus recepciones, contraseña y juramento se copiaron de la masonería: secreto absoluto, obediencia y sumisión a la venganza si eran infieles, como en el caso de los Carbonari. Tenía un solo grado, los cargos eran electivos y la *Asamblea Suprema* estaba por encima de todos. Estaban estrechamente vinculados a la Haute-Vente de París, dominada por los judíos; los *fédéralistes* fueron sus sucesores.

El 29 de marzo de 1830 se abolió la Ley Sálica, e Isabel se convirtió en heredera al trono en lugar del hermano del Rey, Don Carlos; cuando Fernando murió, ¡los masones y liberales ya ocupaban todos los cargos civiles y militares...! Las logias continuaron sus intrigas durante toda la Regencia y el reinado de Isabel, y participaron activamente en el movimiento progresista de 1854. La revolución de 1868 fue hecha por la masonería en oposición a Isabel, que al final fue depuesta y huyó a Francia. Otras intrigas condujeron al reinado de Amadeo, y más tarde a una república; pero reconociendo que España no estaba preparada para una república, los Grandes Jefes se decidieron por una Monarquía Constitucional - siempre asegurando la propaganda revolucionaria - y para ello apoyaron al joven Alfonso XII, 1874. Las logias siguieron aumentando, y en 1881 la Gran Logia de España tenía 154 logias; el Gran Oriente de España tenía 162, más 30 capítulos; el Gran Oriente Lusitano tenía 40 bajo su jurisdicción, y los tres están ahora unidos como miembros obedientes de la *Association Maçonnique Internationale* (A.M.I., 1933). Así, el nacionalismo se ha convertido en internacionalismo (Deschamps y Claudio Jannet).

Mucho se ha escrito sobre la actual manifestación judeo-masónica española - la Revolución y República de 1931 - y el siguiente discurso, pronunciado por Mateo Barroso, Gran Canciller del Supremo Consejo de España en el Convento de la Gran Logia de Francia, 1931, muestra el poder que estaba detrás del nuevo régimen:

> "Os traigo el cordial y fraternal saludo del Supremo Consejo de España... Ya tenemos República. Tenemos... seis ministros masones,

> una veintena de altos funcionarios masones y más de 120 diputados masones en la Cámara Constituyente. Veis, pues, que esta débil Masonería ha logrado crear una conciencia democrática y republicana... La Masonería española trabaja por la Paz Universal, se asocia a la tarea que ha emprendido la Sociedad de Naciones... Son los masones los que deben crear esta conciencia universal" (citado por *R.I.S.S.*, 15 de diciembre de 1932).

De nuevo, en el *Boletin oficial y Revisto masonica del Supremo Consejo del Grado* 33, de junio de 1931, leemos:

> "La República es nuestro patrimonio... Puede llamarse la imagen perfecta modelada por las manos gentiles de nuestras doctrinas y principios. Será imposible realizar otro ejemplo de *revolución política más perfectamente masónica que la Revolución Española...*"

Además, la Gran Logia de España, en su *Boletín,* se dirigió así a la nueva República:

> "Con el eclipse, en el ocaso, del esplendor de la Realeza, llegó a su fin el último poder personal de la Majestad... Como españoles y masones, que vemos legítimamente erigida la estructura liberal de un nuevo Estado engendrado por los principios inmortales que brillan en Oriente, no podemos sino considerarnos satisfechos.
>
> ... A los francmasones que componen el Gobierno Provisional, al personal superior, compuesto también en su mayoría por francmasones, van nuestras aspiraciones. Que sean fieles guardianes de los tesoros morales que les han sido confiados y que, por medio de la República, realicen el destino de España" (citado en *R.I.S.S.*, 8 de noviembre de 1931).

PORTUGAL

Según el *R.I.S.S.*, 24 de mayo de 1931, el P. Borges Grainha escribe, en su *Histoire de la Maçonnerie en Portugal,* Lisboa, 1912:

> "La casualidad trajo a mis manos una serie de libros, hasta entonces desconocidos para mí, en los que se muestra la vida de la Masonería en Portugal desde mediados del siglo XVIII. Examinando estos libros he notado que casi todos los hombres más notables en las revoluciones religiosas, políticas e intelectuales de nuestro país, durante los dos últimos siglos, estaban afiliados a la Masonería...

> Varios portugueses ilustres fueron también masones, y algunos incluso Grandes Maestros, en las conspiraciones y revoluciones de 1817, 1820, 1833, 1836, 1842, 1846, 1851, 1868, 1891, y en 1910 casi todos los principales personajes que participaron habían sido iniciados en logias masónicas... Al final de estas investigaciones quedé convencido de que la historia de la masonería en Portugal estaba absolutamente ligada a la historia del país."

Del resumen expuesto y de otras fuentes -una, el Documento G, de F. Chabirand en la *Chaîne d'Union,* 1872-73- citadas por Deschamp y Claudio Jannet, hemos extraído muchos de los hechos siguientes.

La masonería en Portugal se remonta a 1735, bajo Don Joaos V, y desde entonces varios extranjeros, franceses, suizos, holandeses e ingleses, organizaron las primeras logias. Bajo el gobierno del marqués de Pombal, la masonería se desarrolló en los círculos intelectuales y en el ejército. Había sido diplomático en Londres y Viena, y volvió penetrado por la filosofía entonces en boga en Europa,- e inició el régimen del "despotismo ilustrado" que se oponía a la Iglesia y tenía fuertes tendencias "igualitarias"; también se dice que estableció la primera logia regular en Lisboa. No cabe duda de que había masones entre los designados por él para fundar la Universidad de Coimbre en 1772, y en 1796 ya estaba impregnada de ideas liberales, convirtiéndose con el tiempo en un reconocido e inmenso instrumento para la difusión por todo Portugal de la filosofía de Voltaire y Rousseau.

La Revolución Francesa se desató en Europa, pero en Portugal el hábil director Pina Manique la mantuvo a raya durante algunos años. Hacia 1804 se constituyó la primera Gran Logia portuguesa. Las invasiones de Napoleón modificaron profundamente la situación en beneficio de la masonería, y los oficiales de la legión portuguesa en los ejércitos de Napoleón regresaron en 1814 en gran parte masonizados, y las sociedades secretas se desarrollaron y extendieron. Tal como cuenta Halpérine-Kaminsky, fue durante la marcha por Europa tras la retirada del ejército de Napoleón cuando los oficiales rusos se impregnaron de las ideas revolucionarias y liberales francesas, y a su regreso se formó una sociedad secreta en 1816, de la que Paul Pestel acabó desarrollando la Sociedad del Sur, que propugnaba la abolición de la autocracia y la instauración de una república. En Portugal, en esta época, F.-. Freire Gomez d'Andrade era Gran Maestre del Gran Oriente Lusitano y había dirigido una división del ejército francés durante la campaña rusa. También él se convirtió en uno de los impulsores de las conspiraciones revolucionarias, y cuando se descubrió la primera en 1817, al igual que Pestel más tarde, en 1826, él y otros acabaron con sus vidas en el cadalso. Las logias cerraron entonces hasta que, hacia 1824, las tendencias liberales penetraron en las Cortes; junto con sus camaradas españoles de Cádiz, los masones portugueses propusieron proclamar la constitución de una "República Federal Ibérica", que desde entonces ha seguido siendo su plan secreto.

En 1834, el masón Don Pedro IV dotó a Portugal de una constitución nueva y liberal, y la masonería desempeñó un gran papel en la revolución, que duró algunos años, y que condujo a este cambio. La masonería se hizo poderosa, y el deseo de utilizarla como instrumento político acabó en la formación de tantos Orientes como partidos políticos . En 1840 había nueve autoridades, pero en 1859 el Gran Oriente Lusitano unió a la mayoría de ellas bajo su obediencia. Más tarde, en 1863, fue reconocido oficialmente por el Gran Oriente de Francia, y finalmente, el 10 de agosto de 1869, unió a todos los grupos masónicos portugueses bajo el nombre de Gran Oriente Lusitano Unificado, con el Conde de Paraty como Gran Maestro. En 1870 tenía bajo su obediencia cincuenta y seis logias, veinte de ellas en España. Desde entonces ha habido mucha actividad masónica que culminó en la revolución de 1910, planeada por las logias más avanzadas, como el "Gremio Mortugua", de donde salieron los Carbonarios, que decretaron el asesinato del rey Carlos y de su hijo mayor, y prepararon la Revolución Republicana.

Según *The Times*, 28 de agosto de 1931, entre 1910 y 1926 se produjeron en Portugal dieciséis revoluciones y cuarenta cambios ministeriales, y aunque el gobierno del general Carmona ha sido calificado de "dictadura sin dictador", en 1931 se produjo un intento infructuoso de deponerlo. Ese mismo año estalló una revuelta, que fue sofocada, en Madeira, la Guinea Portuguesa y las Azores, y, según *The Times:*

> "Actualmente se afirma que la agitación fue fomentada por exiliados portugueses en París, y en particular por algunos jefes precedentes del Gran Oriente de Portugal".

"La revolución portuguesa de 1910", dice el Dr. Fredrich Wichtl,

> "fue llevada a cabo por ciertas familias judías dirigentes... todas emparentadas entre sí, todas estaban unidas por el lazo de la masonería y... *L'Alliance-israélite-universelle:" (Weltfreimauerei, Welt Revolution, Welt Republic.)*

Léon de Poncins, después de visitar Portugal, donde se entrevistó con varios altos funcionarios del Gobierno, escribió un relato del "Nuevo" Portugal para el diario francés *Le Jour,* cuyos extractos aparecieron en el *Patriot,* del 11 al 18 de julio de 1935. Fue recibido por M. José Cabral, instigador de "la ley contra la francmasonería y las sociedades secretas, aprobada por *unanimidad* por la Asamblea Nacional...". En unas breves frases, M. Cabral resumió los motivos que condujeron a la aprobación de la ley contra la francmasonería:

> "El nuevo Estado es un Estado autoritario guiado y limitado por los principios de la justicia cristiana, conforme a las tradiciones históricas y espirituales del país. El carácter abiertamente antirreligioso y anticristiano de la masonería era, pues, contrario a las bases espirituales y morales del nuevo Estado... Somete a sus iniciados a una rígida disciplina, cuyos fines e intereses se oponen a los de la nación. El Estado, encargado de la dirección y del bienestar del país, chocaba constantemente con misteriosos obstáculos difíciles de superar, que entorpecían la marcha de los asuntos nacionales. La Francmasonería formaba así un Estado dentro del Estado, un fuerte Estado oculto detrás del débil Estado aparente, que reducía a este último a un papel puramente superficial. El nuevo Estado portugués es un Estado fuerte que no puede admitir una autoridad subterránea contraria a la suya. La complejidad jerárquica de la Francmasonería indica que ésta tiene planes ocultos y complicados, que apuntan a fines internacionales que anulan los del Estado Nacional. La Francmasonería conduce así a una gran acción diplomática oculta internacional dirigida probablemente por un jefe extranjero. Tal sumisión a una dirección internacional extranjera es contraria al sentimiento patriótico del país. Aparte de eso, el secreto que la Francmasonería impone tan rigurosamente a sus adeptos permite presumir que lo que ocultan tan bien no es insignificante ni beneficioso..."

A.M.I.

La *Association maçonnique internationale,* o A.M.I., no es ni rito ni obediencia, sino una confederación formada en un intento de lograr la unidad internacional de todas las potencias masónicas del mundo, aunque, nominalmente, preservando cada una su plena independencia. Sostenían, según el masón francés Albert Lantoine, que "la antigua cadena debía soldarse de nuevo, lo que, al hacer más poderosa a la Orden, le permitiría influir, en un sentido humanitario *[sic], en* la política de los gobernantes."

La primera reunión se celebró en Ginebra, el 23 de octubre de 1921, y reunió a unos once miembros de obediencia, incluida la Gran Logia de Nueva York; esta última, cómo siempre, dimitió a causa del reconocimiento por la A.M.I. de la Logia alemana "Au Soleil Levant", que se demostró irregular, y fue retirada. Durante algunos años avanzó poco, pero en 1932 había aumentado en importancia, tanto por el número de miembros y la calidad de sus adeptos como por la influencia que ejercía. A finales de 1930 agrupaba a treinta miembros de obediencia activa, como sigue:

Gran Logia de Viena.

Gran Oriente de Bélgica.

Gran Logia de Bulgaria.

Gran Logia de España.

Gran Oriente de España.

Gran Oriente de Francia.

Gran Logia de Luxemburgo.

Gran Oriente de Grecia.

Gran Logia de Polarstjernen.

Gran Logia de Polonia.

Gran Oriente Lusitano Unido de Portugal.

Gran Logia "Alpina" Suiza.

Gran Logia Nacional de Checoslovaquia.

Gran Oriente de Turquía.

Gran Oriente de Brasil.

Gran Logia de Francia.

Gran Logia de Yugoslavia.

Gran Logia de Panamá.

Gran Logia de Porto Rico.

Gran Logia Cusqueña de San Salvador.

Gran Logia La Oriental-Peninsular.

Gran Logia de Chile.

Gran Logia de Colombia (Baranquilla).

Gran Logia del Ecuador.

Gran Logia de Paraguay.

Gran Logia de Venezuela.

Gran Logia de Haití.

Gran Logia de Perú.

Gran Logia de la Isla de Cuba.

Gran Logia del Pacífico.

Su presidente en 1931 fue F.-. Raoul Engel, Supremo Gran Maestre del Gran Oriente de Bélgica. El Gran Canciller era el F.-. John Mossaz (Suiza), que lo dirigía, asistido por un Comité Ejecutivo de delegados, que parecía una especie de Parlamento. También había un Comité Consultivo compuesto por unos pocos delegados influyentes, que aparentemente preparaban las decisiones y, de hecho, ejercían la autoridad.. Para 1930-32 estos eran: Charles Magnette, Gran Maestre Honorario de Bélgica; Bernard Wellhoff, antiguo Gran Maestre de la Gran Logia de Francia; Arthur Groussier, antiguo Presidente del Consejo de la Orden, Gran Oriente de Francia; Arthur Mille, del Consejo de la Orden, Gran Oriente de Francia; y Fritz Brandenberg, antiguo Gran Maestre de la Gran Logia "Alpina" de Suiza.

Como se verá, la A.M.I. se ha extendido, sobre todo, en los países latinos, e incluye entre sus miembros de obediencia a la gran mayoría de los Ritos Escoceses Antiguos y Aceptados, pero no incluye a ninguna Gran Logia inglesa o norteamericana. Bajo la influencia de la A.M.I., el Gran Oriente de Francia anuló en 1930 las convenciones que lo vinculaban a la Gran Logia de Francia y a la obediencia mixta internacional *Le Droit Humain*, prefiriendo, como decía, realizar la unidad bajo los auspicios de la A.M.I., en la que el Gran Oriente de París desempeña ahora un papel directivo *(R.I.S.S.)* 20 de septiembre de 1931).

En 1877, el Gran Oriente de Francia suprimió de sus reglamentos el nombre de "El Gran Arquitecto del Universo" y la creencia en la inmortalidad del alma. Debido a ello, la Gran Logia de Inglaterra, junto con otras, rompió relaciones con ella, y desde entonces nunca las ha renovado. En 1929 la Gran Logia de Inglaterra codificó ocho puntos como necesarios para el reconocimiento por su parte de cualquier otra logia, entre los que se encontraban:

(2) Que la creencia en el Gran Arquitecto del Universo y en Su voluntad revelada es una condición esencial para la admisión de candidatos. (7) Que las discusiones religiosas y políticas están rigurosamente prohibidas en las Logias (cf. *An. Maç. Uni.*, 1930).

La masonería continental, por el contrario, es en gran parte antirreligiosa, política, y está ampliamente dominada, directa o indirectamente, por los judíos, y hay muchas pruebas que demuestran que este poder judeo-masónico ha sido siempre, y sigue siendo, en nombre de la Humanidad, la causa insidiosa secreta de todos los movimientos revolucionarios.

La siguiente información relativa a la A.M.I. fue publicada por primera vez por Leon de Poncins en el *Mercure de France*, 15 de agosto de 1931, y posteriormente en *La F.-. M.-.*, 1934:

> "En 1921 se creó en Bâle la *Association maçonnique internationale* o A.M.I., cuyo objetivo es reforzar los lazos de solidaridad masónica internacional. Sus revistas dan noticias de la masonería universal y sus principales libros se imprimen en francés, alemán e inglés. El Gran Oriente de París desempeña un papel de dirección... Edita una revista pública, *La Paix*, y otra secreta, *Les Annales maçonniques universelles*, ambas publicadas en el 20 rue Laugier, París, bajo la

dirección del escritor masón y judío Edouard Plantagenet. *La Paix* tiene entre sus corresponsales a Ramsay MacDonald, Ed. Benes... Henri Barbusse, y conocidos escritores masones como André Lebey, del Gran Oriente, y Albert Lantoine, de la Gran Logia... Existe también la Ligue internationale des F.-. M.-., fundada en Austria por el judío masón y escritor E. Lennhof. La A.M.I. es una unión de Obediencias Masónicas, mientras que la Ligue es una unión individual de Francmasones."

El autor cita además al ingeniero P. Loyer, quien, en una conferencia pronunciada en París el 7 de febrero de 1934, dijo

"Mientras la Democracia ha permanecido confinada a las logias, mientras sólo ha sido un tema de conferencia, ha podido engañar. Los masones místicos fueron capaces de creer que podían construir un régimen habitable. Pero la masonería ha experimentado el poder, ¿y cuál ha sido el resultado? Ha gobernado en Rusia con Kerensky; ha gobernado en Italia con Giolitti y Nitti; ha gobernado en Alemania con el triunfo momentáneo de los socialdemócratas y la complicidad de Bruning; gobierna actualmente en España con Largo Caballero, Indalocio Prieto, Rodolpho Llopis y Alexandre Leroux; gobierna todavía en Francia...Pero en todas partes, en todas partes sin excepción, la experiencia del poder le ha sentado mal... La masonería empieza a comprender que toda su ideología democrática la deja sin recursos, y que no puede sacar de ella la menor luz para resolver los conflictos políticos reales. Lo sabe y lo admite".

TURQUÍA

El Gran Oriente de Francia informó:

"Congreso Internacional, AM.I., celebrado en Ginebra, del 21 al 24 de agosto de 1930... La Liga declara particularmente que su objetivo es no interferir en la autoridad ni en la acción central de los grandes cuerpos masónicos. Lo que desea es el acercamiento individual, las buenas relaciones y los lazos de amistad personal entre los masones regulares, *para formar así una cadena que rodee el globo."*

De nuevo encontramos *La Libre Parole*, diciembre y enero de 1933, escribiendo:

"El Convento de la A.M.I. tuvo lugar en Constantinopla, en septiembre de 1932. A pesar de la distancia, veintidós países estuvieron representados por los delegados de veinticuatro obediencias masónicas diferentes. Los oradores destacaron la

> importancia de este Convento, que por primera vez reunía en Oriente a los representantes de la Masonería Mundial... Los trabajos del Convento fueron inaugurados por el Gran Maestre Moustafa Hakki... Durante cuatro días el Convento reguló todas las cuestiones administrativas que habían sido estudiadas durante largos meses por el Comité Ejecutivo. Deploraron la situación financiera, debida a la crisis económica, y sobre todo a las leyes que, en ciertos países, al prohibir la exportación de capitales, hacían difícil, si no imposible, el pago de las suscripciones. Los hermanos parlamentarios de estos países fueron invitados por la A.M.I. a poner fin a este "deplorable estado de cosas". Se aprobó una moción en favor de la paz mediante el desarme. F.-. Colaveri terminó declarando: 'En la Asamblea el Convento ha realizado un importante trabajo que afirma las bases de la *Association maçonnique internationale,* y asegura definitivamente su futuro.'"

En 1922 el Orador de la Gran Logia de Francia dijo:

> "Mis hermanos masones, mi esperanza es que la Francmasonería, que tanto ha hecho por la emancipación de los hombres, y a la que la historia debe las revoluciones nacionales - 1789, 1871 - sabrá también hacer esa más grande revolución, que será la Revolución Internacional."

Según *The Times,* el *Comité* Turco *de Unión y Progreso* era de la masonería del Gran Oriente y de los Illuminati. Y hablando de Talaat y de las atrocidades armenias, el *Daily Telegraph* escribía, el 29 de mayo de 1922:

> "Como humilde funcionario de la oficina de correos de Salónica, conoció muy pronto a los Jóvenes Militaristas Turcos y a los políticos de la masonería del Gran Oriente, los hombres que iban a llevar a cabo la revolución de 1908.
>
> ... Behaddine Chakir Bey... fue después de Talaat, Enver y Nazim, la figura más poderosa y siniestra del Comité de Unión y Progreso..."

Estos, con el Dr. Roussouhi Bey y media docena más, formaron el todopoderoso y secreto ejecutivo de este P.U.C., que gobernó Turquía durante unos diez años, hasta 1918. El acto que llevó a Turquía a la Gran Guerra, con todas sus consecuencias, fue suyo. La reacción kemalista surgió bajo la influencia maligna del P.U.C. y sus aliados bolcheviques".

Luego vinieron el complot anti-Kemal y los juicios de Esmirna y Angora, en julio y agosto de 1926, en los que la mayoría de los eminentes líderes restantes de los "Jóvenes Turcos" fueron condenados y ahorcados. En el juicio se contó cómo Enver y Talaat "se pusieron en contacto con representantes de los entonces rebeldes irlandeses y prometieron apoyarlos, entre otros pueblos oprimidos, si emprendían una guerra incesante contra Gran Bretaña" *(Daily Telegraph, 26 de agosto de* 1926). De nuevo, en un editorial del 30 de agosto de 1926, el mismo periódico escribe:

> "Entre ese Partido del 'Joven Turco' y el Nacionalismo Kemalista que lo ha sucedido y erradicado, hay poco que elegir en cuanto a su moral política. Ambos han intentado crear y dominar despóticamente una Nueva Turquía. Ambos tienen en su historial opresiones de todo tipo y masacres bárbaras. Estas cosas se entienden fácilmente cuando se comprende que muchos de los hombres, incluido el propio Mustafá Kemal, que están a la cabeza del movimiento nacionalista, hicieron su aprendizaje político en el Comité de Unión y Progreso; y el ataque final contra los primeros líderes de la revolución representa poco más que la determinación de la nueva dictadura de no tolerar rivalidad o crítica alguna, dentro de la esfera de su autoridad."

Hablando del "espíritu de revuelta y de anarquía espiritual" en la masonería, J. Marquès-Rivière cita al masón Jean Bon, diputado del Sena, que declaró en el Convento del Gran Oriente de Francia, 1919: "... No conocemos límites en la izquierda. Porque nosotros mismos hemos cerrado los caminos a la Derecha...". Y de nuevo en el Convento del G.O., 1920, el mismo Masón dijo:

> "La Sociedad de los Jacobinos que fue la gran autora de la Revolución Francesa no era más que, por así decirlo, el aspecto exterior de la Logia Masónica. Lo que los jacobinos hicieron durante los inmortales cinco años de 1789 a 1794 podemos y debemos hacerlo de nuevo si vuelve el peligro..."

BÉLGICA

En tres artículos publicados en el *R.I.S.S.*, I y 15 de febrero y I de marzo de 1935, Georges Loic da algunas informaciones útiles sobre la masonería belga, sus afiliaciones revolucionarias y sus actividades. La masonería belga está sometida a tres autoridades: el Supremo Conseil du Rite Écossais, el Gran Oriente y la Fédération Nationale des Loges Mixtes. Los belgas fueron los primeros en unirse a sus hermanos franceses y españoles en la fundación de la A.M.I. "Los principales centros de intriga, por lo tanto, parecen ser los Supremos Consejos, la "Ligue Internationale de Francs-Maçons", la A.M.I., la Sociedad Teosófica y su hija la Co-Masonería". Los Supremos Consejos son todos emanación del Supremo Consejo fundado el 31 de mayo de 1801, en Charleston, por los judíos Dalcho y Mitchell y por el Conde de Grasse-Tilly. El 19 de febrero de 1922, en el Gran Templo del Derecho Humano de París, se concluyó una alianza entre la Masonería y el Gran Oriente de Francia. Estos vínculos se rompieron por decisión del Consejo del Gran Oriente, el 13 de septiembre de 1930 (Convento del Gran Oriente de Francia, 1930).

Por muy autónomo que fuera el Gran Oriente de Bélgica, sintió la necesidad de entrar en una liga de Obediencias, la A.M.I., para participar en las influencias exteriores actuales. Se celebraron dos Conventos de la A.M.I. en Bruselas, los de 1924 y 1930, y en 1933 se invitó al Comité Ejecutivo de la A.M.I. a celebrar la sesión de primavera en Bruselas para participar en las manifestaciones organizadas con motivo del centenario del Gran Oriente de Bélgica. El lugar que ocupan los belgas en la A.M.I. es, pues, definitivo, y más aún cuando se sabe que en 1925 un judío de Lieja, Max Gottschalk, ocupaba el cargo de Canciller Administrativo. También fue Secretario General de la A.M.I., secretario del Comité Consultivo, administrador financiero de la A.M.I., editor de su Boletín y de otras publicaciones. En una convocatoria especial de *La Parfaite Intelligence et l'Étoile Réunies* de Lieja, se adoptó la siguiente resolución:

> "(1) Con respecto al Gran Arquitecto del Universo, este retorno a la tradición se hace desde un ángulo exclusivamente simbólico, libre de todo espíritu confesional o dogmático, siendo cada uno libre de interpretar el símbolo como le dicten su conciencia, su razón y su sentimiento religioso.
>
> "(2) Con respecto al Libro de la Ley Moral, siendo la Biblia generalmente considerada en Bélgica como el Libro sagrado de la Iglesia Católica Romana, confesión dominante aquí y hostil a la

> Masonería, para evitar todo equívoco el Libro de la Ley Moral estará representado por la Constitución de la Orden de 1723 (antiguos cargos) texto original y preceptos masónicos. Durante los trabajos estará abierto sobre el altar bajo la Escuadra y el Compás". *(Boletín,* A.M.I., abril-junio 1930).

Son conocidos los esfuerzos realizados durante más de cuarenta años para imponer a los Estados un sistema de Arbitraje Internacional. Antes de la Guerra, el F.-. Léon Bourgeois consiguió fundar en La Haya el Tribunal Internacional de Justicia. En 1917 se reunió en el salón de los Conventos de la G.O. de Francia un Congreso, ahora celebrado, que unía a las masonerías latinas, algunas aliadas y neutrales, y allí los masones André Lebey y Meoni sentaron las bases de la Sociedad de Naciones, de la que el F.-. Sieyès y el diputado jacobino Milhaud ya soñaban en 1792. F.-. Magnette en 1930 en Lieja, con motivo del Convento de la A.M.I., dijo:

> "Esta creación de la Sociedad de Naciones fue una manifestación de solidaridad Internacional de la que sólo las mentes burlonas y sistemáticamente escépticas se mofaban o despreciaban tontamente... Fue el mismo sentimiento que guió a los fundadores de la A.M.I. en 1921; deseaban establecer relaciones más estrechas entre las múltiples obediencias que llevaban el nombre de logias y dar a una institución extendida por toda la superficie del universo, una organización racional y un centro de desarrollo que centuplicara su poder."

En el mismo Convento F.-. Henri La Fontaine, vicepresidente del Senado belga, dijo:

> "No ignoráis... que la Masonería no debe ocuparse de política... Pero de todos modos no hay que olvidar que en el pasado fue en las Logias donde se prepararon las Grandes Revoluciones, especialmente la Revolución Francesa y la Americana... En muchas de nuestras Logias las baterías terminan con las palabras de la Revolución Francesa-Libertad, Igualdad y Fraternidad" *(Boletín,* A.M.I., julio-septiembre 1930).

Lo que Le Couteulx de Canteleu dijo de la masonería en 1863 bien podría decirse de ella hoy:

> "Los francmasones se han disputado el imperio del mundo como pocos soberanos lo han hecho, ¿y con qué fin? Para ser el punto de emisión de todas las locuras y de todas las monstruosidades; la

Cábala, la magia, la filosofía hermética, las comunicaciones con los espíritus, el magnetismo, la teosofía, el deísmo, el ateísmo, la regeneración física y moral, la venganza, la destrucción de los imperios, la República Universal; si excluimos estas locuras, ¿qué queda? Unos cuantos ciudadanos honrados tocando lúgubremente en la capilla de la tumba de Hiram".

concluye Georges Loic:

"Los judíos que conocieron el triunfo de la revolución bolchevique en Rusia y en Europa Central sienten el viento de la derrota... Las dos Internacionales Socialistas han constituido en Amsterdam el Frente Único para retomar la obra revolucionaria en peligro. Cegada por un misticismo absurdo, la Masonería se apresta a hacer el papel de Kerensky al lado de los judíos internacionales. Ciertamente, las fuerzas de la masonería son inmensas... Es, sin embargo, débil, pues sus principios la obligan a actuar a través de intermediarios, a ser sólo una influencia... una máquina de formar opinión... sin ayuda exterior -complicidad de gobiernos extranjeros o financieros internacionales y sus tropas, la Internacional Obrera- poco puede hacer... es incapaz de formar un edificio duradero."

LA LIGA DE NACIONES

Los días 28, 29 y 30 de junio de 1917, el Gran Oriente y la Gran Logia de Francia celebraron en París un Congreso que reunió a los representantes de las masonerías aliadas y neutrales, con excepción de la inglesa. A la vista de las propuestas francesas en la Conferencia de Desarme de la Sociedad de Naciones, algunos extractos del informe de las intervenciones pueden interesar al lector general. El texto del informe figura en *Dans l'Atelier Maçonnique*, de André Lebey, destacado masón y orador del Gran Oriente de Francia; el tema del debate fue "la preparación de la Sociedad de Naciones":

"La justicia colectiva que han querido hacer posible haciéndola dominar sobre la justicia individual y egoísta de Estado a Estado... Así la fuerza suprema de la comunidad de las Naciones, tanto material como moral, sabrá vencer los designios asesinos de una o varias de ellas. Entonces ya no habrá naciones neutrales, pues ninguna, en una organización de este orden, podrá aislarse sin faltar al deber convenido. La injusticia cometida contra una de ellas las golpeará colectiva e individualmente... Los neutrales deben, pues, estar unidos entre sí de tal manera que siempre se sientan impulsados a prestar ayuda... -.

"La tarea que se impone a nuestra generación, y más especialmente a usted, mis FF.-., consiste en hacer progresar decisivamente este derecho Internacional... Este derecho Internacional es el derecho de la paz... El derecho Internacional debe estar armado de sanciones tales que desalienten, por anticipado, a aquellos que estarían tentados de faltar a su palabra. Unidas entre sí las naciones que desean vivir en paz, en el respeto de sus derechos recíprocos, crearían una irresistible fuerza soberana de acción económica y militar que impediría a las masas ciegas verse arrastradas a conflictos imperialistas. Esta unión de las diferentes fuerzas nacionales será a su vez, para realizar su tarea defensiva, adaptada, dispuesta y equipada con vistas a su mayor eficacia. La Ley tendrá así garantías de permanencia. Se convertirá en una fuerza por la adhesión del mayor número de Estados. Esta fuerza, *a través de una verdadera policía de naciones*, mantendrá la paz universal poniendo a todas las potencias civilizadas del lado de cualquier nación, cuyos derechos, sin provocación, hayan sido violados por otra."

Entre las conclusiones presentadas, en nombre de la Comisión, por F.-. Lebey y adoptadas por el Congreso fueron:

"El Parlamento Internacional asocia, en comisiones apropiadas, para todas las cuestiones importantes que facilitan las relaciones internacionales, a colaboradores elegidos por él y ratificados por las Cámaras Nacionales de los diferentes Estados, con el fin de regular colectiva e internacionalmente, cuestiones universales de legislación que estrechen aún más los lazos de los pueblos...".

"El Parlamento Internacional formará igualmente en su seno, mediante un miembro por nación, un poder judicial, creando así un Tribunal Internacional de Justicia, ante el cual serán llevados todos los conflictos nacionales entre las naciones. Los elegidos, nombrados por tres años, según los precedentes, serán responsables ante el Parlamento Internacional y no podrán promulgar una sentencia si no es ratificada por éste.

"Ninguna nación tiene derecho a declarar la guerra a otra, porque la guerra es un crimen contra la raza humana. Por consiguiente, toda diferencia entre Estados debe diferirse al Parlamento Internacional. La nación que se negara a hacerlo se colocaría así fuera de la Sociedad de Naciones, la cual, después de haber agotado todos los demás medios para convencerla, especialmente mediante el boicot económico, la ruptura de todas las relaciones, el bloqueo completo

> por tierra y por mar y el aislamiento absoluto, tendría el derecho y el deber de obligarla por la fuerza a reconocer la ley universal.
>
> "El Parlamento Internacional definirá por sí mismo las medidas diplomáticas, económicas y militares que se establecerán para asegurar el ejercicio de sus poderes. Su objetivo, propiamente dicho, es, bajo suficientes garantías de la autonomía de cada nación, la limitación de los armamentos para conducir un día al desarme universal. El Parlamento Internacional debe apoyar los armamentos de cada uno de los países que constituyen la Sociedad de las Naciones sólo en la medida en que sea necesario para contrarrestar eficazmente los armamentos de los que quedarían fuera de la Sociedad de las Naciones.
>
> "El Parlamento Internacional elegirá por sí mismo el lugar de sus reuniones, la ciudad se convertirá en la capital del mundo, cuyo territorio se internacionalizará. Adoptará como emblema un estandarte en el que irradiará un sol anaranjado sobre fondo blanco en medio de estrellas amarillas tan numerosas como las naciones que se adhieran a las convenciones arriba mencionadas."

Tal es el sueño masónico del Internacionalismo, donde la nación más atrasada y bárbara estaría en igualdad con las grandes y más civilizadas Potencias - ¡Libertad, Igualdad y Fraternidad, el lema de la Revolución Francesa, tan falso como subversivo!

Y cuando en 1934 llegó la propuesta de admitir al Gobierno soviético -ese régimen bárbaro de tiranía, brutalidad y esclavitud, dominado y representado por judíos- como miembro de honor de esta Sociedad de Naciones, se levantó una protesta al menos en parte de la prensa. La *Gazette de Lausanne* del 16 de agosto de ese año escribió:

> "Si Rusia es recibida oficialmente en la Sociedad de Naciones, tendremos permanentemente en nuestro país a los agentes de la Policía Secreta Rusa, que inocentemente se autodenomina "Comisariado del Interior para el Pueblo"... El trabajo de la G.P.U. es el espionaje militar y las operaciones de zapping contra organizaciones y personas que se oponen al Soviet y al Comunismo en Suiza. El espionaje es también político e industrial, incluyendo la constitución de "células" secretas en empresas industriales..."

También hubo algunos periódicos británicos que protestaron enérgicamente contra la admisión de la Rusia soviética en la

Liga; por ejemplo, el *Sunday Pictorial, del* 26 de agosto de 1934, escribió:

> "Probablemente la historia más interesante del mundo sería hoy la revelación completa de las intrigas que se están llevando a cabo para que Rusia entre en la Sociedad de Naciones. He aquí algo ante lo cual la justicia, la decencia y la misericordia bien podrían acurrucarse y morir. Si Rusia entra, Ginebra se transformará, sin duda, en uno de los centros más siniestros y peligrosos del mundo. Detrás de la capa de idealismo, y de toda esa decencia digna que se supone que acompaña a la Liga, tendremos conspiraciones internacionales de moral puramente gansteril... Si Rusia irrumpe en la Liga nos encontraremos con la que quizá sea la mayor ironía desde que comenzó la historia, el envilecimiento de la gran institución formada para hacer la paz mundial en un laboratorio para la desorganización mundial, en gran parte a través de los asuntos del Lejano Oriente y de la India, pero también de muchas otras maneras..."

Hoy asistimos a la reacción a esta Liga judeo-masónica en la actual crisis italo-abisinia, ¡y quién puede decir qué siniestras intrigas se esconden detrás de ella!

STAVISKY

No podemos dejar esta cuestión del poder de la judeo-masonería sin referirnos al menos a los recientes escándalos Stavisky. Por lo que hemos visto, el mejor relato de lo que condujo al estallido de la bomba Stavisky se encuentra en el libro de Léon Daudet, *La Police Politique*, 1934, en el que nos dice:

> "Ahora había dos bandas rivales igualmente poderosas en cuanto a sus relaciones políticas, financieras, masónicas y de otro tipo: la banda Stavisky... y el grupo Levy-Dubois... Los dos grupos, compuestos por personalidades y bancos poderosos, se atacaban con violencia... Necesitando ambos de la complicidad de funcionarios, corruptos o corruptibles, dependían de la Sûreté Générale... El grupo Lévy-Dubois fue fundado en 1927 por tres pequeños judíos sin fortuna... los tres estaban afiliados a la Logia *Droit et le Devoir...*"

Su primer intento de manipular certificados de anualidades por daños de guerra y de emitir un empréstito público quedó en nada. Entonces surgió una idea brillante, y

> "En julio de 1933 se preparó y votó una ley que permitía financiar, mediante anualidades, las obligaciones del Estado para con las Comunas y los Departamentos. A través del grupo Lévy-Dubois prepararon *L'Outillage National*, sobre el modelo de lo que se había hecho para las regiones liberadas... Pero Stavisky intervino. Fundó al mismo tiempo y sobre el mismo modelo, con la aprobación del Quai d'Orsay, la *Caisse autonome...* De repente, la intervención de la City lo estropeó todo y puso pies en polvorosa. El Credit Lyonnais obligó a Levy-Dubois a disolver *L'Outillage National* y a renunciar al asunto..."

Sin embargo, este grupo de Dubois hizo estallar el escándalo Stavisky mediante panfletos en los que amenazaba con denunciarlo. El resultado es conocido, y cómo estalló el asunto de los "bons de Bayonne".

> "Stavisky, este gran estafador que era al mismo tiempo un espía de cierta capacidad y un corruptor de genio, había encontrado los medios de acaparar un gran número de casinos provinciales, en particular en la región de Biarritz y San Juan de Luz, y también, con la complicidad de la sección de juegos de azar de la Sûreté Générale, algunos casinos de juego de la región parisina, dando beneficios fructíferos. En el primer rango de estos últimos estaba el *Cercle Hippique* o *Frolic's...* en principio el presidente de Frolic's, una verdadera trampa policial, era siempre un funcionario de policía..." La bomba Stavisky estalló y con ella desapareció Stavisky: ¿suicidio o asesinato? De repente, el 20 de febrero, quince días después del tiroteo de patriotas y ex militares en la plaza de la Concordia, el juez Albert Prince, miembro de la Comisión Judicial encargada de investigar a los responsables de las condonaciones concedidas durante años por el Parquet al estafador Stavisky, apareció descuartizado en la vía férrea a unos kilómetros de Dijon. Su cartera fue encontrada cerca, sin papeles, y contenía, según se sabía, dos documentos abrumadores que acusaban a los responsables de las condonaciones de Stavisky. Estos documentos debían ser presentados, al día siguiente, ante la Comisión de Investigación. Para encubrir aún más a los implicados, se susurró y sugirió el "suicidio"".

Stavisky y sus cómplices judíos Hayotte y Cohen habían estafado al Crédit Municipal de Bayona cientos de millones de francos, y varios personajes oficiales estaban directamente comprometidos. Stavisky, un viejo delincuente notorio, había sido declarado culpable y condenado diecinueve veces y absuelto otras tantas, gracias a sus protectores del Gobierno. En París se produjo una explosión, ya que el Gobierno trató claramente de silenciar el asunto. La Cámara designada en las elecciones de 1932 era muy "de izquierdas", y estaba compuesta por una gran mayoría de masones, y aunque el Gobierno recibió un voto de confianza en el Parlamento, debido a la reacción pública se vio obligado a dimitir. Le siguió otro, igualmente impregnado de masones, que se negó a instituir una comisión de investigación.

A esta negativa siguió el trágico tiroteo del 6 de febrero de 1934, en el que murieron veintisiete personas y dos mil resultaron heridas. Al día siguiente, el Gobierno se vio obligado de nuevo a dimitir, y la calma sólo se restableció cuando el Presidente de la República recurrió al antiguo Presidente Doumergue para salvar el régimen parlamentario. ¿Y la masonería?

Hablando de la judeo-masonería y del "affaire" Stavisky, el Editor del *R.I.S.S.*, 15 de marzo de 1934, da los nombres de siete masones que actúan en la Comisión de Investigación de los escándalos, y seis en la Comisión de Investigación de los disturbios del 6 de febrero, y añade dos nombres más, masones que debían "ayudar a la Comisión de Investigación a determinar en qué cuartel hay que buscar a los culpables y cómplices". Además, escribe:

> "Así, la existencia de la Masonería enrarece el tono de toda institución. Un poder político secreto es incompatible con un Gobierno independiente. Las Comisiones de Investigación son acorraladas por el poder secreto. La buena voluntad de los miembros honestos de la Comisión choca contra una conspiración permanente. Así es en todos los trabajos del Estado, el diputado masón no representa a sus electores: *representa a su Logia.*
>
> El masón-oficial no cumple imparcialmente con sus deberes; *pone su autoridad pública al servicio de sus jefes secretos. El masón-juez no* es libre; *está obligado a someterse a la presión fraterna.* Un Gobierno independiente no puede coexistir con un Gobierno secreto; lo suprime o pierde su propia independencia... ¿Cuál es la participación exacta de la Masonería en el encubrimiento del Asunto Stavisky?".

Los propios francmasones se sintieron perturbados y algunos de ellos renunciaron. En la Asamblea General del Gran Oriente

Español, el 20 de febrero de 1933, se tomó, entre otras, la siguiente decisión, aplicable a toda la masonería del Gran Oriente:

> "Las autoridades masónicas están obligadas a velar por el cumplimiento, con la frecuencia necesaria, del deber impuesto a los hermanos que ejercen un empleo público de renovar el juramento, de explicar y justificar masónicamente su conducta pública ante sus superiores. Y como en el ejercicio del empleo público puede faltar a sus deberes masónicos tanto por obra como por omisión, esto significa que el masón que ocupe este cargo estará obligado, no sólo a explicar y justificar toda acción que parezca reprochable o dudosa, *sino también a recibir las indicaciones masónicas y a* prestarles atención..."

Por lo tanto, parece que estos masones no son libres, sino que están sujetos a sus superiores y, bajo juramento, deben obedecerles.

Por último, J. le François, en el *R.I.S.S. del* 15 de septiembre de 1933, nos da la siguiente información interesante. La Gran Logia de Francia, en su Convento de 1932, dio cuenta de la "enfermedad de la Francia contemporánea" tal como fue presentada por las logias y sintetizada por F.-. Chaligny. M. le François escribe:

> "El informe de F.— . Chaligny admite claramente el fracaso de la democracia mística... En primer lugar, el espíritu de la revolución ya no tiene adoradores, ni entusiastas, ni apóstoles. Los grandes antepasados han perdido rostro, o mejor dicho, su memoria ya no tiene adoradores piadosos entre el pueblo. Libertad, Igualdad, Fraternidad, ¿a quién le importan? ¿Los Derechos del Hombre?... "Han llegado al período del abuso de ellos", decía F.-. Chaligny, en el que la mayor parte de los miembros de la colectividad, o al menos los más influyentes, descuidan los deberes a los que estaban obligados.
>
> ... Parece, pues, que el mito ha cumplido su ciclo... Durante 150 años hemos vivido del mito revolucionario. ¿Ha sido capaz de realizar las infinitas esperanzas que los hombres habían depositado en la espléndida fórmula, Libertad, Igualdad, Fraternidad"?... Hemos comprobado el fracaso de todas las instituciones que pretendían inspirarse en estas tres palabras proféticas... Parece que los principios que se han acostumbrado a considerar indispensables para la salud de una sociedad están olvidados o pisoteados."

Además, en el Convento del Gran Oriente, 1920, F.-. Fontenay dijo:

> "Toda revolución tiene como objetivo garantizar la felicidad universal. Cuando nuestros antepasados proclamaron como principio la Libertad, la Igualdad y la Fraternidad, pretendían realizar la felicidad. Después de 130 años vemos su obra; no es brillante; de la Libertad no nos queda nada; de la Igualdad apenas hay nada; de la Fraternidad nunca ha habido nada."

¡Así se desvanece el gran sueño masónico!

CAPÍTULO VIII

TEOSOFÍA Y MASONERÍA INDIA

Hablando del ocultismo del siglo XIX elaborado por los martinistas, Papus, Eliphas Levi y los teósofos, que incluye el extraño conjunto de cosas tales como fenómenos metafísicos, espiritismo, magia, astrología, medicina hermética, la Cábala, los números esotéricos, la exégesis mística y las especulaciones sobre la reencarnación y el karma, y sobre todo un sistema doctrinal presentado como la fuente común de la que han derivado todas las religiones, escribe Marcel Lallemand, en *Notas sobre ocultismo*:

> "Es en verdad una avalancha de palabras pomposas, expresiones grandilocuentes, frases apocalípticas, signos misteriosos y silencios comandados por una pseudo-iniciación en los misterios sagrados... Bajo la influencia de la Teosofía, se asocia con visiones de bibliotecas escondidas en las cuevas del Himalaya, de ceremonias fantásticas en los Templos egipcios, etc.... Se sabe que los ocultistas pretenden ser herederos de las tradiciones secretas que se remontan a los egipcios y transmitidas a lo largo de la Edad Media por los Rose-Croix, los Templarios, etc... La mayoría de estos ocultistas están vinculados a la Masonería... Este mundo subterráneo trabaja febrilmente, y muchos acontecimientos públicos sólo son comprensibles en función de la agitación de estas termitas ocultistas, cuya actividad es uno de los signos menos equívocos del desorden espiritual del Mundo Moderno... También sería legítimo hablar de una *satanización* (más que de una deificación) de estos aspectos oscuros del alma humana. En ello reside el peligro del ocultismo, que a menudo desemboca en el desorden mental y psíquico, llevando a muchos de sus adeptos a hundirse en la perversión sexual, la locura o el crimen, como muestran los anuarios del ocultismo moderno" (citado por de Poncins).

Además, de Poncins escribe:

> "El ocultismo tiene repercusiones más importantes de lo que se piensa. Una oleada de ocultismo precedió y acompañó a los dos grandes movimientos revolucionarios de 1789 y 1917. Los teósofos e iluministas del siglo XVIII, Jacob Boehme, Emmanuel Swedenborg, Martinez de Pasqualis, Cagliostro, el conde de Saint-Germain, etc., tuvieron sus homólogos en las numerosas sectas rusas y en los magos y ocultistas de la Corte Imperial, Philippe, Papus, el tibetano Badmaev y, sobre todo, Rasputín, cuya extraordinaria influencia contribuyó directamente a desencadenar la revolución."

Repasando la historia, parece evidente que la difusión de las sociedades secretas, el iluminismo, la teurgia y el espiritismo ha sido siempre un precursor seguro de las revoluciones y de la caída de las Coronas. Desde su comienzo, el reinado de Nicolás II de Rusia fue una larga sucesión de místicos, profetas e iluminados -instrumentos de la "Mano Oculta"- que, por sus extrañas prácticas y vidas a veces escandalosas, contribuyeron no poco a desacreditar a la Corte de Rusia, condujeron finalmente a su caída y, mediante la muerte y la destrucción, iniciaron el gobierno soviético dirigido por los judíos con su sueño de Revolución Mundial y Dominación del Mundo -el sueño de la Masonería Iluminada del Gran Oriente.

El primero de estos trabajadores del misterio de gran importancia fue Maître Philippe, jefe de la Escuela de Teurgia de Lyon. Él describió así su trabajo: "Desde la edad de trece años he realizado curaciones milagrosas. Soy un intermediario inconsciente entre *la humanidad y un Poder Superior* que la eclipsa. Los asombrosos resultados que obtengo a diario, los admiro, pero no los comprendo". En 1900 fue introducido en la Corte de Rusia por Papus, el conocido Martinista e Illuminé, que consideraba a Philippe como su "Maestro". Poco a poco se hizo indispensable tanto para el Emperador como para la Emperatriz. En 1903, de regreso a Rusia tras una ausencia forzada, inició a la Emperatriz en las prácticas del espiritismo y la teurgia. Fue él quien inspiró al Emperador la idea de la paz universal mediante el desarme general. Finalmente se vio obligado a retirarse a Lyon, donde murió en agosto de 1905 *(Le Maître Philippe,* de J. Bricaud).

Papus el Martinista y teúrgo, cuyo verdadero nombre era Dr. Encausse, apareció por primera vez en San Petersburgo en 1900, y más o menos entonces introdujo el Martinismo entre la aristocracia rusa. En 1905 fue llamado de nuevo a Rusia en relación con la revolución de ese año, pues sus consejos fueron considerados valiosos en la Corte. Paleólogo, en sus *Mémoires*, 1916, cuenta cómo "El mismo día en que Papus llegó a San Petersburgo un motín sembró el terror en Moscú y un misterioso sindicato proclamó una huelga general de ferrocarriles". Y con respecto a la revolución posterior Papus profesó poder evitar esta catástrofe por medio de su magia, pero sólo mientras permaneciera en su cuerpo físico. La última visita de Papus a Rusia fue en 1906 y murió, en octubre de 1916, en la Gran Guerra.

En su libro *Rasputin: The Holy Devil*, Fülöp Miller escribe sobre otro:

> "Uno de los fenómenos más curiosos de la Corte Imperial Rusa fue el "doctor de la medicina tibetana", Badmaev... Shamzaran Badmaev afirmó que había adquirido un conocimiento exacto de las doctrinas secretas de la "magia tibetana" y de la ciencia médica en la casa de su padre (Transbaikalia), ya que el conocimiento era una antigua tradición en la familia... Hubo una época en la política rusa en la que no sólo la Corte, sino también los ministros y los funcionarios administrativos estaban totalmente bajo el dominio de Badmaev.
>
> ... Estableció un sanatorio que se distinguía de todos los demás por su carácter político. Sus afiliaciones partidistas y opiniones políticas se anotaban cuidadosamente en la ficha de cada paciente de la institución... Badmaev mantenía una activa correspondencia con los pacientes bis después de que terminaban su tratamiento, en la que, además de consejos médicos... también les daba instrucciones políticas. Con el paso del tiempo, la medicina y la política y las "esencias de loto" se involucraron cada vez más entre sí, dando lugar a una fantástica brujería política que tuvo su origen en el sanatorio Badmaev, y que decidió el destino de Rusia."

Según Paleólogo, Protopopov, el Ministro del Interior, fue puesto en contacto con el siniestro monje Rasputín por Badmaev, el curandero mongol. Y escribiendo sobre Rasputín, en su *Investigación sobre el asesinato de la familia imperial rusa*, Nicolas Sokoloff escribe que Rasputín estaba rodeado y dirigido por tres judíos: Ivan Theodorovitch Manoussevitch Manouilof, que tenía numerosas conexiones tanto en Rusia como en el extranjero y antes de 1905 estuvo afiliado durante mucho tiempo a la policía de París. También fue él quien presentó al famoso Philippe a la corte rusa. En segundo lugar, un banquero judío, Dmitri Rubenstein, acusado sin éxito de intrigas con los alemanes durante la Guerra. Por último, su secretario, Aron Samouilovitch Simanovitch, un comerciante de diamantes de Petrogrado, judío de origen y religión. Vivía en la casa de Rasputín y, al parecer, actuaba para Rasputín sin consultarle.

Un glamour extraordinario ha rodeado durante mucho tiempo el nombre del Conde de Saint-Germain y hoy en día es uno de los Maestros más "sagrados", incluso hasta la obsesión, de la Sociedad Teosófica. A continuación damos algunas opiniones variadas sobre este personaje casi legendario. En una serie de artículos *La Anatomía de la Revolución*, de G. G. o "Dargan", autor de La *Orden sin Nombre* (véase el *Patriota*, octubre de 1922), escribe:

> "No cabe duda de que hace ciento cincuenta años la Masonería del Gran Oriente y la Masonería Templaria del Continente estaban impregnadas y eran utilizadas por sociedades ocultas con fines subversivos y antirreligiosos. El Sumo Sacerdote y mente maestra de este movimiento en el siglo XVIII parece haber sido un brillante aventurero que se hacía llamar 'Conde St. Germain' o Ragoczy - se cree que era un judío portugués - un asiduo organizador de revueltas, y entre cuyas conexiones o íntimos encontramos a Mirabeau, Weishaupt, Cagliostro y Paschalis (los dos últimos también de origen judío), todos los cuales jugaron su parte en la preparación de la red de sociedades secretas que ayudaron a provocar la revolución francesa."

De nuevo, en la misma serie escribe:

> "La Sociedad Teosófica, por ejemplo, fue fundada por Mme. Blavatsky, quien fue empleada como agente de los Carbonari, a los que se unió en 1856, cuando estaba bajo la influencia de Mazzini, quien parece haber fundado una rama de los Carbonari en Inglaterra, y cuya conexión con la Masonería Oriental es bien conocida. La Sra. A. Besant, discípula y sucesora de la Sra. Blavatsky, podría, por lo tanto, reclamar justamente ser de la línea de los profetas del culto revolucionario místico que reverencia a Ragoczy como el "Maestro". De ahí que no sea sorprendente encontrar que en la

> fundación de la Co-Masonería en Inglaterra la adoración de Ragoczy ... es una parte cardinal del ritual de las logias superiores de ese cuerpo".

La propia Sra. Besant, en un folleto sobre "Los Maestros", de 1912, nos dice:

> "El último superviviente de la Casa Real de Rakoczi, conocido como el Conde de St. Germain en la historia del siglo XVIII; como Bacon en el siglo XVII; como Robertus, el monje, en el XVI; como Hunyadi Janos en el XV; como Christian Rosencreuz en el XIV -por citar algunas de sus encarnaciones- fue discípulo a través de esas laboriosas vidas y ahora ha alcanzado la Maestría, el 'Adepto Húngaro' de *El Mundo Oculto,* y conocido por algunos de nosotros en ese cuerpo húngaro."

Otra teósofa y ocultista, de Nueva York, la Sra. Alice A. Bailey, lo describe así en su libro, *Iniciación Humana y Solar,* 1933. *El Maestro Rakoczi es* húngaro y vive en los Cárpatos. Fue conocido como el Conde de St. Germain, Roger Bacon, y más tarde Francis Bacon. Trabaja con el lado oculto de los asuntos en Europa, en gran parte a través del ritual y ceremonial esotérico, estando vitalmente interesado en los efectos del ceremonial de los Francmasones, de varias fraternidades y de las Iglesias. Actúa prácticamente en América y Europa como director general para llevar a cabo los planes del consejo ejecutivo de la Logia, que es un grupo interno de Maestros alrededor de los tres Señores, siendo estos últimos, *Manu, Maitreya* y *Manachohan.*

Entonces, según Eliphas Levi, que era martinista: San Germán profesaba la religión católica y se ajustaba a sus prácticas. Se desconocen sus vínculos familiares, pero hablaba como si hubiera vivido durante siglos. Elegía a sus propios discípulos, les exigía obediencia pasiva y les decía que estaban llamados a la realeza de Melquisedec y Salomón, que era a la vez una iniciación y un sacerdocio, y les decía:

> "Sé la antorcha del mundo; si tu luz es la de un planeta, no serás nada a los ojos de Dios. Te reservo un esplendor del que la gloria solar es una sombra. Guiarás el curso de las estrellas y los que gobiernan los imperios se regirán por ti".

Sus principios, según Eliphas Levi, eran los de la Rosa-Croix; era embajador de los teósofos iluminados, y se decía que era un hábil médico y químico. Y como concluye Eliphas Levi:

> "El conde Saint-Germain fue una moda por un momento, y como era un Matusalén amable y juvenil, que sabía combinar la cháchara de un pícaro con los éxtasis de un teósofo, hizo furor en ciertos círculos, aunque rápidamente fue reemplazado por otros fantasiosos. Así va el mundo".

Finalmente, después de la iluminación de las Logias del Gran Oriente de Francia, un Convento General de Masones fue convocado por el Comité secreto para el 15 de febrero de 1785, y entre los diputados se encontraban: Saint-Germain, Etrilla, Mesmer, Cagliostro, Mirabeau, etc. (Mirabeau). En este Convento se resolvió la Revolución Francesa y su propagación por toda Europa, hasta el decreto de regicidio. Sabemos que el lugar de Cagliostro en este plan era mancillar a María Antonieta y preparar así la caída y muerte del Rey.

Tales son los variados relatos de este misterioso "Maestro Rakoczi", enmascarado bajo el nombre y el manto del por nada "Santo" Conde de St. Germain, encadenando así la imaginación y las emociones de miles de dignos pero indudablemente engañados teósofos, más especialmente en América, esa tierra de fantásticos "ismos". Además, uno puede comprender fácilmente cuán importante es la doctrina de la reencarnación para tales siniestros Maestros, pues sin ella el nombre "Comte de St. Germain" estaría muerto y sería inútil como un miembro quemado.

Por último, estaríamos de acuerdo con René Guénon, el conocido orientalista, que acusa a la Teosofía

> "de desequilibrar inmediatamente las mentes débiles que se ven arrastradas a estos centros; el número de desgraciados llevados por estas cosas a la ruina, a la locura y, a veces, incluso a la muerte es mucho más considerable de lo que pueden imaginar las personas insuficientemente informadas.
>
> ... Se puede decir sin exagerar que la difusión del "Neo-espiritualismo" bajo todas sus formas, constituye un verdadero peligro público que no se puede denunciar con demasiada insistencia."

M. J. de Boistel, en el *R.I.S.S. del* 15 de noviembre de 1934, escribe: "Se puede decir que las sectas ocultistas que se han formado en el seno del cristianismo, y de la propia masonería, no son casi todas más que una adaptación, más o menos grosera, de los errores cabalísticos y gnósticos." Él da las fechas principales del renacimiento de este gnosticismo cabalístico como: 1855, el renacimiento del Espiritismo por Allan Kardec; 1875, la formación de la Sociedad Teosófica; 1885, la reconstitución del Martinismo; 1888, la restauración de la secta de los Gnósticos; 1912, la fundación del Simbolismo; 1919, la apertura de la Institución Metafísica Internacional. En 1888, nos dice, F.—. Jules Doinel, archivero departamental de Loiret y miembro del Consejo del Gran Oriente de Francia, resucitó la Iglesia gnóstica, autodenominándose Primer Patriarca, Valentín II. Agrupó a altos intelectuales, y en 1893 se constituyó un Sínodo, se estableció una Jerarquía y se crearon varios obispos. Más tarde F.-. Doinel repudió estas doctrinas y regresó a la Iglesia católica. Le sucedió, como Patriarca, F.-. Fabre des Essarts, conocido como Synesius, que fundó la revista *La Gnose* en 1909; en 1907, el Patriarca rival, Jean II (J. Bricaud), fundó la revista *Le Réveil Gnostique.*

Tras su dimisión, F.-. Doinel escribió:

> "¡Acción judía, infiltración judía, odio judío! Cuántas veces he oído gemir a los francmasones bajo la dominación que los judíos imponen a las Logias, a las Logias filosóficas, a los Consejos del Gran Oriente en todos los países, en todos los puntos del Triángulo, a todo lo largo del vasto mundo... Desde la Revolución los judíos han invadido las Logias... Para los sabios la Cábala; para los ignorantes el espíritu judío. La Cábala dogmatiza y hace de la metafísica, la metafísica de Lucifer. El espíritu judío dirige la acción".

M. de Boistel señala cuatro características comunes a todas esas sectas, incluida la masonería: (1) El intento de una burda adaptación al cristianismo. (2) Esoterismo, existencia de una tradición secreta y enseñanza reservada únicamente a los iniciados, perpetuada desde la Antigüedad a través de los tiempos. (3) Doctrina esotérica transmitida únicamente por iniciación, que requiere fases sucesivas y grados correspondientes. La organización iniciática ha existido en el gnosticismo desde su origen y fue resucitada por la masonería.

(4) Explicación del mundo que suprime el dogma de la creación y conduce a la divinización del hombre, haciendo necesarias las doctrinas del Karma y de la Reencarnación. Ocultistas, gnósticos, teósofos, martinistas y Rosa-Croix se dan la mano para propagar, bajo diversos nombres, estos errores y especulaciones comunes.

Por lo tanto, remontándonos al siglo pasado, trazaremos algunos eslabones de la cadena oculta y subversiva, tan curiosamente entretejida, que ha conducido gradual e insidiosamente hasta la actual Revolución Mundial Internacional, que ha de materializar la unidad necesaria para su sueño de un monstruoso Estado Mundial gobernado por "superhombres" invisibles.

Uno de los primeros pasos en este renovado Movimiento Mundial parece ser la Sociedad Teosófica, fundada en 1875 por la rusa, Mme. Blavatsky, una mujer, según la Sra. Besant, "con poca educación" pero una poderosa médium. Era una iniciada de la Orden Drusa -una evolución de la Casa de la Sabiduría de El Cairo- y fue iniciada en la Carbonari por Mazzini. Los objetivos de la Alta Vendita, el Directorio Supremo de los Carbonari, eran idénticos a los de los Illuminati. En 1880, los Illuminati de Weishaupt fueron reorganizados en Dresde por Leopold Engel, bajo el nombre de *Ordre Rénové des Illuminati Germaniae,* y desempeñaron un papel político muy sospechoso; se cree que Steiner perteneció a ella, pero más tarde. El Dr. Franz Hartmann, nacido en 1838 en Donauwerth, Baviera, junto con otros, fundó la Ordre *de la Rose-Croix Ésotérique,* que estaba estrechamente vinculada a la anterior; también estableció en Suiza, en septiembre de 1889, un cuerpo teosófico-monástico llamado *Fraternitas,* y asociados con él estaban el Dr. R. Thurmann, el Dr. A. Pioda y la Condesa Wachtmeister, esta última amiga de Mme Blavatsky. Hacia 1887 también parece haber pertenecido a una rama americana de la *Aurora Dorada* en su centro de Boston.

En 1895 una cierta *Ordre des Templiers Orientaux* fue fundada por el Dr. Karl Kellner, y a su muerte en 1905 fue continuada por un teósofo, Theodore Reuss, y la *Rose-Croix Ésotérique* se convirtió finalmente en su "círculo íntimo". Theodore Reuss, que más tarde se hizo llamar Reuss-Wilsson, era un alemán que vivía en Londres, donde durante mucho tiempo ocupó un cargo oficial en la "Theosophical Publishing Co.". Incapaz de regresar a su propio país, fundó, sin embargo, un llamado *Gran Oriente del Imperio Alemán,* con Franz Hartmann como uno de sus dignatarios. Se decía que Reuss había iniciado a Rudolf Steiner en la O.T.O., y que la O.T.O. de Crowley era una rama del mismo movimiento.

John Yarker, que murió en 1913, y que ha escrito mucho sobre las "Escuelas Arcanas", constituyó un llamado Rito Swedenborgiano, del que se dice que es enteramente su propia invención, y que no está relacionado en modo alguno con los Ritos del siglo XVIII inspirados por las ideas de Swedenborg. Yarker nombró a Papus, el conocido ocultista, "Gran Mariscal" del Supremo Consejo, y en una lista de 1897, el nombre del Coronel Olcott figuraba como representante del Supremo Consejo de la Gran Logia y Templo de Bombay. Como sabemos, la misteriosa *Aurora Dorada* fue lanzada en Londres en 1888 por el Dr. Wynn Westcott y otros, que más tarde se convirtió en la *Stella Matutina* con su Orden interna la R.R. et A.C., cuando A. E. Waite se separó (1903), llevándose a sus seguidores con él, también el nombre de *Aurora Dorada* de la cual permaneció como Jefe hasta aproximadamente 1915, cuando entró en suspensión. Más tarde formó otro grupo, llamándolo la *Orden de la Cruz Rosada.* Bajo el Dr. Felkin, que fue Jefe, desde la formación de la *Stella Matutina* hasta su muerte en 1926, la Orden, y su Orden de Nueva Zelanda estuvieron ambas vinculadas con la Antroposofía del Dr. Rudolf Steiner, que fue una secesión de la Sociedad Teosófica, 1913. La Teosofía, a través de su Co-Masonería, estuvo a su vez vinculada, durante un tiempo, con la Masonería del Gran Oriente. El Dr. Wynn Westcott renunció a la *Aurora Dorada* en 1897 y Crowley se hizo miembro en 1898, pero fue expulsado en 1900. Tales son los verdaderos hechos de esta misteriosa Orden. El presente escritor nunca fue miembro de la Aurora Dorada, pero fue iniciado en la *Stella Matutina*, bajo la dirección del Dr. Felkin, en 1908.

Además, Max Heindel, antiguo discípulo del Dr. Steiner, que desaprobaba el secretismo exigido, rompió con Steiner y se fue a América, donde, en 1911, publicó sin permiso las enseñanzas de Steiner en su libro *Rosicrucian Cosmo-Conception.* Poco después Steiner publicó su *Ciencia oculta,* etc. En América, Max

Heindel fundó su *Fraternidad Rosacruz* con el fin de difundir las enseñanzas sin el objetable secretismo. Debido a esta traición a la enseñanza secreta, a los miembros de R.R. y A.C. se les prohibió trabajar con esta Fraternidad.

En su libro, 1911, Max Heindel escribe sobre los cambios mundiales:

> "El sistema de castas, que era el baluarte de Inglaterra en la India, se está desmoronando. En lugar de separarse en pequeños grupos, el pueblo se está uniendo en la demanda de que el opresor se marche y les deje vivir en libertad bajo un gobierno de, por y para el pueblo [¡influencia teosófica!] Rusia, 1911, es tom por la lucha por la libertad de un gobierno autocrático dictatorial [¡cambiado por la esclavitud bolchevique!]. Turquía ha despertado y ha dado un largo paso hacia la libertad [¡primero bajo los Jóvenes Turcos del Gran Oriente!] [En América] todavía no estamos satisfechos... vemos que todavía tenemos libertad industrial que ganar.
>
> ... Así, en todo el mundo los viejos sistemas de gobierno paternal están cambiando. Las naciones como tales han tenido su día, y están trabajando inconscientemente hacia la Fraternidad Universal de acuerdo con el diseño de nuestros líderes invisibles, que no son menos poderosos en la configuración de los acontecimientos porque no están oficialmente sentados en los consejos de las naciones."

Como dice René Guénon:

> "No creemos, pues, que los teósofos, más que los ocultistas o los espiritistas, tengan fuerza para triunfar enteramente por sí mismos en semejante empresa; pero ¿no hay detrás de todos estos movimientos algo mucho más formidable que ni siquiera sus jefes quizá conocen y de lo cual ellos, a su vez, no son más que instrumentos?"

Citando de nuevo a G.G. en *La anatomía de la revolución:*

> "Detrás de cada movimiento revolucionario en todo el mundo hay siempre alguna organización secreta. Estos movimientos revolucionarios en todos los países, cualesquiera que sean los organismos que realmente los organizan, tienen siempre tres objetivos principales: (a) la abolición de las constituciones existentes, ya sean monárquicas o republicanas; (b) la abolición de la propiedad privada; (c) la abolición de la religión establecida. A veces el objetivo principal se camufla bajo un patrón de nacionalismo o de internacionalismo; pero el ataque siempre se

> dirige en última instancia contra estos fundamentos de la civilización... Las mismas personas predican a menudo el nacionalismo en Irlanda, India, Egipto o Sudáfrica, cuando el efecto es desintegrar el Imperio Británico... Mr. George Lansbury, la figura más prominente relacionada con el periódico *Herald*, y fundador de la *Herald* League, no sólo es miembro de la Sociedad Teosófica, y, se dice, también de los Co-Masones, sino que afirma pertenecer a la línea de los profetas de la revuelta. En un artículo del *Daily Herald* (24 de noviembre de 1921), sobre la muerte del Sr. Hyndman, se describe a sí mismo como discípulo de ese caballero, que a su vez fue discípulo de Mazzini. De modo que aquí, según su propia confesión, podemos rastrear una vez más el pedigrí político de un revolucionario destacado hasta el Carbonari de mediados del siglo XIX."

Hoy en día, el Sr. Lansbury quiere que repartamos el Imperio Británico entre todas las naciones para asegurar la paz. El desarrollo político de estos movimientos secretos es siempre por etapas graduales, culminando en la revolución como preparación para la dominación mundial por sus directores ocultos. Así, Mme Blavatsky, a pesar de sus tempranas aventuras en el espiritismo y los fenómenos, estableció firmemente la Sociedad Teosófica, cuya influencia hoy en día, de una forma u otra, es mundial. Su *Doctrina Secreta*, recibida, se dice, de los Maestros, es hoy el Evangelio y la fuerza vinculante entre sus fieles seguidores, y así ha preparado el camino. La Sra. Besant, continuando el desarrollo requerido en la India, intentó un pseudo-reavivamiento del Hinduismo y más tarde el establecimiento de un Predicador Mundial - portavoz de sus directores ocultos, enteramente anticristiano; además, su trabajo social y educativo condujo inevitablemente a la política, al llamado Nacionalismo desintegrador. Después de una Convención Teosófica en Madrás en 1884, el Congreso Nacional fue iniciado por un grupo de, en gran parte, teósofos indios, para la expresión de las aspiraciones indias. En 1885, la Sra. Besant se unió a los fabianos y durante cincuenta años fue miembro del Partido Laborista. Mucho más tarde redactó su Indian Home Rule Bill, que llevó a Inglaterra, donde fue aprobado oficialmente por el Partido Laborista. De nuevo, en septiembre de 1928, esto dio lugar a la Constitución del Comité Nehru, apoyada por la Sra. Besant, que exigía el Estatuto de Dominio. Pero Gandhi, ese fanático pero astuto soñador político, no contento con esperar, lanzó un ultimátum exigiendo una decisión del Gobierno para finales de 1929; al no producirse ninguna decisión, inició su campaña por la independencia absoluta mediante la desobediencia civil, llevando al país al caos.

La Sra. Besant se unió a la Sociedad Teosófica en 1889, y fue a la India en 1893 con el fin, como ella dijo, de "devolver a la India su antigua libertad... mediante el renacimiento de las antiguas religiones filosóficas y científicas" y colocando a "la India como socio igualitario en una gran Commonwealth indo-británica". Como escribió Sir Valentine Chirol en *Indian Unrest:*

> "El advenimiento de los teósofos, anunciado por madame Blavatsky y el coronel Olcott, dio un nuevo impulso al renacimiento, y ciertamente ningún hindú ha hecho tanto por organizar y consolidar el movimiento como la señora Annie Besant, quien en su Colegio Central Hindú de Benarés, y en su Institución Teosófica de Adyar, cerca de Madrás, ha proclamado abiertamente su fe en la superioridad de todo el sistema hindú frente a la cacareada civilización de Occidente."

De la iniciación del Congreso Nacional escribe en *India: ¿Bono o libertad?*

> "Fue significativo que, después de la Convención Teosófica en Adyar, en 1884, un número de los delegados y miembros fueron a Madrás y formaron el comité organizador del futuro Congreso Nacional, que se reunió en Bombay en 1885, y se convirtió en la Voz de la India; el auto-respeto nacional despertado por el orgullo revivido en el hinduismo, condujo al Ideal Nacional de Auto-Gobierno."

Sin embargo, en la India hay muchos pueblos, muchos credos además del hinduismo y muchas castas; ¿cómo podría un Congreso así pretender ser la voz unificada de todos sus ideales opuestos, religiosos y políticos? Continúa:

> "Bajo la influencia de aquellos que habían hecho en 1884 el esquema del Congreso Nacional en Madrás... los campesinos comenzaron a discutir sus quejas y más tarde a reunirse en conferencia entre ellos... Así se sembró la semilla en las aldeas que brotó como la agitación por el Gobierno Autónomo en 1915, cuando Mr. Gandhi dijo de mí: 'Ella ha hecho del Gobierno Autónomo un mantram en cada cabaña'... Los intelectuales de la India trabajaron

> para educar a sus compatriotas, y las reuniones anuales del Congreso Nacional, de las que informaba la prensa india, fueron como la lluvia cayendo sobre la semilla oculta".

Y mostrando el poder que hay detrás de su movimiento escribe:

> "Realmente, el despertar de la India no es sólo una parte del movimiento en Asia, estimulado por la agresividad de los pueblos occidentales, sino que también es parte del movimiento mundial hacia la Democracia, que comenzó para Occidente en la revuelta de las Colonias Americanas contra el dominio de Gran Bretaña, terminando en 1776 en la independencia de la Gran República de Occidente, y en la Revolución Francesa de 1789."

Como ya hemos demostrado, las sociedades secretas estaban detrás de la Revolución Francesa de 1789, y en el libro de Mme Blavatsky, *Isis Unveiled,* da una carta escrita por Charles Sotheran, secretario correspondiente del Club Liberal de Nueva York, alto masón e iniciado de la Hermandad Inglesa de la Rosa Cruz, quien, escribiendo en enero de 1877, dice:

> "En el siglo pasado, los Illuminati enseñaron "paz con la cabaña, guerra con el palacio", a lo largo y ancho de Europa. En el siglo pasado los Estados Unidos fueron liberados de la tiranía de la madre patria por la acción de las Sociedades Secretas más de lo que comúnmente se imagina..."

Que este mismo poder de las sociedades secretas estaba detrás de la Sra. Besant lo confirma ella misma en *Nueva India,* 1929:

> "Trata de percibir el Gran Plan como un todo... La India es la nota clave, la India es el centro de esa gran tormenta que marcará el comienzo de una espléndida Paz... Ningún verdadero teósofo y ciertamente nadie que esté trabajando para el *Gobierno Interno del Mundo* se despreocupará del bienestar de la India... La Co-Masonería ha sido dada a la India para que sea una poderosa fuerza organizada al servicio de la India."

En cada oportunidad que se le presentaba, la Sra. Besant censuraba el dominio del Raj británico, diciendo: "Las masas del pueblo indio han sido prósperas, libres y felices, salvo durante los últimos ciento sesenta y tantos años, desde el momento en que la Compañía de las Indias Orientales se convirtió en potencia gobernante hasta nuestros días". Y sin embargo, como decía un dirigente en *The Morning Post, el 22* de septiembre de 1933:

> "Es la justificación de la ocupación británica que, mientras que antes de que comenzara nunca se detuvo ninguna invasión de la India, desde que tuvo lugar ninguna invasión de la India ha tenido éxito. Así, la felicidad y la vida misma de los millones de trabajadores del Indostán descansan en ese poder que nuestros complacientes reformistas se esfuerzan por retirar."

Lord Sydenham, hablando en la Cámara de los Lores, el 24 de octubre de 1917, dijo de Mrs:

> "Escribió un libro que contenía más temerario desafío a los hechos que jamás he visto comprimido en el mismo pequeño espacio, y en su periódico *Nueva India,* dijo que "la India fue un perfecto Paraíso" durante 5.000 años antes de nuestro advenimiento, que se había convertido en 'un perfecto Infierno' debido a la "brutal Burocracia Británica"... Bien podría uno de estos jueces señalar que este pernicioso escrito debe tender a fomentar el asesinato al eliminar la detestación pública de tal crimen..."

Y como dijo Sir Charles Spencer, I.C.S. retirado, escribiendo al *Morning Post,* el 11 de septiembre de 1933:

> "... Ningún Gobierno en su sano juicio puede tolerar la presencia de cuerpos anárquicos en su seno. Por lo tanto, la única política sensata es tratar a los terroristas de Bengala como el Gobierno trató en su día a los matones. Debería crearse un departamento especial para rastrear y cazar a estas plagas de la sociedad, y debería tipificarse como delito, castigado con la muerte, pertenecer a una organización cuyo credo sea el asesinato de funcionarios."

Para aquellos que no conocen la historia de los Thugs, el siguiente breve relato puede ser esclarecedor, mostrando la verdadera condición de la India antes del advenimiento de los británicos, dando la mentira a la declaración maliciosa de la Sra. Besant.

Según la introducción de C. W. Stewart a la edición de 1916 de *Confesiones de un matón, de* Meadows Taylor, publicada en 1839, los matones eran un gremio hereditario secreto de asesinos que estrangulaban y saqueaban, según decían, bajo la protección de la diosa Kalee, y estos asesinatos se consideraban un deber y un acto de culto. Cada banda llevaba una piqueta sagrada, cuyo original se decía que era el diente de Kalee, y sobre esta piqueta se hacía un juramento que conllevaba terribles penas si se rompía. Kalee también daba a sus fieles una costilla como cuchillo y el dobladillo de su túnica como tela para estrangular. Se desconoce el origen real del thuggee, pero Sleeman, en *Rambles and Recollections, habla* de un "santo" thug que vivía en Delhi a principios del siglo XIV y que poseía grandes cantidades de dinero. Se le consideraba el fundador y los thugs peregrinaban a su tumba. Procedía de Persia, donde, según se ha sugerido, había sido discípulo del "Viejo de la Montaña", el jefe de los asesinos que frecuentaban las costas del mar Caspio hacia 1100. El thuggee existía desde hacía al menos cinco siglos en la India, pero el Gobierno de la Compañía no tuvo conocimiento de los atropellos hasta 1799, y tardó treinta años en darse cuenta del alcance de estas prácticas.

Según Meadows Taylor, en 1810 desaparecieron tantos hombres del Ejército cuando iban o venían de sus casas que el Gobierno emitió una advertencia y localizó a algunos de los asesinos en 1812. Sin embargo, no fue hasta 1820, cuando el "Thuggee Sleeman" fue destinado a los territorios de Sagar y Nerbudda, que el Gobierno reconoció a los matones como una clase criminal distinta que operaba simultáneamente en toda la India. En 1829 se nombraron oficiales especiales, se inició una campaña contra ellos y muchas de las bandas fueron dispersadas. En 1840 Sleeman publicó un informe con un mapa de los Thugs; gran parte de su información la recibió a través de veinte Thugs o asesinos profesionales convertidos en aprobadores, entre otros el tristemente célebre Feringhea; sus declaraciones fueron verificadas por el desentierro de los cadáveres.

Este informe habla de bandas de matones que recorrían las carreteras y, bajo el pretexto de la amistad, se ganaban la confianza de los viajeros desprevenidos y, tras acompañarlos durante varias etapas hasta algún lugar aislado o bhil, los asesinaban por estrangulamiento y saqueaban sus propiedades. Meadows Taylor señaló que, fuera de las aldeas y ciudades, los matones utilizaban las cabañas y casas de ermitaños, faquires y mendicantes religiosos, y que los faquires atraían a las víctimas a sus jardines o arboledas circundantes con el pretexto de darles descanso y cobijo.

La dificultad consistía en condenar a los asesinos, ya que las víctimas solían venir de muy lejos, y los familiares y otros testigos no se desplazaban hasta los tribunales cercanos al lugar del asesinato. Sin embargo, se formaron tribunales separados en los que cada testigo declaraba en su propio barrio, lo que resultó un gran éxito. Sin embargo, muchos líderes y miembros destacados de las antiguas bandas siguieron en libertad y, como dijo Sleeman: "Todas estas personas volverían a su antiguo oficio y se lo enseñarían a sus hijos o a sus vecinos necesitados y disolutos, y así reorganizarían sus bandas si nuestra presión se relajara". De 1831 a 1837, de estas bandas 1.059 fueron transportadas a Penang, 412 fueron ahorcadas, 87 encarceladas de por vida y 483 se convirtieron en aprobadoras. -

El entonces Gobernador General, Lord William Bentinck, y el Consejo Supremo se ocuparon calurosamente de todo el asunto, y se nombraron funcionarios muy inteligentes para supervisar la ejecución de las medidas para la supresión del Thuggee. La persecución continuó hasta 1860, y hasta 1904 hubo un Superintendente de Thuggee y Dacoity, fecha a partir de la cual se encomendó al Departamento Central de Inteligencia Criminal.

Podríamos preguntarnos, ¿existen todavía los gérmenes del Thuggee listos para ser traídos a la vida por agentes soviéticos y congresistas nacionales con el fin de promover sus ambiciosos sueños políticos? La posición fue expuesta muy claramente por el Sr. Ashmead Bartlett en el *Daily Telegraph, el 20 de* octubre de 1930, y parece seguir siendo válida:

> "La situación es infinitamente más grave de lo que generalmente se aprecia, y se está convirtiendo rápidamente en un gigantesco conflicto racial.
>
> ... La intelligentsia urbana hindú está decidida a crear un "Raj" hindú completo, expulsando a los funcionarios británicos, civiles y militares, del país, confiscando los intereses comerciales británicos y repudiando las deudas públicas contraídas bajo el dominio británico... Afganistán y la Rusia soviética seguramente se unirían a la ruptura general... una vez que nuestro dominio sobre la Frontera Noroeste deje de existir."

En septiembre de 1913 un pequeño grupo de trabajadores de la Sra. Besant creó el grupo conocido como "Los Hermanos de

Servicio"; debían buscar la libertad bajo la Corona británica, y entre otras cosas se les pidió que prometieran: promover la unión entre los trabajadores en los campos del progreso espiritual, educativo, social y político, bajo la jefatura y dirección del Congreso Nacional Indio. El 2 de enero de 1914 se inició definitivamente la campaña a favor del Gobierno Autónomo, cuando se lanzó la revista semanal *The Commonweal, en la que* aparecía la declaración:

> "En la Reforma Política aspiramos a la construcción de un Autogobierno completo, desde los Consejos de Aldea, pasando por las Juntas de Distrito y Municipales y las Asambleas Legislativas Provinciales, hasta un Parlamento Nacional, igual en sus poderes a los órganos legislativos de las Colonias Autónomas..."

En la primavera de 1914, Mrs. Besant viajó a Inglaterra para tratar de formar un partido indio en el Parlamento; al fracasar en su intento, celebró una reunión en el Queen's Hall de Londres, presidida por Earl Brassey, para formar una Liga Auxiliar para la Autonomía de la India, que se materializó en 1915. A su regreso a la India, compró un diario, publicado el 14 de julio de 1914, y le cambió el nombre por el de *Nueva India. En* 1917, tras su internamiento en Ootacamund, fue elegida Presidenta del Congreso Nacional. En febrero de 1919, la Home Rule League se dividió porque Gandhi inició una "resistencia pasiva" contra la Ley Rowlatt. Ésta fue detenida, para ser seguida por su movimiento de No Cooperación, en abril de 1920; Gandhi no podía controlar a sus seguidores.

En Delhi, 1920, el Congreso Nacional adoptó una resolución que exigía: (I) que el principio de Autodeterminación se aplicara a la India; (2) la eliminación de todos los obstáculos a la libre discusión; (3) una Ley del Parlamento que estableciera un gobierno completamente responsable en la India, y que en la reconstrucción de la política Imperial, (4) la India se colocara en igualdad con los Dominios Autónomos. Como escribió la Sra. Besant:

> "El segundo punto casi se ha cumplido; el tercero y el cuarto, no. Pero el Proyecto de Ley de la Mancomunidad de la India los llevará a cabo cuando se convierta en Ley. Se ha retrasado por la ruptura de

> los partidos políticos causada por el movimiento de No-Cooperación, ya muerto [1926]."

En Bombay, el 28 de agosto de 1924, le dijo a Sir Michael O'Dwyer:

> "... Creo que podemos decir con justicia que hemos hecho de la India una cuestión candente en la vida política de Inglaterra. Encontramos al Partido Laborista totalmente con nosotros..."

Por lo tanto, recurrió al Partido Laborista para presentar el proyecto de ley sobre la Mancomunidad de la India. En febrero de 1922, la elaboración práctica de la Constitución propuesta para la India por los indios se inició en un debate en la Sección Política del Club 1921, Madrás, sobre el método para conseguir el Swaraj. El borrador fue sometido a la Convención reunida en Cawnpore, en abril de 1925, y finalmente a un Comité de Redacción en Madrás, compuesto por el Honorable Sr. C. P. Ramaswami Alyar, los Sres. Shiva Rao, Sri Ram, Yadunandan Prasad y la Dra. Annie Besant, quienes debían verlo a través de la prensa y publicarlo en nombre de la Convención. En 1925 fue enviada a Inglaterra y presentada a los principales miembros del Partido Laborista, respaldada por ellos, leída por primera vez en la Cámara de los Comunes y mandada imprimir. A continuación se sometió al Comité Ejecutivo del Partido Laborista Parlamentario, y finalmente se aprobó por unanimidad. Pasó así a manos del futuro gobierno laborista y se incluyó en la lista de proyectos de ley votados como medida oficial.

Los siguientes son algunos puntos de este proyecto de ley de la Mancomunidad de la India, tal como los da la Sra. Besant en el Apéndice de su libro *India: Bond or Free?*, 1926, del que hemos extraído todos los datos anteriores relativos al Congreso Nacional, etc:

> "La India se situará en pie de igualdad con los Dominios Autónomos, compartiendo sus responsabilidades y sus privilegios... Por 'Parlamento' se entenderá únicamente el Parlamento de la Mancomunidad de la India... *Defensa:* Habrá una Comisión de Defensa con una mayoría de indios en ella, cada cinco años nombrada por el Virrey en consulta con su Gabinete... Ningún ingreso de la India podrá ser gastado en ninguna rama de las Fuerzas de Defensa en la que los indios no sean elegibles para tener un rango

> comisionado. Tan pronto como la Comisión recomiende favorablemente, el Parlamento podrá aprobar una Ley para asumir la plena responsabilidad de la Defensa. *Ejecutivo:* Habrá un Gabinete en el Gobierno de la India formado por el Primer Ministro y no menos de siete Ministros de Estado, que serán colectivamente responsables de la administración de la Commonwealth. El Primer Ministro será nombrado por el Virrey, y los demás Ministros a propuesta del Primer Ministro. El Virrey estará *temporalmente al* mando de las Fuerzas de Defensa. En todos los asuntos, excepto en Defensa, el Virrey actuará sólo con el asesoramiento del Gabinete... Secretario de Estado*: Los* poderes y funciones del Secretario de Estado y del Secretario de Estado en Consejo sobre los ingresos y la administración de la India serán transferidos al Ejecutivo de la Commonwealth... *Alteración de la Constitución: El* Parlamento tendrá poder para alterar la Constitución..."

Según el *Chicago Tribune,* 24 de agosto de 1929:

> "El Dr. Besant, líder teosófico, vino a Chicago para el congreso mundial de teósofos ... en el Hotel Stevens. La Dra. Besant ha pasado años en la India enseñando Teosofía [¡e incidentalmente política!]. Dijo que recientemente había estado tratando de ayudar a India a obtener medidas políticas mediante las cuales el país pudiera deshacerse del 'yugo de Inglaterra ... si una revuelta, dijo, estallara, los ingleses, con sus bombas desde el aire y sus máquinas de guerra terrestres y acuáticas, simplemente los cortarían como el grano ante una guadaña'".

En su *Life of Annie Besant,* 1929, Geoffrey West (p. 249) habla de la reunión celebrada en Queen's Hall, Londres, el 23 de julio de 1924, en honor de los cincuenta años de labor pública de la Sra. Besant.

> "Entre los oradores se encontraban George Lansbury, Ben Tillett, Ben Turner, Margaret Bondfield, Mrs. Pethick Lawrence y John Scurr; se leyeron mensajes de Lord Haldane, Ramsay MacDonald, Philip Snowden y Bernard Shaw y otros rindieron tributo impreso a su labor, como socialista, política, reformadora, educadora y maestra religiosa..."

Y su trabajo en todos los aspectos estaba regido y regulado por ella. "Maestros" y el misterioso "Gobierno Interno del Mundo", no para el bien de la India, sino para el cumplimiento de sus esquemas mundiales.

¿Y qué dicen hoy sus seguidores? En *The Morning Post*, 16 *de septiembre de* 1933, leemos:

> "En su sesión de Lahore en enero de 1930, el Congreso aprobó dos resoluciones: una para establecer la independencia de la India rompiendo toda conexión con Gran Bretaña, y otra repudiando las deudas públicas de la India, especialmente con los tenedores de bonos británicos. Desde 1930 la independencia ha seguido siendo el credo del Congreso, y el repudio de las deudas sigue siendo uno de los puntos más importantes del programa del Congreso."

Y como Gandhi dijo por escrito a Jawaharlal Nehru:

> "... Los Príncipes deben renunciar a gran parte de su poder y convertirse en representantes populares del pueblo... El nacionalismo debe ser coherente con el internacionalismo progresista, por lo que debemos alinearnos con las fuerzas progresistas del mundo."

Según la Sra. Besant: "Dando forma a sus aspiraciones hacia la Nación como parte integral del Imperio Mundial Venidero".

En todas partes vemos la difusión de este principio de *universalidad que* sustituye el patriotismo real, la iniciativa individual y nacional por un flácido pacifismo internacional, el socialismo, ¡la unificación de todos los pueblos! Otro ejemplo es el *Movimiento Tripartito.* Su primera reunión europea se celebró en el City Temple, en julio de 1927, aunque su primer movimiento, "La Unión de Oriente y Occidente", se inició hace unos veinte años. El Comité de Londres incluía a miembros del Partido Socialista y Laborista, del Movimiento Internacional por la Paz, de los Movimientos Religiosos Libres y de la Sociedad Teosófica. En su reunión del 17 de julio de 1930, su tema fue: "La Unidad Mundial vista por los representantes de ocho religiones y siete países". Su "Himno de lo Universal" decía: "Una Hermandad Cósmica... Raza, color, credo y casta se desvanecen en un pasado de ensueño... toda la vida es una". El bahaísmo, el budismo, el sintoísmo, el cristianismo, el hinduismo y el judaísmo estaban representados, y el judío dio la clave cabalística al decir: "La religión era el símbolo con el que intentábamos comprender *la Naturaleza*". Su objetivo era la realización de la Paz y la Hermandad para lograr una Mancomunidad Mundial. El principal impulsor del movimiento, el estadounidense Charles Frederick Weller, habló del Parlamento de las Religiones celebrado en Chicago en 1893 y de otro propuesto para 1933.

En septiembre de 1893, con motivo de la Exposición de Chicago, se celebró el famoso "Parlamento de las Religiones", al que se invitó a todas las religiones o pseudorreligiones a enviar delegados. Entre los presentes estaba Swami Vivekananda, que pervirtió la doctrina hindú del *Vedanta con* el pretexto de adaptarla a la mentalidad occidental. Tuvo éxito en América y Australia, y le siguieron adaptadores aún más audaces, como "el inefable Swami Yogananda". La Sra. Besant representaba a la Teosofía, y la acompañaba Chakravarti, fundador del *Yoga Samaj*, que era un mongol más o menos hinduizado, y era un notable hipnotizador, mientras que de la Sra. Besant se decía que era un buen sujeto.

También estaba Dharmapala, un representante budista ing the *Maha Bodhi Samaj* of Colombo, Ceylon (Society of Great Wisdom). Otro era el Dr. J. D. Buck, uno de los miembros más activos de lo que ahora se llama el Movimiento *Sadol* en América. La mayoría de los demás delegados representaban a innumerables sectas protestantes y a diversos elementos heterogéneos. A partir de aquí se intentó organizar otro, "El Congreso de la Humanidad", que se celebraría en París en 1900, representando a todas las religiones y buscadores que tuvieran como objetivo común el progreso de la humanidad, preparando la futura unidad y la paz en la tierra. Nada ocurrió hasta 1913, cuando se reunió bajo el nombre de "Congreso del Progreso Religioso", y allí Edouard Schure representó al movimiento del Dr. Steiner, una secesión de la Sra. Besant.

El Movimiento Trino es la Unión de Oriente y Occidente, la Liga de Vecinos y la Fraternidad de Religiones. Defiende la realización de la paz y la fraternidad, para acelerar la llegada de la Mancomunidad del Mundo, para vivir ahora y aquí en el Reino (o democracia) de Dios. Se dice que el Movimiento Bahai, firme defensor de lo anterior, aúna las corrientes del judaísmo, el cristianismo y el islamismo, como los drusos. También afirman que su Profeta prefiguró la Sociedad de Naciones, un tribunal supremo como el siguiente:

> "Hace unos cincuenta años, Bahá'u'lláh ordenó a los pueblos que establecieran la paz universal, y convocó a todas las naciones al 'banquete divino del arbitraje internacional' para que las cuestiones de fronteras, de honor nacional y de propiedad, y de intereses vitales entre las naciones, fueran decididas por un tribunal arbitral de justicia."

Para repetir lo que *los Archives-israélites* escribieron en 1861:

> "*L'Alliance-israélite-universelle...* se dirige a todas las religiones... Desea penetrar en todas las religiones como ha penetrado en todos los países. ¡Cuántas naciones han desaparecido! ¡Cuántas religiones desaparecerán a su vez! *Israel no dejará de existir...* la religión de Israel no perecerá; es la unidad de Dios".

La segunda unidad de este Movimiento Triple, la "Liga de Vecinos", fue fundada en EE.UU. en 1920, por Charles Frederick Weller, escritor socialista, y su objetivo es desarrollar a través del servicio al prójimo la nueva conciencia de la unidad humana. Sin embargo, más tarde se le negó el uso de las escuelas secundarias de Nueva York, debido a sus conexiones subversivas. Fue respaldado por el presidente Wilson, el presidente Harding, el rabino Wise y muchos conocidos socialistas. Conocemos el papel que tomaron tanto el presidente Wilson como el rabino Wise en la creación de la Sociedad de Naciones.

Es interesante observar lo que el escritor judío Dr. Alfred Nossig escribió sobre el socialismo y la Sociedad de Naciones en su libro *Integrates Judentum:*

> "El Movimiento Socialista moderno es en gran parte obra de los judíos, que imprimen en él la marca de sus cerebros; fueron ellos quienes tomaron parte preponderante en la dirección de la primera república socialista, aunque los socialistas judíos controladores estaban en su mayoría alejados del judaísmo... El actual Socialismo mundial constituye el primer paso de la realización del Mosaísmo, el comienzo de la realización del futuro estado del mundo anunciado por nuestros profetas. No será hasta que exista una Sociedad de Naciones; no será hasta que sus ejércitos aliados sean empleados de manera efectiva para la protección de los débiles que podremos esperar que los judíos puedan desarrollar sin impedimentos en Palestina, su Estado nacional; e igualmente es sólo una Sociedad de Naciones penetrada del espíritu socialista la que nos hará posible el

> disfrute de nuestras necesidades internacionales así como de nuestras necesidades nacionales..."

Como sabemos, la Co-Masonería de la Sra. Besant derivaba de la Masonería Mixta fundada en Francia por Maria Deraismes, apoyada por el Dr. Georges Martin, y que fue lanzada oficialmente en 1894 como el *Droit Humain. Maria* Deraismes había sido iniciada en 1882, contraviniendo las constituciones, por la Logia *Les Libres Penseurs* de Pecq, por cuyo acto inconstitucional la Logia fue puesta en suspenso y la iniciación declarada nula por la *Grande Loge Symbolique Ecossaise.*

En *Etude Abrégée de la Franc-maçonnerie mixte et de son organisation* el masón francés, Dr. Georges Martin, da cuenta de una primera iniciación de varias mujeres, el 14 de marzo de 1893. Ellas

> "reunidos en el 45 rue de Sévres, para constituir una nueva obediencia masónica en Francia, bajo la presidencia de la Hermana María Deraismes, iniciada francmasona, el 14 de enero de 1882, en la Logia Simbólica Ecossaise Mixta, *Les Libres Penseurs,* de l'Or ... du Pecq (Seine et Oise). F.-. Georges Martin, que asistió a la iniciación masónica de la Hermana Maria Deraismes en la Logia Les *Libres Penseurs,* estaba presente, y deseaba ayudarla con sus consejos en la creación del nuevo Obediente Masónico que esta Hermana fundaría en France à l'Or ... de Paris."

Una de las promesas firmadas exigidas al postulante era:

> "Prometo no revelar absolutamente nada de los secretos masónicos que se me han confiado".

Además nos dice:

> "La Masonería Mixta no ha creado ningún Rito nuevo. Lo que la distingue de todas las otras es que en lugar de admitir solamente hombres, las mujeres son igualmente admitidas; enseña los métodos de reconocimiento del Rito Escocés Antiguo y Aceptado, tales como fueron adoptados por las Grandes Constituciones del I de mayo de 1786, y consagrados por el Convento Universal que se reunió en Lausana, el 22 de septiembre de 1875."

Además, dice que con la mayoría de las potencias masónicas la Masonería Mixta no tiene relaciones, los hermanos y hermanas se reúnen regularmente bajo la carta del *Suprême Conseil*

Universal Mixte, constituido en París, el 11 de mayo de 1899. Albert Lantoine nos informa de que en dos ocasiones se intentó que el Gran Oriente de Francia reconociera a las mujeres: en el Convento del Gran Oriente, 1900, la votación fue de 93 a favor y 140 en contra; en 1901, hubo 104 a favor y 134 en contra. Según Lantoine, el Dr. Martin estaba encantado, ya que una victoria completa habría arruinado sus planes, pues quería mantener el *Droit Humain,* creyendo sinceramente que la penetración de las mujeres en la masonería corría el riesgo de matarla, mientras que una obediencia aparte, pero reconocida como regular, la consolidaría sin comprometerla. Hubo que esperar hasta 1920 para que la Asamblea General del Gran Oriente de Francia reconociera el *Droit Humain,* admitiendo a los hombres en sus logias, pero excluyendo todavía a las mujeres.

Al principio, el *Droit Humain* sólo practicaba tres grados, pero más tarde introdujo los 33 grados del Rito Escocés. La Masonería Mixta se organizaba según las reglas generales de la Masonería exclusivamente masculina. Existían las cuatro Masonerías: (I) Masonería Azul - I a 3 grados; (2) Masonería Roja, los Capítulos de los Caballeros Rosa-Croix - 4 a 18 grados; (3) Masonería Negra, los Areópagos de los Caballeros de Kadosch - 19 a 30 grados; (4) Masonería Blanca, Administrativa - 31, 32, 33 grados. El Suprême Conseil era la piedra angular de esta masonería y se reclutaba únicamente entre los Grandes Inspectores Generales del grado 33 . rd

Esta masonería se extendió por Inglaterra, Holanda, Suiza y Estados Unidos, y el 26 de septiembre de 1902 se formó en Londres la primera logia inglesa con el nombre de *Human Duty.* En ella fue iniciada la Sra. Besant, y ascendió rápidamente a los más altos grados y cargos. Yarker escribe en su libro, *Las Escuelas Arcanas,* 1909:

> "Puede mencionarse aquí que, en enero de 1903, la Sra. Annie Besant estableció en Londres una S.G.C., grado 33rd , confiriendo todos los grados desde el Ist hasta el 33rd indistintamente a Hombres y Mujeres; recibió su constitución de la India, una S.G.C. que tenía su autoridad de una disensión en la S.G.C. del grado 33rd para Francia, la constitución de Tilly. Sólo ha añadido al Ritual una Conferencia "Dharma", que compara la Masonería con las sociedades secretas de la India y toma el nombre de Co-Masonería."

Funda la Logia de Adyar, en la India, con el nombre de *Sol Naciente;* se convierte en Vicepresidenta del *Suprême Conseil* en Francia y delegada nacional para Gran Bretaña y sus dependencias. Organizó entonces la Co-masonería, y habiendo obtenido ciertas concesiones del *Suprême* Conseil, con el pretexto de adaptarse a la mentalidad anglosajona, elaboró estatutos claramente diferentes de los habituales en Francia. Entre otras cosas, conservó el uso del volumen de las Escrituras en las logias; también la fórmula "A la Gloria del Gran Arquitecto del Universo", que había sido suprimida por el Gran Oriente en 1877 y sustituida en la masonería mixta francesa por "A la Gloria de la Humanidad". En 1913 se nombró un Gran Consejo al frente de la Masonería Mixta británica, con la Sra. Besant como Gran Maestra, asistida por Ursula Bright, James L. Wedgwood como Gran Secretario y Francesca Arundale como representante para la India. El 21 de septiembre de 1909, la Sra. Besant instaló la Logia de Chicago.

Al parecer, en Francia los teósofos pronto tuvieron una preponderancia asegurada, y esperaban que con el tiempo Londres se convirtiera en el organismo central de la Co-Masonería Universal. El 19 de febrero de 1922 se celebró en el Gran Templo del *Derecho Humano* de París una alianza entre el Gran Oriente y la Masonería, pero este vínculo se rompió por decisión del Consejo del Gran Oriente, el 13 de septiembre de 1930, según el Convento del Gran Oriente de Francia, 1930. La Sra. Besant, antes de morir, era Ire Lieut. G. Commandeur du Supreme Conseil Mixte Internationale du Droit Humain. Como su "Maestro Mundial", Krishnamurti, enseñó "No hay más Dios que tú mismo", la deificación era el objetivo de la Co-Masonería. Según Leadbeater, en *The Hidden Life in Freemasonry,* el objetivo de la masonería es vivificar los centros de fuerza en el hombre y despertar los sentidos internos. Hablando de estos centros de fuerza o nerviosos,

dice:

> "Cuando están poco desarrollados aparecen como pequeños círculos de unos cinco centímetros de diámetro, que brillan apagadamente en el hombre ordinario, pero cuando se despiertan y se vivifican

> aparecen como platillos resplandecientes y coruscantes de tamaño muy aumentado... Los siete centros... son:

(1) la base de la columna vertebral;

(2) el bazo;

(3) el ombligo o plexo solar;

(4) el corazón;

(5) la garganta;

(6) el espacio entre los ojos;

(7) la parte superior de la cabeza...

Cuando están en acción, estos centros muestran signos de rotación rápida, y en cada uno de ellos se precipita una fuerza del mundo superior (es decir, la fuerza vital universal que ilumina y despierta los sentidos internos. Es la llamada deificación)".

En sus *Resultados de la Iniciación,* Steiner, hablando de estos mismos centros o chakras, cuyo desarrollo es el objetivo de su *Ciencia Oculta,* dice: "Cuando están desarrollados permiten el trato con seres de mundos superiores... ocultistas blancos". Sin duda la Gran Hermandad Blanca, el Gobierno Interno de todos los movimientos Iluminados y Teosóficos. En su órgano oficial, *Masonería Universal,* Solsticio de Invierno, 1929, los Co-Masones dicen:

> "El Santo Arco Real significa el despertar de la Kundalini... La Francmasonería (exotérica) es la cáscara exterior de la que se ha retirado mucho conocimiento secreto... La Co-Masonería nos está conduciendo a la Luz... A través de nuestra propia intuición [hacemos] el gran descubrimiento de *Nosotros Mismos...* La Búsqueda del Dios Oculto..."

Consideran el Santo Arco Real como oculto y místico, "estimulando y despertando el Fuego (kundalini) y conduciendo al descubrimiento de la Divinidad dentro de nosotros." De nuevo el hombre cabalístico divinizado. Según el masón, W. L. Wilmshurst, en *La Iniciación Masónica,* que escribe como un Illuminatus, 'La Masonería del Arco Real fue introducida en Inglaterra en 1778 por un Hermano judío, Moses Michael Hayes.'

Aquí parece estar la razón por la cual la Co-Masonería ha de ser una fuerza para el llamado servicio de la India, preparando herramientas iluminadas para el Gran Plan del "Gobierno Interno del Mundo"; y "los Maestros le han asegurado (a la Sra. Besant) que el Estatus de Dominio para la India es parte del Gran Plan, y ella sabe que no pasará hasta que esa libertad sea lograda" *(Theosophist,* Octubre 1928).

La elección del Dr. George Sydney Arundale, en junio de 1934, tuvo lugar en el Blavatsky Hall, Madrás, como Presidente de la Sociedad Teosófica, en sucesión de la difunta Dra. Annie Besant, que falleció antes de que se decidiera el destino de la India. Nació en Surrey hace cincuenta y cinco años, y desde niño estuvo bajo la influencia de Leadbeater. Fue director del Colegio Central Hindú de Benarés, y el 11 de enero de 1911 fundó la *Orden del Sol Naciente,* que pocos meses después se organizó como la *Orden de la Estrella de Oriente,* con Krishnamurti a la cabeza y la Sra. Besant como Protectora. Krishnamurti debía estar preparado para la manifestación del "Señor Maitreya", conocido diversamente, según los teósofos, como: Orfeo, Hermes, Trismegisto, Vyasa, Krishna, Buda, Zoroastro e incluso Cristo". Leadbeater y Arundale fueron sus maestros. En 1913, este último, como Director del Colegio, en una carta circular dirigida a un grupo de profesores y muchachos, que fue publicada en el Allahabad *Leader, el* 13 de junio, expresó una devoción incondicional a la Sra. Besant como alguien que estaba a punto de convertirse en una de las más grandes gobernantes del mundo de los dioses y de los hombres. Entonces se alegó públicamente que el Colegio no era hindú, sino teosófico. Arundale y algunos de los profesores y muchachos dimitieron en masa, y el Consejo de Administración entregó el Colegio a un Comité de la proyectada Universidad Hindú.

Arundale fue también uno de los internados durante la Guerra junto con Mrs. Besant, en Ootacamund, noviembre de 1917. En diciembre de 1916, la Home Rule League de Mrs. Besant había sido respaldada en Lucknow por el Congreso y la Liga Musulmana, y ella dijo: "Me someto al silencio forzado y al encarcelamiento porque amo a la India y me he esforzado por despertarla antes de que fuera demasiado tarde. Soy vieja, pero creo que veré a la India conseguir el Gobierno Autónomo antes de morir". Como obispo Arundale, de la Iglesia Católica Liberal, fue uno de los doce apóstoles, incluida su esposa, Rukmini Devi, una mujer hindú de casta alta, elegidos para el "Maestro Mundial". También ha celebrado muchos servicios en Londres. Además, en *Freemasonry Universal*, el órgano oficial de la Co-Masonería, Parte 3, 1929, leemos: Gran Secretario de la Administración del Este, el V. Ills. Bro. G. S. Arundale, 33rd grado, Adyar, Madrás, India (incluida Birmania).

De esta Co-Masonería ha habido al menos dos cismas: uno en 1908, cuando un número de miembros, que se oponían a la introducción del ocultismo oriental en la Masonería, formaron un cuerpo separado bajo el nombre de "Masonería Antigua", trabajando sólo los grados del Oficio según la Gran Logia de Inglaterra. Este grupo fue penetrado durante mucho tiempo por la influencia y el iluminismo de la Stella Matutina y la R.R. et A.C., y tan tarde como 1923-24 no sólo su Gran Maestre, la Sra. H-, sino varios de sus miembros eran adeptos avanzados de esa Orden y de la de Steiner. De estos "Antiguos Masones", a su vez, tuvo lugar otra secesión, aparentemente hacia 1914, adoptando el nombre de "Honorable Fraternidad de Antiguos Masones", exclusivamente para mujeres y ahora establecida en St. Ermins, Westminster. Una separación mucho más tardía de la Co-Masonería de la Sra. Besant fue un grupo liderado por la Srta. Bothwell Gosse, quien objetaba las innovaciones Co-Masonicas. Eventualmente ella formó el grupo "Masonería Antigua y Aceptada" para Hombres y Mujeres, aparentemente trabajando los treinta y tres grados. En su folleto sobre *El Rito Antiguo y Aceptado*, ella resume sus supuestos orígenes:

> "Así encontramos que el núcleo de este Rito surgió en Francia; fue llevado a América por Stephen: Morin y establecido allí; Federico el Grande lo reorganizó y le dio una Constitución; se perdió en Europa por la Revolución Francesa; fue traído de vuelta a Francia por de Grasse-Tilly y reconstituido en París; desde entonces se ha extendido por todo el mundo."

Como hemos demostrado, la mayoría de las Grandes Logias, excepto la Gran Logia inglesa, están representadas en la A.M.I., esa subversiva *Association maçonnique internationale*, y

Georges Loïc, en el *R.I.S.S.*, I de marzo de 1933, declaró: "Los Consejos Supremos son todos los números del Consejo Supremo fundado, el 31 de marzo de 18o1, en Charleston por los judíos Dalcho y Mitchell y por el Comte de Grasse-Tilly".

Los documentos y las pruebas, si no totalmente ausentes, son algo escasos, lo que deja en la mente reflexiva una sensación de incertidumbre e incluso de duda. *La* conocida autoridad masónica de la Gran Logia Francesa, Albert Lantoine, es quizás sabio cuando concluye en su libro, *La Franc-maçonnerie chez elle*, 1927:

> "En Masonería hay que aceptar una opinión tan razonable como la del equilibrado Reghellini de Schio, quien, viviendo en el momento en que las discusiones sobre la Supremacía Masónica eran tan acaloradas, escribió: 'Si se hablara con documentos en la mano, ¿qué Rito o qué Jefe Supremo de la Orden de ese Rito podría remontarse a un origen no equívoco de su poder? ¿Qué masón, qué Rito incluso, posee el hilo conductor para liberarse del laberinto de todos estos orígenes?'".

Leemos en el *Daily Telegraph*, 26 de septiembre de 1933, que la "Honorable Fraternidad de Antiguos Masones", sólo para mujeres, un grupo que se separó de los 'Antiguos Masones' en 1914, se había trasladado a una nueva sede en St. Ermins, Westminster. La ceremonia de inauguración y dedicación fue dirigida por la Gran Maestra, Sra. Elizabeth Boswell Reid, quien, junto con la Sra. Seton Challen, fundó la secesión; si se puede expresar así, contó con la asistencia de la Sra. Seton Challen, Vice Gran Maestra, y de la Sra. Piers Dyer, Gran Maestra Provincial. Asistieron más de 200 miembros procedentes de muchas partes del país. Otros miembros de la Fraternidad fueron la Sra. Messervy, la Sra. Bank Martin, la Sra. Crawford Munro y la Srta. Lata Coventry. Trabajaron los grados del Oficio, el Santo Arco Real, y esperaban trabajar más tarde el Rosa-Croix. Su órgano oficial es *The Ray*. La Sra. Boswell Reid falleció el 21 de noviembre de 1933 y fue sucedida por la Sra. Seton Challen. La primera ostentaba los títulos: el Muy Venerable Gran Maestre; el Excelentísimo Supremo Gran Zorobabel; el Muy Venerable Gran Maestre Mark Masonry. --

Según el *R.I.S.S.*, en mayo de 1934, la autoridad ocultista masónica F.-. Oswald Wirth, escribió un curioso artículo en *Le Symbolisme.* Evocaba la "Honorable Fraternidad de los Antiguos Francmasones" en Inglaterra. Las mujeres inglesas que no temen copiar a los hombres han adoptado "ritos, costumbres, reglamentos, insignias e incluso títulos masculinos... Trabajan impecablemente como los hombres en su propio Templo de Westminster, y tienen ventajas económicas sobre los hombres, como atestigua la sobriedad de sus fiestas rituales." Concluye que la iniciación de la mujer es más sutil que la del hombre, y dice:

> "Mujeres, aprended a ser pura y rotundamente femeninas. Mientras seáis dirigidas por nosotros fracasaréis en vuestra misión, que es la de precedernos en el camino moral y en la realización del bien. Sois las sacerdotisas del culto que la Humanidad espera. Para prepararos a vuestra obra civilizadora debéis tener una verdadera iniciación desarrollando vuestra naturaleza femenina, por lo tanto totalmente contraria a una parodia de los ritos masculinos."

En *Americanismo,* el Nuevo Orden de los Siglos, dice: "En esta Era la mujer se elevará al lugar que le corresponde como *maestra espiritual intuitiva* (psíquica) *de la raza* y Reina del hogar... ni usurpará la prerrogativa masculina, sino que hará de la tierra una morada celestial". En otras palabras, ella será el instrumento pasivo o medio a través del cual el misterioso poder detrás de la masonería gobierna y dirige el mundo, ¡el hombre llevará a cabo activamente las direcciones! Como escribió Oswald Wirth:

> "Muchos masones se imaginan que comprenden la masonería cuando ni siquiera sospechan la existencia de sus misterios y su esoterismo" *(Le Livre de l'apprenti).*

De nuevo, explica:

> "Todo lo que se refiere a la generación permaneció sagrado mientras prevalecieron las religiones de la vida cuyo ideal es terrenal, pero que fueron suplantadas por las religiones de la muerte dispuestas a prometer la felicidad más allá de la tumba. Ahora la masonería procede de los cultos de la vida cuyos símbolos ha conservado" *(Le Livre du compagnon).*

Además:

> "La Masonería se cuida mucho de no definir al Gran Arquitecto, y deja a cada uno de sus adeptos plena libertad para formarse una idea de él conforme a su fe o a su filosofía" (*L'Idéal initiatique).*

Además:

> "Guardémonos, pues, de ceder a esa ociosidad de espíritu que confunde al Gran Arquitecto de los iniciados con el Dios de los creyentes" *(Le Livre du maître).*

Por tomar otro, el Muy Poderoso Soberano Gran Comendador Hermano Jean Marie Raymond: "Hemos querido cristalizar la inmortalidad en el símbolo del Gran Arquitecto del Universo, una especie de emblema de la Unidad Cósmica, suprema inteligencia universal, que no es más que *la Vida* misma." Por tanto, al igual que la Cábala, que es una de sus bases, la Masonería es panteísta y su objetivo es iluminar o divinizar al hombre mediante la intoxicación astral o cósmica.

El "Dios" de la Sra. Besant era panteísta, esta fuerza vital en toda la naturaleza, y su Cristo era esta fuerza astral que ilumina; las mismas ideas son las bases de la Teosofía, Rose-Croix, la Masonería y todo el Yoga. ¿Y cuál ha sido la actitud de la Gran Logia de Inglaterra hacia las mujeres en la Masonería? (I) Según Albert Lantoine, la Constitución de Anderson, 1723, dice:

> "No pueden ser admitidos esclavos, mujeres, personas inmorales y deshonradas, sino sólo hombres de buena reputación".

(2) El 3 de septiembre de 1919, la Junta de Propósitos Generales de la Gran Logia emitió lo siguiente: "(3) La Gran Logia Unida de Inglaterra codificó, el 4 de septiembre de 1929, ocho condiciones para el reconocimiento de las obediencias masónicas en todo el mundo, siendo una de ellas: que los miembros de la Gran Logia, así como los de las logias individuales, deben ser exclusivamente hombres, y que la obediencia no mantiene relaciones de ningún tipo con las logias mixtas, cuando los cuerpos admiten mujeres entre sus miembros *(An. Maç. Uni.,* 1930). (4) *The Morning Post,* 7 de junio de 1934, escribió:

> "En la reunión de la Gran Logia Unida, celebrada ayer en Londres, se trató una moción para la exclusión de un hermano que, según se informó, había asistido a reuniones de un cuerpo "irregular" conocido como Co-Masons, que admitía mujeres... al haberse

> negado a tomar nota de una advertencia sobre el resultado probable de su acción, su expulsión tuvo que ser recomendada, y la Gran Logia, por unanimidad y sin discusión, aceptó la moción . El Duque de Connaught, Gran Maestre, presidió la reunión, y su presencia fue muy apreciada por los 1.800 hermanos presentes."

Por último, como escribe Oswald Wirth:

> "Llegar a ser como la Divinidad, tal era el objetivo de los Antiguos Misterios... Hoy en día el programa de la Iniciación no ha cambiado".

CAPÍTULO IX

RUDOLF STEINER Y LA ANTROPOSOFÍA

En un artículo destacado, el 14 de septiembre de 1922, el *Patriot* advierte a sus lectores contra "La guerra subterránea" y escribe:

> "Para aquellos que deseen aprender publicamos hoy el primero de una serie de artículos de "G.G.". (o 'Dargon'), un escritor que ha hecho un estudio de las sociedades secretas. El propósito de "La Anatomía de la Revolución" no es llevar al lector profundamente a cualquier parte del tema, sino dar una visión general e histórica de ese complejo de organización subversiva que está trabajando para la destrucción de la Cristiandad, de la Civilización y del Imperio Británico. El escritor, que es un verdadero británico y un buen patriota, tiene un único propósito: advertir al público británico del peligro insospechado que, como él cree y nosotros también creemos, le amenaza de forma inminente."

Citando a G.G.:

> "Aquí debemos notar que siempre ha habido entre las sociedades arcanas un movimiento dual - por un lado místico, por el otro político. Cuerpos esotéricos tales como la Fraternidad de la Cruz Rosada, los Martinistas, los Swedenborgianos y los Teósofos han consistido sin duda en gran parte de entusiastas inofensivos a quienes el misticismo o la magia atraían. Pero también han sido utilizados como tapadera de intrigas políticas y como red para atrapar, probar y seleccionar personas que pudieran ser utilizadas con fines subversivos. Porque uno de los métodos de la dirección revolucionaria es utilizar, siempre que sea posible, cuerpos inofensivos como su manto, y personas inocentes como sus agentes inconscientes...
>
> "Puedo referirme brevemente a la existencia de una rama de la Sociedad Teosófica, conocida como la Sociedad Antroposófica.

> Esta fue formada como resultado de un cisma en las filas de los teósofos, por un hombre de nacimiento judío que estaba relacionado con una de las ramas modernas de los Carbonari. No sólo eso, sino que, en asociación con otro teósofo, se dedica a organizar ciertas empresas comerciales singulares que no están relacionadas con la propaganda comunista; casi precisamente de la misma manera en que el "Conde St. Germain" organizó sus tintorerías y otras empresas comerciales con un propósito similar. Y este extraño grupo empresarial tiene sus conexiones con el movimiento republicano irlandés... y también con otro misterioso grupo que fue fundado por "intelectuales" judíos en Francia hace unos cuatro años (alrededor de 1918), y que incluye entre sus miembros a muchos conocidos políticos, científicos, profesores universitarios y literatos de Francia, Alemania, América e Inglaterra. Es una sociedad secreta... aunque nominalmente es una sociedad de "Derechas", está en contacto directo con miembros del Gobierno Soviético de Rusia..."

De vez en cuando hemos escrito sobre las enseñanzas gnósticas y las actividades políticas del Dr. Rudolf Steiner. Damos ahora un breve resumen de la introducción de Edouard Schure a su traducción del libro de Steiner *Mystère Chrétien et les Mystères Antiques, 1908.* Schuré consideraba muy luminosa la enseñanza de Steiner -era el llamado Iluminismo cristiano-, pero mucho más tarde lo abandonó a causa de sus actividades políticas, que no aprobaba. Más tarde volvió de nuevo al redil. Nuestro interés en este esbozo de la vida de Steiner es que muestra cómo, desde sus primeros años, fue vigilado, preparado astralmente y dirigido por algún misterioso Maestro e iniciador cuyo nombre y misión no se revelan.

Según Schuré, que era judío, Steiner nació en la Alta Austria en 1861, y su juventud transcurrió en los confines de Estiria, los Cárpatos y Hungría. A los quince años conoció a un erudito botánico que "tenía el don de ver el principio vital de las plantas, sus cuerpos etéricos y lo que los ocultistas llaman los elementales del mundo vegetal". Su conversación tranquila y fríamente científica no hizo sino excitar aún más la curiosidad del joven". Steiner supo más tarde que aquel extraño hombre era un enviado del Maestro, al que aún no conocía, pero que iba a convertirse en su verdadero iniciador, y que ya le supervisaba desde lejos." De sus conversaciones con el botánico pronto se convenció de que la base del "Gran Universal" era la doble corriente que constituye el movimiento del mundo el flujo y reflujo de la fuerza vital universal, esta corriente oculta y astral que es la gran propulsora de la vida, con su jerarquía de poderes. Desde los dieciocho años Steiner sintió la doble corriente: "Tuvo desde entonces la sensación irrefutable de poderes ocultos que actuaban detrás y a través de él para dirigirlo. Escuchaba a esta fuerza y seguía sus advertencias, porque se sentía profundamente de acuerdo con ella."

A los diecinueve años conoció a su Maestro, durante tanto tiempo presentido, que era uno de esos hombres poderosos que viven desconocidos del mundo para cumplir una misión; ostensiblemente no actúan sobre los acontecimientos humanos. El incógnito es la condición de su fuerza, haciendo su acción sólo más eficaz, "Pues despiertan, preparan y dirigen a los que actúan a la vista del público." Y la misión de Steiner, según él mismo, era: "Unir la Ciencia y la Religión. Llevar a Dios a la Ciencia, y a la Naturaleza a la Religión, y así fecundar de nuevo el Arte y la Vida". Su Maestro era eminentemente un varón espiritual, frente a la sensibilidad más femenina de Steiner; era un dominador formidable, para quien apenas existían los individuos. No se escatimaba ni a sí mismo ni a los demás, su voluntad era como la bala de una pistola que va directa a su objetivo y lo barre todo a su paso.

Tal era la poderosa mente que dominaba y utilizaba a Steiner como un mero autómata, moviendo los hilos según lo requirieran sus terribles ambiciones. Para Steiner, de 1881 a 1891 fue un período de estudio y preparación en Viena; de 1891 a 1901, un tiempo de lucha y combate en Weimar; de 1901 a 1907, un tiempo de acción y organización en Berlín. Hacia 1890 Steiner dijo: "Los poderes ocultos que me dirigían me obligaron imperceptiblemente a penetrar en las ideas entonces corrientes de los espiritistas". Entró en contacto con Nietzsche y Haeckel, que le orientaron intelectualmente. Como dijo Schuré: "Tuvo el presentimiento de que en los incontestables descubrimientos del naturalista encontraría la base más segura del espiritualismo evolutivo y de la Teosofía racional". Steiner, por lo tanto, entró en el materi alismo contemporáneo, y se armó para su misión; en 1902 encontró su campo de batalla y apoyo en la Sociedad

Teosófica, y se convirtió en Secretario General de la sección alemana. En 1913 abandonó a la Sra. Besant a causa del caso Alcyone, y fundó la Sociedad Antroposófica.

Como escribió Schuré:

> "Por su primer Maestro y por la Fraternidad a la que estaba asociado, Steiner pertenecía a otra escuela de ocultismo, es decir, al cristianismo esotérico occidental y más especialmente a la iniciación rosacruz... La tradición del cristianismo esotérico, propiamente dicho, está directa e ininterrumpidamente ligada al famoso y misterioso Manes, fundador del maniqueísmo, que vivió en Persia en el siglo IV."

Criado por magos, Manes se hizo cristiano (gnóstico); su doctrina era: (I) el Maestro Jesús, profeta de Nazaret, sólo era el órgano y el intérprete del Cristo, que era el "arcano del Verbo planetario" - manifestación solar; (2) enseñaba la reencarnación y las numerosas existencias ascendentes (planetarias) del alma humana; (3) ¡lo que se llamaba "mal" sólo era un ingrediente necesario en la economía general del mundo, un estimulante, un fermento de la evolución universal!

Los discípulos de Manes se extendieron por Palestina, Grecia, Italia, Galia, Escitia, el Danubio y África. Su doctrina se propagó durante siglos por tradición oral, a menudo bajo diferentes nombres, escribe Schuré, como los cátaros, los albigenses, los templarios y los Hermanos de San Juan de Jerusalén. En el siglo XV, el cristianismo esotérico, inspirado en la misma tradición, se hizo más laico y científico bajo la influencia de la Cábala y la Alquimia, y fue por entonces cuando Christian Rosenkreutz fundó la Orden de la Rosa-Croix. Rudolf Steiner, como Rosa-Croix, practicaba y enseñaba el ocultismo occidental en contraposición al oriental. No creía en la aniquilación del cuerpo mediante el ascetismo, sino que debía ser entrenado y convertirse en un imán que atrajera y utilizara las fuerzas necesarias.

Tal es el relato que Edouard Schuré hace de Steiner, su Maestro y su obra. El resultado del Yoga, de la meditación y de los procesos para despertar la kundalini, ya sean occidentales u orientales, es el mismo en todos los grupos que trabajan bajo Maestros desconocidos; significa que gradualmente el Maestro toma posesión de la mente del adepto y le imprime su propia voluntad, de modo que un iniciado avanzado, como Steiner, trabajaría bajo el impulso del Maestro oculto y sólo para sus fines. Como explica el llamado Maestro Tibetano de la Sra. Alice Bailey, teósofa y ocultista, Nueva York, el contacto con el Maestro se reconoce por vibraciones peculiares: (I) en la parte superior de la columna vertebral; (2) en la frente (glándula pineal, donde la kundalini del adepto se une con las fuerzas del Maestro desde el exterior, es la sede del conocimiento controlado); (3) en la parte superior de la cabeza (cuerpo pituitario). Y continúa: "Con el tiempo, el estudiante llega a reconocer la vibración y a asociarla con algún "Grande" en particular, pues cada Maestro tiene su propia vibración que se imprime en sus alumnos de una manera específica." Las fuerzas son "esas corrientes magnéticas del universo, ese fluido vital, esos rayos eléctricos, el calor latente en todos los cuerpos". Frío y calculador, "un Maestro sólo se interesa por un hombre desde el punto de vista de su utilidad en el grupo-alma y de su capacidad de ayuda." El individuo no es nada para él; ¡sólo es una pieza en su máquina revolucionaria del mundo, que hay que desechar cuando deja de ser una baza en su juego!

El Dr. Rudolf Steiner murió en Dornach, Suiza, el 30 de marzo de 1925, consumido lenta pero inexorablemente por las fuerzas terribles que actuaban a través de él, y en su funeral pronunció un discurso Albert Steffen, poeta y presidente del Comité Ejecutivo de la Sociedad Antroposófica. Hablando de la "Ciencia Espiritual" o Iluminismo Cristiano de Steiner, dijo: "Rudolf Steiner nos abrió la perspectiva de una vida religiosa más allá de todas las sectas". Cincuenta teólogos acudieron a él buscando una forma de unir de nuevo su trabajo con la "vida eterna del Espíritu", y Steffen continuó: "Steiner pudo transmitirles la santa ceremonia que los sacerdotes de la *Christengemeinschaft* promulgan ahora para sí mismos". Tenemos entendido que esta *Christengemeinschaft* está siendo re vivada, dirigida por Heidenreyd con unos 400 miembros en este país. ¿Qué es esta "Ciencia Espiritual"? Según Steiner, "la Antroposofía es un camino de conocimiento para guiar lo Espiritual en el ser humano hacia lo Espiritual en el Universo." ¡Totalmente cósmico y astral!

En su libro traducido por Schuré, *Le Mystère Chrétien et les Mystères Antiques,* Steiner escribe:

> "En los primeros tiempos del cristianismo surgieron en el viejo mundo pagano sistemas del universo que parecían una prolongación de la filosofía de Platón, pero que también podían entenderse como una espiritualización de la sabiduría de los Misterios. *Todos estos sistemas tenían su punto de partida en Filón, el filósofo judío de Alejandría,* que decía: "Es necesario que el alma salga del "yo" ordinario. Entonces entra en un estado de éxtasis espiritual, de iluminación, cuando deja de conocer, de pensar y de reconocer en el sentido ordinario de las palabras. Porque se ha identificado con lo divino, se han hecho uno...".

Está endiosado y ha perdido su propia personalidad. Y como dice Steiner:

> "Dios (el Principio Creador) está hechizado en el mundo, y es su propia fuerza la que se necesita para encontrarlo. Esta fuerza (fuerza sexual) debe ser despertada en ti. Tales fueron las enseñanzas que el Myste recibió antes de la iniciación. Y ahora comenzaba el gran drama del mundo, del que formaba parte integrante viviente. El objetivo del drama era nada menos que la liberación del Dios oculto; ¿dónde está ese Dios? Dios no está, sino la Naturaleza. Es en la Naturaleza donde hay que encontrarlo. Porque está envuelto en ella como en una tumba encantada".

Aquí tenemos al Dios panteísta Pan, que no es más que el principio creador de toda la naturaleza, incluido el hombre: la fuerza vital. Como dijo Clemente de Alejandría hablando de los Misterios Mayores: 'Aquí terminan todas las enseñanzas, uno ve la Naturaleza y las cosas'.

Además, Steiner explica: 'La Cruz del Gólgota es todo el culto de los Antiguos Misterios reunido en un hecho... El Cristianismo como hecho místico es un grado de evolución en la Sabiduría de los Misterios.' Este es de nuevo maniqueísmo, que considera la crucifixión, resurrección y ascensión de Cristo como experiencias místicas. Una conferencia dada por Steiner en Oxford en 1922, "El Misterio del Gólgota", arroja más luz sobre su Ciencia Espiritual. Ahora bien, Steiner era también rosacruz, y al explicar este "Misterio del Gólgota" basó sus ideas en ciertas palabras que se dice estaban escritas en el Libro T., el cual, según la leyenda mística rosacruz, fue encontrado en el pecho de Christian Rosenkreutz al abrirse su tumba en el siglo XV.

Estas palabras eran: *Ex Deo nascimur; In Christo* (o Jehesuah) *morimur; Per Spiritum Sanctum reviviscimus* - De Dios nacemos; en Cristo o Jesús morimos; por el Espíritu Santo resucitamos. Esto es a través de la Trinidad Gnóstica - Padre, creador; Hijo o Cristo Solar, el Logos o serpiente, la fuerza vivificante; el Espíritu Santo, la Gran Madre que reproduce todas las cosas. El todo es la eterna creación, destrucción y regeneración, tal como se aplica al Iluminismo.

En el R.R. et A.C., que, bajo la dirección del difunto Dr. Felkin, estaba estrechamente vinculado a Steiner y practicaba algunos de sus procesos y euritmia para despertar la kundalini, el ritual 5 = 6 representa dramáticamente el significado de estas palabras: el aspirante es conducido a la tumba en la que yace el Adepto Principal con todos sus galas, representando a Christian Rosenkreutz; la tumba se abre y el aspirante exige: "¡Que surja la Luz de las Tinieblas!". Desde el interior de la tumba se oye una voz: "¡Enterrado con esa Luz en una muerte mística, resucitando en una resurrección mística, limpiado y purificado a través de Él nuestro Maestro, oh hermano de la Rosa y de la Cruz!... ¡Busca tú la Piedra de los Sabios!...". La Piedra es la Quintaesencia o Pentagrama — Iluminismo.

Como se ilustra en la tapa de la tumba, estas experiencias místicas representan al adepto como un Cristo crucificado en la Cruz de la Luz o Iluminismo; el Gran Dragón Leviatán -la kundalini- se eleva hasta *Daath,* y desde arriba desciende el Rayo-Flash atraído por la serpiente interior y uniéndose a ella, vinculando al adepto con la fuerza vital universal exterior. Se convierte en el Jehesuah-Yod, He Shin, Vau, He—el Pentagrama u hombre divinizado, perdiendo su mismidad. Es la Boda Química Rosacruz. Así lo describe el escritor judío Kadmi Cohen en *Nomades:*

> "Abismo y pináculo. La vertiginosa altura de uno se compensa con la insondable profundidad del otro. ¿Quién conocerá jamás los indecibles sufrimientos de la ascensión, los terrores mortales de la caída? Pero también la dicha inefable, sobrehumana, divina, de estar en la cima que domina el universo, más allá del bien y del mal, por

> encima de la pura razón práctica, de ser Hombre, de ser Yo, que se iguala a Dios, que lucha con Él, que lo absorbe. Es Israel, es Ismael quien suministra estos hombres al mundo".

Su Dios es el Dios Pan, ¡está intoxicado por la Luz astral!

Schuré explica que Christian Rosenkreutz dejó "tres verdades espirituales" a sus discípulos, y que estas verdades sólo fueron demostradas científicamente cuatro siglos más tarde, a saber: (I) la unidad material del universo - por el análisis del espectro; (2) la evolución orgánica - por la transformación de las especies según Darwin y Haeckel; (3) los estados de conciencia humana diferentes del estado ordinario - por el hipnotismo y la sugestión. Como se decía que el poder utilizado por los Rosacruces era el "fluido magnético" en el hombre y en el universo, puesto en movimiento por el pensamiento concentrado y la fuerza de voluntad, uno puede creer fácilmente que tales iniciaciones, bajo Maestros desconocidos, podrían significar hipnotismo y sugestión. El espectro es la resolución de la luz a través del prisma, y como dice el ritual Rosacruz: "Los colores son fuerzas y la firma de las fuerzas e Hijo de los hijos de las fuerzas eres tú." Los rosacruces trabajan con colores y figuras geométricas, representando las fuerzas de los planetas, los signos del Zodíaco, los elementos, etc., y los colores de los planetas son el espectro de la "Divina Luz Blanca" rosacruz, ese fluido magnético que mata y hace vivir. Steiner habla mucho de jerarquías planetarias, arcángeles, ángeles, etc., pero hay razones para creer que todos y cada uno de ellos pueden reducirse a las fuerzas universales de la naturaleza, pues el ritual O=O de la *Stella Matutina* dice: "Porque por los nombres y las imágenes se despiertan y reavivan todos los poderes".

Por lo tanto, ¿no es la "Ciencia Espiritual" de Steiner simplemente la fijación hermética de la luz astral en un cuerpo material -iluminismo- vinculando al adepto, como herramienta, a unos "Ocultistas Blancos" que supuestamente trabajan por el bien, o no es más bien el infortunio de la Humanidad?

Como expresión de los sueños y esquemas comunistas y políticos de Steiner, tenemos su "Triple Estado". Como base simbólica de este "Triple Estado" Steiner toma el organismo humano: (I) el sistema de los nervios y los sentidos - el sistema cefálico. (2) el sistema de la respiración y la circulación de la sangre - el sistema rítmico. (3) los órganos y funciones de los cambios de materia - el proceso metabólico. Según Steiner, estos sistemas, comparativamente hablando, funcionan por separado: "En el organismo humano no existe la centralización absoluta". "Para prosperar, el organismo social, como el natural, requiere ser triple".

(1) La vida económica - relativamente tan independiente como el sistema nervioso y sensorial dentro del cuerpo humano. "Su preocupación es con todo en la naturaleza de la producción, circulación y consumo de mercancías".

(2) Derechos públicos, vida política - el Estado; "aplicado a una comunidad que posee derechos comunes".

(3) Vida mental y espiritual; "todo lo que descansa en la dotación natural de cada ser humano... espiritual y físico". Todos están aparentemente separados pero son interdependientes. "Junto a la esfera política y la esfera económica, en una sociedad sana debe existir la esfera espiritual, que funcione independientemente por sí misma", es decir, la religión, la enseñanza, el arte y la vida intelectual, e incluso las capacidades técnicas y organizativas aplicadas al Estado o a la economía industrial.

> "A finales del siglo XVIII, en circunstancias diferentes de las que vivimos hoy en día, surgió de las profundidades ocultas de la naturaleza humana un grito a favor de una nueva formación de las relaciones sociales humanas (suscitado por las logias Illuminati y Gran Oriente). A través de todo el esquema del nuevo orden corrían como un lema las tres palabras: "Fraternidad, Igualdad, Libertad"".

Admitiendo que igualdad y libertad son contradictorias, Steiner simpatiza con las tres, y las aplica a su triple Estado. La vida económica en forma de Asociaciones se combina bajo la fraternidad, el Estado bajo la igualdad, y el campo espiritual bajo la libertad, y él dice:

> "Ningún Estado social, construido sobre un esquema centralizado abstracto, puede llevar a la práctica la libertad, la igualdad y la fraternidad. Pero cada una de las tres ramas del cuerpo social puede derivar su fuerza de uno de estos (contradictorios) impulsos ideales; y entonces las tres ramas trabajarán fructíferamente en conjunto."

Tal es el Estado Triple "sin cabeza" de Steiner, como se le ha llamado, y esto lo extendería, de la misma manera sin cabeza, a un Estado Mundial Triple.

> "Crecerá un entrelazamiento de intereses tan estrecho que las fronteras territoriales parecerán insignificantes en la vida de la humanidad.
>
> ... Las fuerzas a las que las nacionalidades deben su crecimiento requieren para su desarrollo una libre interacción mutua no obstaculizada por ningún vínculo que surja entre los respectivos órganos del Estado y las Asociaciones Económicas. Y la manera de lograrlo es que las diversas comunidades nacionales desarrollen el triple orden dentro de sus propias estructuras sociales; y entonces sus tres ramas podrán ampliar cada una su propia relación con las ramas correspondientes de las otras comunidades. De este modo, los pueblos, los Estados, los organismos económicos, se agrupan en formaciones muy variadas en cuanto a su forma y carácter; y cada parte de la humanidad se vincula de tal modo con las otras partes que cada una es consciente de la vida de la otra palpitando a través de sus propios intereses cotidianos. Una liga de naciones es el resultado que surge de los impulsos de las raíces que corresponden a las realidades actuales. No habrá necesidad de "instituir" una construida únicamente sobre teorías jurídicas del derecho."

Finalmente, dice:

> "No debe haber más que una raza humana trabajando en una tarea común, dispuesta a leer los signos de los tiempos y a actuar de acuerdo con ellos".

El conjunto no es más que otra forma del "¡Asóciate, asóciate!" de Mazzini o del "Estado Mundial" de la Sra. Alice Bailey por medio de la "unificación" bajo el control de algunos misteriosos "Superhombres".

Este sueño de un Estado Mundial dista mucho de ser nuevo. Sabemos que los iniciados de Weishaupt tuvieron que prestar juramento jurando ayudar al máximo a la fundación de una República Universal; y a finales del siglo XVIII el plan del Illuminatus Anacharsis Clootz era: "Todos los pueblos formando una sola nación, todos los oficios formando un solo oficio, todos los intereses formando un solo interés". Steiner era un Illuminatus del que se dice que estaba vinculado a aquellos que, hacia finales del siglo XIX, revivieron el Iluminismo de

Weishaupt. Por lo tanto, parece que continuó la tradición en su Estado Mundial Triple.

Además, con respecto a las interconexiones intelectuales, necesarias para este Estado Mundial, podríamos citar el informe 1928-29, de la "Sociedad para las Relaciones Culturales entre los Pueblos de la Commonwealth Británica y la Unión de Repúblicas Soviéticas Socialistas", en el que se señalaba que la Sociedad Antroposófica (de Steiner) era una de las organizaciones en contacto con ella. Un Libro Azul del Gobierno británico describe así esta R.S.S.: "La Internacional Comunista la favorece como terreno fértil para la propaganda comunista de la variedad intelectual". Y hay pocas dudas de que hoy en día cada nación es consciente de la vida soviética "latiendo a través de sus propios intereses diarios", en gran parte perjudicial y desintegradora económica, política y espiritualmente.

Otra fase de la enseñanza antroposófica y de la aplicación práctica de sus creencias. En diciembre de 1932, Frau Lilly Kolisko, miembro destacado de la Sociedad Antroposófica de Stuttgart, vino a Londres para dar una conferencia a un grupo agrícola de la Sociedad que se proponía revivir antiguas costumbres astronómicas o tal vez astrológicas, comunes entre los pueblos primitivos, añadiéndoles, al parecer, ¡la ciencia de la Antroposofía! Sus teorías eran que las plantas y los vegetales sembrados en la fase lunar correcta crecen mucho más rápido y más exuberantes que cuando se ignoran las fases lunares. Que la tierra respira rítmicamente y que la siembra, el abono y la cosecha de los cultivos pueden adaptarse a este ritmo. Además, que las plantas que necesitan mucha humedad crecen mucho mejor si se plantan dos días antes de la luna llena, y las que necesitan poca humedad durante la luna menguante.

Pearce, en su *Text-book of Astrology*, nos dice que suele llover más durante la *creciente* que durante la *menguante* de la luna, como lo demostraron muchos experimentos a lo largo de los años 1868 a 1881. Además, los antiguos decían que los robles cortados en primavera, cuando la savia está subiendo, se pudren pronto. Todos los árboles madereros deberían ser talados durante el solsticio de invierno, y los últimos días de la luna, entonces la madera duraría a perpetuidad. Prácticamente esto lo afirma R.

Reynell Bellamy, en su libro *The Real South Seas.* Dice de los kanakas de Nueva Caledonia que sostienen que el flujo de la savia es ascendente con la luna creciente y descendente cuando mengua. Plantan maíz, judías, etc., antes de la luna llena, y tubérculos después. La madera para la construcción la talan durante la última fase de la lunación, cuando la savia está en su punto más bajo.

En cuanto a la respiración rítmica de la tierra, sin duda se refieren al Gran Aliento o *Swara del* Universo, la *fuerza vital - Pingala,* el aliento positivo o solar; *Ida,* el aliento negativo o lunar; y el *Sushumna,* el fuego central o unificador. Existen también los cinco *Tatwas* de la materia refinada - éter, aire (gaseoso), fuego (ígneo), agua (líquido), tierra (sólido). Se dice que todo el proceso de creación en todos los planos de la vida es realizado por estos Tatwas en sus aspectos positivo y negativo. Todas estas fases se suceden y se funden en una procesión regular y continua. Son la base de toda magia, blanca o negra. Son las fuerzas más sutiles de la Naturaleza, pero no espirituales ni divinas, excepto como instrumentos, el principio creador en toda la naturaleza.

Una vez más, para repetir lo que hemos dicho anteriormente, hablando de la astrología entre los caldeos, Dollinger escribió:

> "Estos hombres encontraron un apoyo en la filosofía estoica, que, partiendo del principio de la identidad sustancial de Dios y la Naturaleza, había llegado a considerar los astros como eminentemente divinos, y situaba el gobierno divino del mundo en el curso inmóvil de los globos celestes."

En la época de Alejandro, los astrólogos de las escuelas caldea y alexandra-egipcia se extendieron por Asia, Grecia e Italia, y enseñaban que una influencia secreta de los planetas descendía ininterrumpidamente sobre la tierra y el hombre, y que mediante cultos mágicos y oraciones astrológicas se podía actuar sobre estos planetas y dirigir sus fuerzas según las necesidades. En las órdenes iluminadas, como la R.R. et A.C., estas influencias planetarias son invocadas, o atraídas, por el símbolo judío del poder, la estrella de seis rayos; y los grados superiores se dan en las diversas fases de la luna.

En *Od and Magnetism*, 1852, Reichenbach escribió:

> "El elemento de la fuerza ódica es irradiado hacia nosotros tan abundantemente por la luz del sol y de la luna, que podemos echar mano de él con toda facilidad y utilizarlo en experimentos sencillos. En breve demostraremos cuán ilimitada es su influencia sobre toda la humanidad, e incluso sobre todos los reinos animal y vegetal. Od es, por consiguiente, una fuerza cósmica que irradia de estrella en estrella, y tiene todo el universo por su campo, al igual que la luz y el calor."

Este Od o, como dicen los Rosacruces, fluido magnético, es la fuerza vital universal, generada por el sol y reproducida por la luna, que puede ser utilizada para el bien o pervertida para el mal.

En apoyo de lo que hemos escrito más arriba encontramos lo siguiente en el Programa de la Escuela Antroposófica de Verano, celebrada en Tetbury, en agosto de 1934:

> "El Dr. C. A. Mirbt dará clases que tratarán de la concepción antroposófica de la Agricultura. Los temas serán los siguientes: el suelo como obra del Cosmos y de la Tierra; el suelo como manifestación de la evolución de la Tierra; las fuerzas formativas etéricas en la planta y en el suelo; la verdadera naturaleza del abono; el reino animal como manifestación del mundo astral..."

Aquí tenemos las fuerzas cósmicas de las estrellas y las fuerzas magnéticas de la tierra. Es la base de todos los antiguos cultos paganos; es la antigua ciencia astrológica caldea y la de los antiguos cultivadores de hierbas medicinales rosacruces. A todo ello se añade la ciencia moderna del abono. Además Steiner, como el botánico erudito de sus días de juventud, afirmaba ser capaz de ver las fuerzas vitales o vitales en la planta, detener estas fuerzas y utilizarlas según fuera necesario en su curación. De ahí su "Nueva Terapia" y la Weleda Co. británica, Ltd., para dispensar los resultados de la "Investigación Médica Antroposófica", constituida en 1925.

Algunos sostienen que esta "agricultura antroposófica" no se basa en la astrología, sino en la astronomía. Sin embargo, la astronomía de Steiner en la "Ciencia Espiritual" parece ser una reversión a las creencias antiguas y orientales, cuando las fuerzas y fenómenos de la Naturaleza eran vistos en todas partes como dioses activos y gobernantes, a veces buenos y a veces malos. En *Antroposofía-Michaelmas*, 1928, E. Vreede escribe sobre esta astronomía, y explica que detrás del velo del pasado y de la Naturaleza las estrellas se revelan como "Colonias de Seres Espirituales", nueve etapas de jerarquías que se elevan por encima del hombre. Juntos han formado y gobernado el mundo y al hombre, bajo un Espíritu Mundial.

Para que el hombre pudiera desarrollarse, estos seres fueron aparentemente retirados, y el hombre fue abandonado a las leyes mecánicas;

> "Sin embargo, en este mecanismo, como en todos los fenómenos naturales, actúan seres espirituales. El hecho de que en primavera las plantas salgan de la tierra, que aparezcan flores y frutos, y que las plantas se marchiten en otoño; el hecho de que cuando aquí tenemos otoño, la primavera empiece a estallar al otro lado de la Tierra, todo esto lo provocan los Espíritus de la Naturaleza, los gnomos, las ondinas, los silfos junto con las salamandras..."

Así, en la *Stella Matutina,* cuatro de sus ceremonias terminan con las oraciones de estos espíritus de la naturaleza del agua, el aire, la tierra y el fuego, muy bellas como obra de arte, que nos retrotraen a los maravillosos cuentos de hadas de la infancia. Más tarde, para el desarrollo intelectual del hombre, los seres ahrimánicos (materia) fueron enviados para consolidar la tierra y velar la realidad espiritual.

También se dice que el hombre y la Naturaleza fueron, desde el principio, modelados según las leyes del Ritmo y la Periodicidad, y que la ley de la gravedad dominaba la Tierra. Finalmente, como dijo Steiner: "Cuando observamos la vida del mundo de las estrellas, estamos contemplando los cuerpos de los Dioses y, en última instancia, de la Divinidad misma". Esto parece revelar una vez más la naturaleza panteísta de toda la enseñanza de Steiner, "el Dios hechizado" envuelto en toda la naturaleza. El Jehová del judío cabalista - el Principio Creativo.

Según Steiner los Dioses del Sol, la Luna y Saturno - este Principio Creativo... se manifestó en el cuerpo de Jesús de Nazaret como un Impulso Crístico - el Poder Serpiente de los Yoguis, el Logos o serpiente de los Gnósticos. "Y el hecho de que fuera posible que el impulso crístico entrara en la humanidad fue provocado por el antiguo principio de la Iniciación que se convirtió en *un hecho histórico".* En *De la Esfinge a Cristo,* de

Edouard Schuré, el exponente francés y judío del Iluminismo Neo-Gnóstico de Steiner, se nos da cuenta de este antiguo credo panteísta aplicado al Cristo de la Iglesia Cristiana, descristianizando y judaizando las creencias cristianas; haciendo de Cristo un mero super "Hombre Deificado." La Esfinge representa el cuerpo preparado, ofrecido en sacrificio, en el que debía descender el impulso crístico. El conjunto significa el ascenso y la perversión de la fuerza sexual o serpiente dentro del hombre, atrayendo y uniéndose con el Relámpago o Impulso Crístico Solar desde el exterior, controlado por directores desconocidos - se llama iniciación.

Según Schuré:

> "Todavía era necesario que, desde el nacimiento hasta la edad de treinta años, cuando el Cristo tomara posesión de su morada humana, el cuerpo de Jesús fuera refinado y armonizado por un iniciado del más alto rango (¡uno que hubiera pasado por muchas encarnaciones!), para que un hombre casi divino se ofreciera como sacrificio, un vaso consagrado, para recibir al hombre hecho por Dios."

Por ello, ¡se dice que Jesús era una reencarnación del alto iniciado Zoroastro! Más tarde el "Maestro Jesús" fue puesto bajo las instrucciones de los esenios, una fraternidad de iniciados que vivían a orillas del Mar Muerto, donde finalmente la "voz interior" le dijo: "Has puesto tu cuerpo sobre el altar de Adonai (el Señor del Universo) como una lira de marfil y oro. Ahora tu Dios te reclama para manifestarse a los hombres. Él te busca y tú no puedes escapar de Él. Ofrécete en sacrificio. Abraza la Cruz".

Luego siguió la iniciación, el bautismo en el Jordán por Juan el Bautista, del que escribe Schuré:

> "Está prohibido ayudar al que estaba siendo bautizado a salir del agua; la creencia era que un soplo del Espíritu Divino entraba en él a través de la mano del profeta y las aguas del río. La mayoría salía revivida de la prueba; algunos morían; otros enloquecían como poseídos. A éstos se les llamaba endemoniados".

En cuanto al "Maestro Jesús":

> "Es consciente de una sensación de ahogo seguida de una terrible convulsión... y durante algunos segundos ve una imagen caótica de

toda su vida pasada... luego la oscuridad de la inconsciencia. El Yo trascendente, el Alma inmortal del Maestro Jesús ha abandonado para siempre su cuerpo físico, y es recibido de nuevo en el aura del Sol. En el mismo momento, por un movimiento inverso, el Genio Solar, el Ser sublime, a quien llamamos Cristo, entró en el cuerpo abandonado y tomó posesión de él, animando con fuego nuevo esta lira humana que había sido preparada a través de centenas de generaciones."

Del cielo brotaron relámpagos y, al salir del agua, con todo el cuerpo bañado en luz, apareció sobre su cabeza una paloma luminosa, "el misterio del Eterno Femenino, el espíritu del Amor Divino, transformador y vivificador de las almas, que los cristianos llamarían más tarde "Espíritu Santo"". Entonces llegó una voz desde lo alto: "Este es mi Hijo amado; hoy lo he engendrado". (Esta versión de las palabras se encuentra, según Schuré, en el evangelio hebreo primitivo; ¡funciona mejor en con su idea de este Cristo Cósmico!). "El objeto de su misión es la espiritualización del mundo y del hombre", mediante el amor y la apertura de los Misterios a todos los que puedan aspirar a ellos. ¡Eso es esclarecedor como a través de las innumerables sectas de Misterios de hoy en día!

Ahora bien, todo este relato bien podría ser la historia de la preparación e iniciación de los muchos instrumentos iluminados que se utilizan actualmente en el extendido Movimiento Universal de nuestros días. Como en este bautismo, así en estas iniciaciones, algunos murieron, otros fueron iluminados, perdiendo sus personalidades, llegando a ser controlados por algún Maestro desconocido, como por ejemplo Krishnamurti de la Sociedad Teosófica, "Octavia" de la Sociedad Panacea, y muchos otros. El Poder Iluminador era la Trinidad Gnóstica - el Padre, la fuerza generadora; el Espíritu Santo, la Gran Madre, la reproductora; el Hijo, el Cristo Cósmico, la manifestación del Principio Creador, la fuerza iluminadora, de todas las sectas gnósticas y cabalísticas.

Schuré sostiene además, en oposición a la Sra. Besant, que este Cristo no volverá a ocupar un cuerpo material, sino que se aparecerá a los adeptos que tengan visión astral. Al igual que en la "Casa de la Sabiduría de El Cairo", se enseñaba a los adeptos que Mahoma, su profeta, "podía ser contactado espiritualmente mediante la meditación de las doctrinas místicas". También en la R.R. et A.C., que estaba estrechamente aliada con el grupo de Steiner, su misterioso Maestro se apareció últimamente astralmente a muchos miembros, haciéndose pasar por Cristo, exigiendo de los adeptos un sacrificio completo al servicio del Gran Movimiento Mundial. Y Schure dice: "Según la tradición rosacruz, el espíritu que habló al mundo en nombre de Cristo y por boca del Maestro Jesús está estrechamente relacionado con la estrella regente de nuestro sistema, el Sol". Este impulso crístico es, pues, un poder irresistible manipulado por estos directores invisibles, y el iniciado penetrado por esta fuerza se convierte simplemente en el reproductor negativo de las ideas y acciones puestas en movimiento por este impulso. Bajo la máscara de la iniciación se convierte en un poseído diabólico.

Como dice M. Henri de Guillebert:

> "El judío se considera a sí mismo como el Sol de la humanidad, el macho, frente al cual los demás pueblos no son más que hembras, manifestando y asegurando la llegada de la era mesiánica. Para realizar esta manifestación sociológica, el judío extiende orgánicamente su influencia por medio de sociedades secretas creadas por él para extender por todas partes su fuerza iniciadora... [esperando realizar] la 'República Universal', controlada por el Dios de la Humanidad, el judío de la Cábala."

MAX HEINDEL

Max Heindel, que se separó de Steiner y fundó "The Rosicrucian Fellowship" de California, publicó en 1911 su versión de las enseñanzas de Steiner en *Rosicrucian Cosmo-Conception.* En ella su enseñanza sobre el Cristo, al igual que la de Steiner, muestra las influencias maniqueas. Para él el Cristo es el Sol-Espíritu, el Rey del Amor, la fuerza vital magnética manifestada, las fuerzas de atracción y cohesión; este Cristo-Fuego descendió, según él, en el cuerpo de Jesús de Nazaret a la edad de treinta años, durante su bautismo en el Jordán, y se convirtió entonces en el iniciado Cristo Jesús. Su misión consistía en unir las razas y naciones separadas en una Fraternidad Universal, de la que él sería el Hermano Mayor. Los noventa y nueve no requerían salvación, sino que debían alcanzar la perfección mediante el renacimiento y las consecuencias, es decir, la Reencarnación y el Karma. Cristo sólo debía redimir a los rezagados y abrir a todos el camino de la iniciación.

Para ilustrar sus métodos de dar forma y tallar a sus incautos, Max Heindel explica:

> "Los fisiólogos notan que ciertas áreas del cerebro están dedicadas a actividades particulares del pensamiento... Ahora se sabe que el pensamiento descompone y destruye los tejidos nerviosos... [que] son reemplazados por la sangre... Cuando a través del desarrollo del corazón en un músculo voluntario, la circulación de la sangre finalmente pasa bajo el control absoluto del espíritu unificador de la vida - el Espíritu de Amor (llamado Fuerza-Cristo) entonces estará dentro del poder de ese Espíritu retener la sangre de esas áreas de la mente dedicadas a propósitos egoístas. Como resultado, estos centros de pensamiento particulares se atrofiarán gradualmente. Por otro lado, será posible para el espíritu aumentar el suministro de sangre, cuando las actividades mentales sean altruistas, y así construir las áreas dedicadas al altruismo."

Aquí parece que tenemos un método hipnótico más o menos diabólico, que muda gradualmente todas las facultades fuertes y cuerdas, creando fanáticos de un solo ojo, falsos idealistas, blandos pacifistas, pero dispuestos a revolucionar naciones y romper Imperios. Como dice Max Heindel: "Trabajando hacia la Fraternidad Universal de acuerdo con los designios de nuestros Líderes invisibles, que no son menos poderosos en la configuración de los acontecimientos porque no están oficialmente sentados en los consejos de las naciones". Otra vez: "La unidad nacional, tribal y familiar debe romperse primero antes de que la Fraternidad Universal pueda convertirse en un hecho". En todas partes vemos que se actúa sobre estas unidades con este aparente propósito. Se emplean todos los métodos para atrapar a la presa incauta pero deseada.

SOCIEDAD PANACEA

En su *Essai sur la secte des Illuminés*, el marqués de Luchet, masón, escribió en 1789:

> "Existe una multitud de pequeños grupos antifilosóficos, compuestos por sabias, abades teólogos y algunos supuestos sabios.

> Cada grupo tiene sus creencias, sus prodigios, sus hierofantes, sus misioneros, sus adeptos y sus detractores... Cada uno profesa explicar la Biblia en favor de su sistema, fundar su religión, llenar su templo y multiplicar sus catecúmenos. Aquí Jesucristo desempeña un gran papel; allí es el Diablo; en otras partes es la Naturaleza, y de nuevo la Fe. En todas partes la razón es nula, la ciencia inútil, la experiencia una quimera".

Hablando del rosacrucismo, Paul Vulliaud dice: "A medida que progresa, este movimiento aumenta el número de sus Maestros vinculando a sí mismo a todos los teósofos aislados: Boehme, Jane Lead, etc., formando una especie de cadena patrística". Ampliando sobre los precursores de la Francmasonería, Gustave Bord, 1908, nos dice que Boehme, zapatero más o menos inculto, nació cerca de Garlitz en 1575. Conocido como el Filósofo Teutónico, fue un místico, teósofo y visionario; influenciado por las filosofías de Paracelso y Cornelius Agrippa, fue conducido al misticismo, y

> "estaba convencido de poseer, por gracia especial de Dios, la ciencia universal y absoluta, que comunicaba a sus lectores sin orden, sin pruebas, en un lenguaje tomado del Apocalipsis y de la alquimia... Encontramos en Boehme un vasto sistema de metafísica, cuyo fundamento es un panteísmo desenfrenado".

Después de leer los *Seis Puntos Teosóficos* de Boehme, y otras obras, nos vemos obligados a llegar a una conclusión similar.

Llegando a nuestros días, la mayoría de las numerosas sectas sobre las que hemos escrito pueden considerarse como pertenecientes a una u otra forma de misticismo teosófico o iluminismo rosacruz -gnóstico y panteísta, el culto de la Naturaleza y el Naturalismo. Una de las más insistentes y ambiciosas es la Sociedad Panacea, sobre la que hemos escrito mucho en el pasado. Brevemente, su historia es la siguiente: Una secta mística, bajo el nombre de "Filadelfianos", fue fundada en 1652 por Jane Lead, una entusiasta admiradora de Boehme, con el propósito de explicar sus escritos. Se decía que ella misma había recibido revelaciones místicas, que fueron publicadas como "Sesenta proposiciones a la Sociedad Filadelfiana, por todas partes dispersa como el Israel de Dios". Al igual que los escritos de Boehme, estas revelaciones eran Iluminismo Gnóstico y Rosacruz. De Jane Lead y sus siete profetas sucesivos, formando una cadena patrística, evolucionó la actual Sociedad Panacea, con "Octavia" como líder mística y Rachel Fox como presidenta. Su Trinidad es similar a la de la Iglesia Gnóstica Universal, que invoca así: "Gloria al Padre y a la Madre, al Hijo y a la Hija, y al Espíritu Santo exterior e interior". La Sociedad Panacea reconoce: El Padre de la Luz, el fuego generador; el Espíritu Santo, la Gran Madre; el Hijo, Cristo, o manifestación activa del Padre, el Esposo; la Hija, la manifestación negativa de la Madre, Shiloh, la Esposa, que, según ellos, descendió a "Octavia", convirtiéndose esta última en el instrumento pasivo, recibiendo y transmitiendo el poder de lo alto - ¡el de su Maestro!

Ellos también recibieron revelaciones, publicadas como *Los Escritos del Espíritu Santo.* Sus medios de iluminación se limitaban a estos escritos, la Biblia, los Apócrifos y los escritos de sus profetas. Tenían dos ideas fijas: la apertura de la misteriosa caja de Joanna Southcott en presencia de veinticuatro obispos, seis judíos de renombre y otros, y que según ellos contenía los medios para salvar a Inglaterra en la tormenta que se avecinaba, y traer la liberación a Judá; la otra era la curación magnética mediante secciones cargadas de lino y agua, "una liberación y protección seguras, para que la muerte se vuelva inexistente." Además, 144.000 "Israel o los Inmortales" iban a ser sellados y apartados para el servicio, y recientemente oímos que se habían comprado doce millas cuadradas de tierra, donde estos 144.000, una vez elegidos, iban a establecerse.

Como muestra de su actitud hacia los judíos, son interesantes los dos anuncios siguientes, tomados de periódicos judíos:

> (1) *"No antisemitismo, sino antihamitismo* - La Sociedad Panacea está ansiosa por ayudar a los judíos (descendientes de Sem) a librarse de las abominables acusaciones que provocan la persecución antisemita. Lo primero que hay que aprender es que son los descendientes de Cam, que dicen ser judíos, y no lo son, los que son, y siempre han sido, los enemigos de Dios y del hombre."
>
> (2) *"Buenas noticias para los judíos* - las promesas del Profeta y los ideales farisaicos de un reino gobernado por Dios sobre la tierra están a punto de convertirse en HECHO, pues la semana de 6.000 años de 6 días de 1.000 años cada uno se está cerrando rápidamente,

> y el Sábado de Descanso para Israel y para Judá durante el reinado del Mesías sobre la tierra está a punto de comenzar. Infórmese, Sociedad Panacea, Bedford".

Esto, dicen,

> "será el fin de la era adámica, que siguió a las eras atlante, lemuriana y otras, cuya historia está envuelta en Misterio... El Sabbat de reposo de Dios es el séptimo mil desde Adán... [cuando] los hombres vivirán en la tierra liberados del pecado, la enfermedad y la muerte por razón de que Satanás será arrojado de la tierra al lugar preparado para él..."

De nuevo, en un folleto titulado "A nuestros hermanos de la tribu de Judá", dicen que es por la unión de Judá e Israel que el mundo está esperando, y que estas islas son su lugar de reunión; que el rey Jorge V desciende de Sedequías, rey de Judá; por lo tanto, los hebreos tienen un rey, un país, y porque la Union Jack significa, dicen, la unión de Jacob, ¡también tienen una bandera nacional! Pero tanto el judaísmo como el cristianismo han pecado, dicen, en que el primero rechaza al Hijo y el segundo a la Hija. No hace falta decir que la Sociedad Panacea ha aceptado a ambos, y por lo tanto, es la única de todas las religiones o cultos que posee toda la verdad. Una vez más dicen que han abandonado "todos los artificios del hombre en filosofías, filantropías, gobiernos, iglesias, cultos, tales como el Pensamiento Superior, la Ciencia Cristiana, la Teosofía, el Ocultismo, etc.", y están buscando "solos una Nueva Vida". Sin embargo, su culto se basa en el Iluminismo místico, el Rosacrucismo y el Gnosticismo, ¡y uno de sus admirados predecesores fue Jacob Boehme, el Filósofo y Teósofo Teutónico!

Por último, tenemos otro folleto, titulado "La última religión para los últimos tiempos - la religión del "cualquiera"", basado en el texto: "Todo aquel que invoque el nombre del Señor será librado." Continúan:

> "No descartamos ni por un momento las religiones que han servido a nuestra y otras naciones durante los 6.000 años de paz comparativa, cuando era correcto seguir las enseñanzas religiosas de la infancia. Pero esta religión 'cualquiera' es para un tiempo de guerra la guerra final entre Dios y los demonios - y cuando tales cosas como terremotos ... guerras y rumores de guerras, y la angustia

> de las naciones con perplejidad están a punto, como ciertamente lo están hoy en día, es más razonable suponer que una forma muy simple de religión, tal como una orden directa de llamar a Dios para la liberación (para "mí y mi familia") ... sería proporcionada."

Curiosamente, en los últimos meses hemos oído hablar mucho de una religión "Quienquiera", algo similar pero anónima, que pide públicamente al pueblo de la nación que rece por "liberación y protección para mí y mi familia, etc.". Sería satisfactorio para aquellos que de buena fe han respondido a este llamado anónimo, que aún persiste, septiembre de 1935, y firmado la petición, si este misterio de similitud pudiera ser resuelto.

Oímos que la Sociedad de la Panacea se está agitando una vez más, haciendo los últimos intentos desesperados para conseguir abrir la notoria caja de Joanna Southcott. Para acelerar las cosas, han hecho una pequeña concesión: permitirán que veinticuatro clérigos nombrados por los obispos abran la caja, y si el contenido no resulta ser la panacea para los males del mundo, como espera la Sociedad, la caja y todo lo que contiene puede ser quemado. ¡Será que los vientos fríos de la duda están entrando en algunas de sus almas!

Joanna Southcott, 1792-1814, fue el segundo eslabón de la cadena patrística de siete visitaciones basadas en los escritos de Jane Lead, sobre la que la Sociedad Panacea construye su misión en Inglaterra. En una breve declaración de "Las Doctrinas de la Dispensación del Espíritu Santo (durante la cual cesará la muerte)", publicada por la Sociedad en 1922, los siguientes puntos se refieren a la caja y su misión: (4) Probablemente habrán oído que Joanna Southcott dejó una caja, acordonada y clavada, de MSS sellados. La caja es el Arca del Testamento, aludida en Ap. xi. 19, llamada así porque contiene la Voluntad y el Testamento de Dios para este país (¡!). (5) También habrás oído que esta caja sólo puede ser entregada y abierta por veinticuatro obispos de la Iglesia de Inglaterra, que son los veinticuatro ancianos mencionados en Apoc. xi. 16, y son los ejecutores del testamento. (6) La caja se dejó originalmente al cuidado del reverendo Thomas Foley, vicario de Old Swinford, Worcester, y a su muerte fue entregada a su hijo Richard, vicario de North Cadbury. El actual custodio (1922), también eclesiástico, tiene el juramento de no entregar la caja salvo a veinticuatro obispos que cumplan ciertas condiciones establecidas por el Señor (!). (7) La caja será solicitada en un momento de grave peligro nacional. El arca o caja probará públicamente la verdad de lo que durante tanto tiempo se ha estado desarrollando en privado, y también probará la integridad de la Iglesia, al poner ante ella la prueba de una Nueva Revelación Divina, ante la cual debe inclinarse o dejar de existir.

¿Se trata en realidad de una Nueva Revelación? ¿No es más bien antigua como los cultos del pasado más remoto que fueron a constituir la cábala mágica judía-sabeísta y los trabajadores de la "magia fluídica"? He aquí algunos puntos de sus revelaciones de entonces, que parecen mostrar relación con estas antiguas creencias:

> "¿Qué saben los obispos de (1) Espíritu, alma y cuerpo, y su relación con las glorias del sol, la luna y las estrellas [influencias astrales]? (2) Del venidero estado inmortal del hombre y la mujer sobre la Tierra, y cómo se llevará a cabo [¡iluminismo!]? (3) De la Maternidad Eterna y Perdurable del Espíritu Santo [Jerusalén arriba], que es la Tercera persona de la Santísima Trinidad?".

Hemos visto que su Trinidad es cabalística y gnóstica, en la que su objetivo es la iluminación o iluminismo, siendo el Hijo la fuerza vivificadora que, como dicen los gnósticos, crea "Cristos", o deifica al hombre. Es la unión con la fuerza vital universal que parecería ser eterna, y por esta unión, creen, el hombre se haría inmortal en su cuerpo - ¡no moriría nunca!

"Octavia" escribe en *Curación para todos:*

> "Para resumir, Joanna toca las mismas cuerdas que Jane Lead [bajo la influencia de Jacob Boehme], la restitución venidera de todas las cosas al final de los 6.000 años, y todo para ser traído por la Mujer [¡instrumentos mediúmnicos pasivos!] ... la última hora de los 6.000 años se está acabando..."

De nuevo, escribe a los decanos rurales:

> Los Obispos Diocesanos han sido exhortados a informar al clero de las revelaciones sagradas y secretas hechas en este país sobre el cataclismo venidero y sobre las medidas protectoras que el Señor ha preparado, por las cuales un remanente será salvado del derrocamiento, pero ellos han rechazado con un consentimiento

> cada propuesta...". Mientras tanto, hay tiempo para acercarse a los Obispos y exigir que se revisen los registros, particularmente que se abra el Arca que contiene la palabra del Señor a través de la Profetisa Joanna Southcott, pues el "tiempo de grave peligro nacional", que ha de marcar su apertura, está aquí" (mayo de 1923).

Se han gastado miles de libras, dicen, y durante unos veinte años se han enviado declaraciones a los obispos; incluso, en mayo de 1924, enviaron una petición firmada por 11.208 personas en Inglaterra solicitando al arzobispo de Canterbury y a otros obispos que abrieran la caja. En este caso, la declaración se envió a cuarenta y dos obispos, al Capellán General de las Fuerzas Armadas y al Decano de Westminster. El arzobispo respondió que había hecho lo que estaba en su mano "para satisfacer los deseos de aquellos, sean quienes sean, que tienen el control de la caja o cajas, pues mis corresponsales me dicen que hay cajas rivales". Como sabemos, en 1927 una caja fue abierta por el Laboratorio Nacional de Investigación Psíquica, ¡pero el resultado fue más una farsa que un fiasco!

Por otra parte, una organización conocida como los "Pescadores de Hombres", cuyo papel de carta, según el *Evening Standard,* estaba encabezado por el dibujo de una serpiente apuñalada por una daga, aunque creían en la Misión Divina de Joanna Southcott, se desmarcaron de la decisión de la Sociedad Panacea de permitir que la caja fuera abierta por veinticuatro clérigos nominados en lugar de veinticuatro Obispos. Como dijeron, tal concesión "sólo puede resultar en desastre y no en las esperadas bendiciones".

Este símbolo de los "Pescadores de Hombres" parece situar a la Sociedad entre los modernos Illuminati cabalísticos, pues según Eliphas Levi, en su *Historia de la Magia,* "El secreto de la Gran Obra, que es la fijación de la Luz Astral por un acto soberano de voluntad, es representado por los adeptos como *una serpiente atravesada por una flecha,* formando así la letra hebrea Aleph." La Trinidad en ¡Unidad de los cabalistas! La misión Patrística de la Sociedad Panacea y sus afiliaciones es, aparentemente, iluminar Inglaterra por medio de Illuminati controlados, y sus superiores son sin duda los siempre ubicuos Hermanos de las Grandes Logias Blancas, ¡que son cabalistas!

IGLESIA DE LA COMUNIDAD DE STEINER

Volviendo por un momento a Rudolf Steiner, señalemos que Rom Landau, en su libro *Dios es mi aventura, de* 1935, escribe sobre la Iglesia de la Comunidad Antroposófica según le contó uno de sus jóvenes ministros. Sin duda se trata del mismo movimiento del que Albert Steffen hablaba en 1926 con el nombre de *Christengemeinschaft*, cuyos sacerdotes estuvieron presentes en el funeral de Steiner.

Steiner, al parecer, fue el consejero e "inspirador espiritual" de esta Iglesia Comunitaria, que fue iniciada en junio de 1921, por un grupo de jóvenes ministros y laicos en Stuttgart, donde Steiner impartió un "Curso de conferencias para teólogos". El grupo se reunió de nuevo en Dornach, y una vez más Steiner les dio una conferencia sobre sus enseñanzas acerca de Cristo. Sus creencias tradicionales se vieron profundamente sacudidas: decidieron formar una nueva Iglesia basada en las revelaciones de Steiner, y elaboraron una constitución que fue aprobada por Steiner. En septiembre de 1922 ordenó a Rittelmeyer por imposición de manos y éste, a su vez, ordenó a varios ministros jóvenes.

Según Steiner: "La Antroposofía se dirige a la necesidad de conocimiento del hombre y trae el conocimiento; la Iglesia de la Comunidad Cristiana se dirige a la necesidad de resurrección del hombre y trae a Cristo". Eso es despertar al "Dios interior" o kundalini, ¡trayendo el iluminismo! Ahora sabemos que la enseñanza de Steiner sobre Cristo es la de los maniqueos y los judíos de la Escuela Alejandrina. Su Dios es el Principio Creador Universal, y su Impulso-Cristo no es más que la fuerza vivificadora e iluminadora de ese mismo Principio; y la Resurrección, la Crucifixión y la Ascensión no son más que enseñanzas místicas tal como las enseñan los maniqueos.

Por lo tanto, uno se pregunta si esta Iglesia de la Comunidad Cristiana no es un intento de revivir la antigua herejía de los albigenses. Rom Landau nos dice que estas Iglesias existen en Alemania, en varios otros países continentales y en Inglaterra.

CAPÍTULO X

FRATERNIDAD DE LUZ INTERIOR Y YOGA

Pasemos ahora a otro de nuestros *Iluminados modernos*, quizá menos conocido, la "Fraternidad de la Luz Interior", cuyo jefe es Dion Fortune. Sus enseñanzas se basan en gran medida en la Cábala judía. Ella escribe que

> "La Fraternidad es una organización independiente y autónoma, y no está afiliada a ninguna otra organización en el plano físico, sino que mantiene sus contactos directamente con la Gran Logia Blanca ... la Gran Hermandad Blanca ... los Maestros o los Hermanos Mayores. Logia ... la Gran Hermandad Blanca, los Maestros o Hermanos Mayores. Es con éstos con quienes el iniciado en los Misterios entra en contacto cuando su conciencia superior está suficientemente desarrollada."

Dion Fortune explica su verdadera actitud hacia el cristianismo en su libro *Las Órdenes Esotéricas*, cuando, hablando de las tradiciones herméticas, escribe:

> "Su desarrollo más elevado se produjo en los sistemas egipcio y cabalístico, y se mezcló con el pensamiento cristiano en las escuelas de los neoplatónicos y los gnósticos; pero la energía perseguidora de la Iglesia, exotercizada hace mucho tiempo, lo erradicó como sistema organizado. Sus estudios sólo se mantuvieron vivos durante la Edad Media entre los judíos, que fueron los principales exponentes de su aspecto cabalístico. Su aspecto egipcio fue reintroducido en Europa por los Templarios después de que las Cruzadas los pusieran en contacto con los Centros Santos del Cercano Oriente. [Como hemos demostrado, la doctrina secreta de los Templarios era maniquea y juanista, y estaban aliados con los Asesinos]. Eliminada de nuevo por el miedo y los celos de la Iglesia, reapareció una vez más en la larga línea de alquimistas que florecieron después de que el poder de Roma fuera roto por la

> Reforma; y todavía está viva hoy en día. [Durante el último medio siglo se han hecho innumerables intentos para inducir al alma de los Misterios a reencarnarse, y estos intentos han tenido un éxito variable. A partir de muchos esfuerzos abortados se está reformando gradualmente una tradición; el fuego humeante del conocimiento oculto se ha avivado y los dioses se *han acercado de nuevo al hombre."*

Según Dion Fortune, Cristo es el "Señor del Rayo Púrpura", clasificado con Krishna y Osiris. Es el Cristo Cósmico, una fuerza mundial regeneradora y reconciliadora con la que se puede entrar en contacto mediante la meditación y utilizarla para fines Cósmicos; nunca fue una personalidad ni de nuestra humanidad, sino Fuego Cósmico, teniendo al Sol como símbolo. Y, dice, "por inspiración podemos abrir nuestra conciencia a él, y alinearnos con sus líneas de poder hasta que la conciencia se vea impregnada por él y se produzca la iluminación." Y mostrando su naturaleza panteísta continúa: "La unión con el aspecto divino del yo, el Dios interior, debe preceder a la conciencia del Dios del Todo del que no es más que una parte. El nivel espiritual de la naturaleza del hombre no es más que una porción circunscrita del Espíritu Único, el Todo, el aspecto Noumenal de la manifestación".

Por lo tanto, debemos concluir que el primer objetivo de la Fraternidad, como el de todos los grupos iluminados, es unir el Principio Creativo interior al Principio Creativo exterior, atrayendo y haciendo descender el Cristo o Fuego Cósmico -la fuerza iluminadora-, formando así el vínculo magnético con las mentes dominantes de sus Maestros, pues como ella explica nuevamente "Pensando en los Maestros atraemos su atención, y es increíblemente fácil establecer un vínculo magnético con aquellos que siempre están más dispuestos a dar que nosotros a recibir". Como dijeron los Maestros al presente escritor: "¡Necesitamos de ti y de todos tus dones!". Su plan es gobernar un Estado Mundial Universal, y para ello necesitan instrumentos pasivos pero dotados. Como la misma Dion Fortune escribe:

> "Los Maestros reciben a las almas como alumnos, no en beneficio del alma, sino en beneficio de la Gran Obra; no se forma a un hombre en aras de la curi osidad o el entusiasmo, sino sólo en la medida en que sea valioso como servidor."

Habiéndose convertido debidamente en servidores iluminados, los adeptos deben entrenar e iniciar a otros dupes para un servicio similar en una u otra dirección, según lo requieran estos Maestros. Por lo tanto:

> "Un oficial que comprendiera correctamente su función, reflexionaría sobre la fuerza que debería actuar a través de su cargo, hasta que su personalidad estuviera tan saturada de ella que irradiara su influencia sobre el candidato que estaba ayudando a iniciar. La acción unida de todos los oficiales construye una mente grupal que es capaz de transmitir y enfocar potencias de un tipo mucho más masivo o cósmico de lo que podría ser transmitido a través del canal de una sola conciencia".

El color y el sonido desempeñan un papel importante en la transmisión de estas fuerzas. Como dijo Max Heindel y repite Dion Fortune:

> "Estas vibraciones sonoras invisibles tienen un gran poder sobre la materia concreta. Pueden construir y destruir. Si se coloca una pequeña cantidad de polvo muy fino sobre una placa de latón o cristal y se pasa un arco de violín por el borde, las vibraciones harán que el polvo adopte bellas figuras geométricas. La voz humana también es capaz de producir estas figuras; siempre la misma figura para el mismo tono. Si se hace sonar una nota o un acorde tras otro... preferiblemente un violín... se llegará finalmente a un tono que hará que el oyente sienta una vibración distintiva en la parte posterior inferior de la cabeza. Cada vez que se toque esa nota, se sentirá la vibración. Esa nota es la "nota clave" de la persona a la que afecta. Si se toca lenta y suavemente, fortalecerá y descansará el cuerpo, tonificará los nervios y restaurará la salud. Si, por el contrario, se hace sonar de forma dominante, fuerte y durante el tiempo suficiente, matará con tanta seguridad como la bala de una pistola".

Y Dion Fortune resume:

> "Todas estas influencias se emplean para construir una gran forma-pensamiento en la mente grupal de la Logia, y en esta forma-pensamiento se vierten las potencias evocadas por los Nombres de Poder utilizados en el trabajo iniciático, y estas influencias son enfocadas sobre el candidato mientras se encuentra en un estado de conciencia exaltada, Este es el fundamento de la iniciación."

Esto nos remite a la Orden de los Élus Coens de Martínez de Paschalis y a la Cábala Mágica judía con su "magia fluídica" y el poder generado por la pronunciación de los llamados nombres divinos, tan utilizados en todas las órdenes mágicas, tanto orientales como occidentales. Como decían los antiguos Oráculos Caldeos: "No cambies los nombres bárbaros en la evocación, porque son nombres Divinos, que tienen en los ritos sagrados un poder inefable". Y los colores, lo sabemos, son las firmas de las fuerzas, por lo tanto sus vibraciones son similares a sus fuerzas correspondientes.

Como excusa, la excusa habitual de todas las Fraternidades y Órdenes de este tipo, para el juramento de secreto, Dion Fortune explica:

> "El conocimiento está reservado para que la humanidad pueda ser protegida de su abuso en manos de los sin escrúpulos... La mente tiene ciertos poderes poco conocidos, que son tan potentes y tan sutiles que, utilizados para el crimen, podrían derribar el sistema social de una nación. Los tribunales reconocen que una persona puede ejercer una influencia indebida sobre otra, pero apenas se dan cuenta del tipo de influencia que una mente entrenada puede ejercer sobre otra no entrenada."

Es, por lo tanto, razonable preguntar: ¿Tiene Dion Fortune alguna prueba real de que estos llamados Maestros y Hermanos de la llamada Gran Logia Blanca no son ocultistas y magos sin escrúpulos y ambiciosos, que usan y abusan de estos poderes sutiles de las mentes de los hombres para llevar a cabo sus propias ambiciones mundiales locas y fanáticas, derrocando los sistemas sociales, religiosos y políticos, no de una nación sino de todas? Si no es así, ¿está dispuesta a asumir la enorme responsabilidad y el riesgo para sí misma y, más especialmente, para sus confiados candidatos e incautos? Enseña que los Manus, por medio de la sugestión o la transferencia de pensamiento, ¡plantean ideas en la conciencia humana! ¿Quiénes son esos supuestos Manus? ¡Un nombre prestado de Oriente con qué fin!

Otra vez:

> "Es por esta razón [Iluminismo] que los Maestros fundaron y apoyan organizaciones tales como la Sociedad Teosófica, la Sociedad Antroposófica, la Fraternidad Rosacruz, y muchas otras, menos conocidas pero no menos útiles..."

Curiosamente, encontramos entre sus libros, a la venta para los miembros, Crowley's *Magick*, que contiene "una reimpresión del famoso "777"". Este último libro se construyó en gran parte a partir de correspondencias dadas en las "Conferencias de Conocimiento" cabalísticas de la Golden Dawn, ¡de cuya Orden Crowley fue miembro en Londres de 1898 a 1900, cuando fue expulsado! -

Finalmente, como muchos otros *Iluminados*, la "Fraternidad de la Luz Interior" profesa abstenerse de actividades políticas como organización, pero cualquier miembro, habiendo sido orientado por la enseñanza de estos Maestros en los planos Internos, "es su deber como ciudadano mantenerse informado respecto a asuntos de política y administración nacional y local, y hacer valer su influencia sobre éstos en la causa de la justicia y la rectitud."

¡Su influencia sería naturalmente la de su Amo y control!

¿Quiénes son estos Maestros? ¿Y cuál es su Gran Obra? ¿Han cambiado las cosas desde que de Luchet escribió en 1789:

> "e formó en el corazón de la más densa oscuridad una sociedad de seres nuevos, que se conocían sin ser vistos, que se comprendían sin explicación, que se servían sin amistad. Su sociedad pretende gobernar el mundo, apropiarse de la autoridad de los soberanos, usurpar sus tronos dejándoles el mero y estéril honor de llevar la Corona. Adopta el régimen jesuítico, la obediencia ciega y los principios regicidas del siglo XVII; de la Francmasonería las pruebas y las ceremonias exteriores; de los Templarios las evocaciones subterráneas y la audacia increíble. Utiliza los descubrimientos de la física para imponerse a la multitud ignorante".

Los manipuladores invisibles del Iluminismo pueden ser pocos, pero sus métodos tienen la sutileza secreta de la serpiente, y sus incautos son muchos. Es uniendo medias cualidades en hombres y mujeres en grupos de tres, cinco, siete, doce, etc., donde reside el poder de la magia; son, por así decirlo, los siete colores del prisma, unidos para formar la "Divina Luz Blanca" de los Rosacruces, cada individuo representando las características de un color, por lo tanto, de una fuerza. Esto se aplica a la magia material, mental y emocional. Hay también muchas otras correspondencias ligadas a cada fuerza, como lo muestra

Crowley en "777", que cuando se combinan juntas se suman a la potencia de esa fuerza en particular. Como lo expresa Dion Fortune

> "Un sistema de Correspondencias consiste en un conjunto de símbolos que la mente concreta puede aprehender y un conocimiento de las cadenas de asociación que los conectan entre sí; este conocimiento es absolutamente esencial para el desarrollo oculto."

O por arte de magia, ¡blanco o negro!

KUNDALINI-YOGA

El Kundalini-Yoga, de una forma u otra, se encuentra en todas estas sectas; es la base de su atracción y poder. Sin el Kundalini-Yoga no podrían existir, no habría misteriosos Maestros que derramasen enseñanzas sugestivas e intrigantes, que dieran direcciones y consejos aparentemente sabios; No se verían visiones ni se oirían voces, no se saldría al mundo profano orientando las mentes por medio de estas insidiosas enseñanzas, atrayendo a las redes a los incautos y a veces auténticos buscadores de la verdad, pero más a menudo a los ávidos de emociones, buscando algo que realce o dé interés a una vida por lo demás incolora, seducidos por la promesa de despertar poderes hasta ahora insospechados y misteriosos, pero siempre bajo control y ostensiblemente para la mejora de la Humanidad colectiva. Vinculando a los miembros con un juramento de secreto y obediencia ciega - el secreto de su contacto con estos Maestros o Hermanos Mayores que, a través de estos pseudo-misterios y sus incautos, gobernarían el mundo y usurparían la autoridad.

En su libro *Serpent Power, de* 1919, Arthur Avalon (Sir John Woodroffe) escribe:

> "Los Tantras dicen que está en el poder del hombre realizar todo lo que desea si centra en ello su voluntad... porque el hombre, dicen, es en su esencia uno con el Señor Supremo [Principio Creativo Universal.], y cuanto más manifiesta el espíritu [luz astral] tanto más dotado está de sus poderes... El objeto de los rituales tántricos es elevar estas diversas formas de poder a su máxima expresión."

El centro y la raíz de estos poderes en el hombre reside en la Kundalini. Por lo tanto, podemos entender por qué el Dios de todos estos misterios modernos es el Principio Creador Universal, y la Kundalini dentro del hombre se llama el "Dios interior" o dios oculto, y, finalmente, por qué el hombre, cuando se llena hasta la intoxicación con esta luz astral, se ve a sí mismo como Dios, un hombre deificado e iluminado.

Brevemente, la Kundalini es la fuerza sexual que yace en tres espirales y media en la base de la columna vertebral. Es la parte del Gran Aliento o *Swara* que es "la manifestación más poderosa del poder creador en el cuerpo humano". Está formado por tres energías: *Ida*, en el lado izquierdo de la columna vertebral, el canal lunar o femenino (o Nadi); *Pinggala*, en el lado derecho, el canal masculino o solar; *Sushumna*, el canal del Fuego unificador y disolvente, dentro de la propia columna. Es el "Poder de la Serpiente", el creador, preservador y destructor, el I.A.O. de todas las sectas herméticas, cabalísticas y gnósticas.

> "Ella, la más sutil de las sutiles, encierra en sí el Misterio de la creación, y por su resplandor, se dice, se ilumina el universo, se despierta el conocimiento eterno [subconsciente] y se alcanza la liberación... Ella mantiene a todos los seres del mundo por medio de la inspiración y la expiración."

La Kundalini debe primero ser despertada por una mente y una voluntad poderosas, junto con acciones físicas adecuadas; se prescriben ciertos modos de entrenamiento y adoración, el uso de imágenes, emblemas, símbolos, imágenes, mantras y procesos, etc. Una vez activado, es atraído hacia el centro cerebral, "como en el caso de las cargas eléctricas ordinarias positivas y negativas, que no son más que otras manifestaciones de la polaridad universal que afecta al mundo manifestado".

Pinggala cuando se despierta sube de derecha a izquierda, rodeando los lotos o chakras, estos centros de fuerza física y psíquica, llegando a la glándula pineal, en la raíz de la nariz, entre las cejas; *Ida* va de izquierda a derecha, también rodeando los chakras, subiendo al mismo centro entre las cejas. Estos dos, junto con el *Sushumna*, forman un nudo trenzado en esta misma glándula pineal. Para ser conducida por el "Sendero del Medio", la fuerza vital debe ser retirada tanto del *Pinggala* como del *Ida*, desvitalizando el resto del cuerpo por el momento, y hacerla entrar en el Sushumna, perforando los chakras en su camino ascendente, absorbiendo en sí misma los tattvas de cada chakra, también los sub-tattvas con los que cada uno a su vez está intercargado. Así tenemos el tattva *tierra* del chakra de la base de la columna vertebral; *agua,* el bazo; *fuego, el* ombligo o plexo solar; *aire,* el corazón; *éter, la garganta.* Al pasar de lo grosero a lo sutil, la tierra se disuelve en el agua, el agua es absorbida por el fuego; el fuego es sublimado por el aire y el aire por el éter, y al absorber estos tattvas la Kundalini se vuelve, por así decirlo, sutil y se libera de lo grosero. Algunos llaman a esto transmutación de la fuerza sexual, que conduce a las cosas espirituales, pero en realidad es sólo astral. Habiéndose unido con lo universal en el centro cerebral, desciende entonces, proyectando al mismo tiempo las fuerzas tátvicas en los diversos chakras, ocupando de nuevo su posición potencial latente en la base de la columna vertebral, y el cuerpo reanuda su vitalidad. Cuanto más tiempo pueda retenerse en el centro cerebral, sede del "Señor Supremo", mayor será, según se dice, el poder y el conocimiento adquiridos por el Yogui.

Tal es el "Dios interior" de todas estas sectas. Está representado por el Caduceo de Hermes, con sus serpientes gemelas, negativa y positiva, enroscándose alrededor de la varilla central, la columna vertebral, coronada en la glándula pineal por las alas de lo que se llama liberación; la bola en la parte superior de la varilla es el cuerpo pituitario, la sede del poder supremo. O como lo expresa la Tabla de Esmeralda de Hermes:

> "Lo que está abajo es semejante a lo que está arriba, y lo que está arriba es semejante a lo que está abajo para realizar las maravillas de una cosa [la manifestación]. Su padre es el Sol; su madre es la Luna. Es la causa de toda perfección en toda la tierra [equilibrio].. El poder es perfecto *si se transforma en tierra [*fijación de la luz astral en una base material]. Separa la tierra del fuego, lo sutil de lo grosero, actuando con prudencia y juicio. Asciende con la mayor sagacidad de la tierra al cielo, y luego desciende de nuevo a la tierra y une juntas las cosas inferiores y superiores; así poseerás la luz del mundo entero, y toda oscuridad volará lejos de ti [el ascenso de la Kundalini o Poder de la Serpiente y el descenso del Relámpago. Es la serpiente atravesada por una flecha, fijación de la luz astral en un cuerpo material, produciendo iluminación o Iluminismo]. Esta cosa

> tiene más fortaleza que la fortaleza misma, porque vencerá toda cosa sutil y penetrará toda cosa sólida. Por ella se formó el mundo".

Es el Principio Creativo Universal, las fuerzas electromagnéticas de la vida. Es la fuerza que puede matar o hacer vivir. Además, Max Heindel, en su libro *Rosicrucian Cosmo-Conception,* da el diagrama de los tres caminos tomados por el Kundalini o las fuerzas sexuales no utilizadas. Los llama, a la derecha de la columna vertebral, místico; a la izquierda, ocultista; y al centro, adepto. Todos ellos conducen a la iluminación, es decir, a la clarividencia, la clariaudiencia y la enseñanza impresionista. Estos, en forma de procesos mentales sugestivos, fueron recibidos por el Dr. Felkin del Dr. Steiner, y dados, junto con ciertas meditaciones y ejercicios respiratorios de Steiner, a los miembros de la *Stella Matutina*, a quienes simplemente se les dijo que estos procesos despertarían sus sentidos internos. A cada uno de estos tres procesos se le asignaba uno de los tres nombres siguientes: Jakin, Boaz o Macbenac, que representan las fuerzas Kundalini, los tres Pilares que se encuentran en toda la Masonería, los Pilares cabalísticos de Misericordia, Severidad y Suavidad del Árbol de la Vida. Según el Dr. Wynn Westcott, el Árbol de la Vida cabalístico es simplemente la forma rabínica de la unión del principio creativo dentro del hombre, con el Principio Creativo Universal fuera. Y como explica Max Heindel:

> "Dará un conocimiento de primera mano de los reinos superfísicos".

El gran peligro de este Yoga, tal como se practica entre *los Iluminados* occidentales y modernos, parece ser, pues, no sólo una intoxicación de luz astral, que produce ilusiones y engaños, incluso manías, sino también el grave riesgo de que una mente más fuerte, que trabaja en el plano astral, se apodere de una mente más débil y menos informada, utilizándola para sus propios fines, como en el caso de estos Maestros y Hermanos Mayores, que parecen ser tomados en confianza por los líderes de estos cultos. Como escribe Dion Fortune:

> "Al pensar en los Maestros atraemos su atención, y es increíblemente fácil establecer un vínculo magnético con quienes siempre están más dispuestos a dar que nosotros a recibir; y si alguien, después de pensar en los Maestros y formular el deseo de

ser aceptado como alumno, comprueba que las circunstancias de su vida empiezan a estallar en una tormenta, sabrá que su solicitud ha sido aceptada y que han comenzado las pruebas preliminares."

Los Maestros nunca toman a los alumnos en confianza, los prueban, les dan forma y los tallan, hasta que son humilde y ciegamente obedientes, listos para hacer su trabajo designado en el Gran Plan de estos "Superhombres". Y así vemos al mundo occidental impregnado de líderes en cultos de Yoga, sólo un poco menos ignorantes que los hombres y mujeres a los que instruirían, todos preparando el camino para los "Maestros", sean quienes sean.

OUSPENSKY

En primer lugar tomaremos a P. D. Ouspensky, un ruso, tal como aparece en su libro *Un Nuevo Modelo del Universo. En* lo que respecta al ocultismo, no hay nada realmente nuevo en este libro, pues se basa en gran medida en la obra de otros escritores, con la idea de demostrar que la mayoría de las religiones, cultos y ocultismo son meramente "pseudo". Como dice el autor: "Cuando comprobamos que la religión está siglos... por detrás de la ciencia y la filosofía, la principal inferencia es que se trata de... pseudoreligión". Lo único real en su opinión es el "esoterismo", que aparentemente significa sensaciones y enseñanzas obtenidas por misticismo, inducidas por alguna forma de Yoga. Todo esto está entretejido con sus propios y vagos experimentos, teorías y sentimientos.

Cree que el mundo está controlado por un "círculo interior". "La verdadera civilización", dice, "sólo existe en el esoterismo... El círculo interior es, de hecho, la parte verdaderamente civilizada de la humanidad". He aquí su teoría del crecimiento del círculo interior: Adán y Eva salieron del Gran Laboratorio de la Naturaleza y aparecieron sobre la tierra; durante un tiempo fueron ayudados por las potencias que los crearon. Al principio los hombres eran incapaces de cometer errores, y así avanzaron rápidamente, pero a medida que pasaba el tiempo, creyeron distinguir el bien del mal, y fueron capaces de guiarse a sí mismos. Entonces cometieron error tras error, hasta que gradualmente cayeron al nivel del que se elevaron "¡más el pecado adquirido!". Un cierto número no cometió errores, y fue capaz de preservar todo el conocimiento que era realmente valioso para la cultura; éstos se convirtieron entonces en el "círculo interior" (¡suponemos que los Hermanos Mayores de la Gran Logia Blanca!). Este círculo interior ocupó el lugar de los poderes que crearon a los hombres. Su religión es el esoterismo; todas las demás, por lo tanto, son "pseudo". Tales son las teorías sin inspiración ni inspiración de Ouspensky; ¡que nos parecen ni siquiera originales!

Sus capítulos sobre las cartas del Tarot y las diversas formas de Yoga están tomados de libros ya bien conocidos. Explica así los poderes adquiridos mediante el primer *Raja-Yoga:*

> "Como resultado, el hombre alcanza un estado de libertad y poder extraordinarios. No sólo se controla a sí mismo, sino que es *capaz de controlar a los demás.* Puede leer los pensamientos de otras personas, tanto si están cerca de él como a distancia; *puede sugerirles sus propios pensamientos y deseos y subordinarlos a sí mismo. Puede* adquirir clarividencia, puede conocer el pasado y el futuro".

El Karma-Yoga, que significa *no-apego,* "enseña al hombre... que en realidad no es él quien actúa, sino sólo un poder que pasa a través de él". Rara vez actúa "independientemente, sino en la mayoría de los casos sólo como parte de uno u otro gran todo" - ¡sin duda gobernado por fuerzas y leyes a menudo puestas en movimiento por el "círculo interior" para sus propios fines! *El Hatha-Yoga* es el logro por el control sobre el cuerpo y la naturaleza física del hombre. "Aprendiendo a gobernar sus propios cuerpos los Yoguis aprenden al mismo tiempo *a gobernar la totalidad del universo material",* es decir, el desarrollo de la voluntad y del poder del pensamiento. *El Jnana-Yoga* utiliza los métodos *del Raja-Yoga,* y se dice que educa la mente y revela las leyes fundamentales del universo. *El Bhakti-Yoga* enseña cómo creer, orar y alcanzar cierta salvación; en él no existen diferencias de religión.

Ouspensky insiste en que el Yoga sólo debe practicarse bajo la dirección de un maestro, aunque aparentemente lleva a cabo, por su cuenta, experimentos místicos que, de ser controlados por algún grupo desconocido, podrían conducir a cualquier cosa, desde la sugestión externa hasta la obsesión. Escribe:

> "Durante los primeros experimentos... sentí que desaparecía, que me desvanecía, que me convertía en nada... en un caso era Todo lo que me engullía, en el otro era Nada... en experimentos posteriores la misma sensación de desaparición del "yo" comenzó a producir en mí un sentimiento de extraordinaria calma y confianza... Cuando sentí que yo no existía, todo lo demás se volvió muy simple y fácil."

Entonces empezó a recibir enseñanzas. Esto es común a todas las escuelas ocultas, y más generalmente significa control por alguna influencia exterior. Además, como sabemos, la llamada transmutación o más bien perversión de la fuerza sexual es la base de todos esos experimentos en Yoga. Como él explica, la fuerza sexual se utiliza para "el desarrollo del hombre en la dirección de la adquisición por su parte de una conciencia superior y la apertura de sus fuerzas y facultades latentes". La explicación de esta última posibilidad en conexión con el uso de la energía sexual para este propósito, forma el contenido y el significado de todas las enseñanzas esotéricas".

Habla de Yogui Ramakrishna, que era un Bhakti-Yogui, y vivió en los "ochenta" del siglo pasado, en el monasterio Dakshineswar, cerca de Calcuta. "Reconocía como iguales a todas las religiones con todos sus dogmas, sacramentos y rituales". Durante doce años él (el Yogui) experimentó, en el camino del ascetismo, con todas las religiones, y según él mismo, alcanzó los mismos resultados de éxtasis, en cada una, y por lo tanto concluyó que todas las grandes religiones eran una. Pero su Madre divina era la Gran Madre Naturaleza! y su éxtasis significaba la unión con la Fuerza Creadora Universal!

Es interesante y esclarecedor saber que Swami Vivekananda, que fue a América en 1893 para participar en el "Parlamento de las Religiones", ¡era uno de los discípulos de Ramakrishna! En su libro, *El misticismo en la corte de Rusia,* J. Bricaud dice: "Ciertos escritos de Dostoiewsky, Tolstoi y Merejkovsky han revelado a los occidentales la naturaleza secreta del alma rusa, atormentada y ávida de lo maravilloso". ¿No es Ouspensky una más de esas almas rusas, ávidas de lo maravilloso, como demuestran sus experimentos y sus vagas sensaciones pseudo-místicas autoinducidas, descritas como sentidas por él en las Pirámides, el Taj Mahal, etc.? ¿No es este pseudo misticismo en sus herramientas lo que requieren aquellos que quieren controlar y dominar secretamente a la humanidad?

Ouspensky fue durante un tiempo discípulo de Gurdjieff, ese extraño hombre que, durante un tiempo, ejerció una extraordinaria influencia sobre muchos y variados seguidores en Fontainebleau, y que ahora aparentemente se encuentra en Nueva York. No es de extrañar que veamos a América, hoy en día, podrida por la peste de estos cultos, de modo que incluso aquellos que salvarían a su país están dominados por "Hermanos Mayores" de un tipo u otro o impregnados de un misticismo y espiritismo peligroso y equivocado.

VIVEKANANDA

En *The Confusion of Tongues*, 1929, Charles W. Ferguson habla de la gran invasión de Swami y Yogi en América durante los últimos cuarenta años. De Swami Vive kananda dice: "Fue el primer y más grande fanático de Oriente en ofrecer los misterios hindúes en forma palatable para el consumo americano". En 1893 este Swami viajó a América, elegido por sus seguidores para representarlos en el Parlamento de las Religiones que, en septiembre de ese año, se celebró en Chicago. Llegado allí en julio, se instaló en uno de sus hoteles más ricos. Pronto se le acabó el dinero y, como no tenía credenciales, le dijeron que no sería recibido en el Parlamento de las Religiones cuando se inaugurara. Triste y apenado, partió hacia Boston, y en el tren una amable señora se hizo cargo de él e hizo de su casa su cuartel general. En Boston fue acogido por los profesores de Harvard, y cuando llegó el momento fue enviado a Chicago armado con las credenciales requeridas, y finalmente encontró el camino hacia el Parlamento de las Religiones. Allí, entre las diversas sectas y cultos, tuvo un éxito inmenso y dio un gran impulso a todos los movimientos que predicaban la "divinidad del hombre". En Nueva York fundó una Sociedad Vedanta, que se extendió y recibió un gran apoyo. Su propósito declarado era unificar y sintetizar Oriente y Occidente, pero lo que hizo principalmente fue preparar el camino para una horda de figuras menores que, sin duda, llevaron su misión mucho más allá de su propio objetivo final. Concienció a la India americana y popularizó la filosofía hindú.

En su filosofía y enseñanzas, tal como se recogen en *The Life of Swami Vivekananda*, por sus discípulos orientales y occidentales, 1912-15, sus conferencias sobre el Raja-Yoga, o la conquista de la naturaleza interior, enseñan que el objetivo de la vida "es manifestar esta divinidad interior mediante el control de la naturaleza, interna y externa", y que todas las filosofías indias tienen un objeto, "es decir, la liberación del alma [¡el 'dios interior'!] mediante la perfección". Más adelante:

> "Cuando el Yogui se vuelva perfecto, no habrá nada en la naturaleza que no esté bajo su control. Si ordena a los dioses que vengan, vendrán a su voluntad. Todas las fuerzas de la Naturaleza le obedecerán como esclavas, y cuando los ignorantes vean estos poderes del Yogui los llamarán milagros. La Naturaleza está dispuesta a entregar sus secretos... mediante la concentración. No hay límite para el poder de la mente humana. Cuanto más concentrada está, más poder se concentra en un punto, y ése es el secreto."

Como señala el Sr. Ferguson:

> "El Raja-Yoga, renunciando y descartando el motivo religioso, se propone no obstante hacer del hombre el rey del alto cielo y el ingeniero del cosmos... Si podemos juzgar por los testimonios, lo que los que siguen a los Swamis y Yoguis quieren en el camino de la religión moderna es un rápido alivio de la neurastenia y la frustración... y una tregua temporal del fascinante pero a veces enloquecedor mundo en el que vivimos."

A continuación expone brevemente los ocho pasos del Raja-Yoga que conducen a la iniciación completa, y que deben practicarse bajo la dirección de un maestro inspirado: *Yama*, en el que el alumno se domina a sí mismo, se vuelve confiado y autosuficiente, y se entrega a lo que concibe como Dios; *Asana*, una serie de ejercicios y posturas diseñados para poner el cuerpo completamente a merced de la mente. *Pratyahara*, un método para hacer que la mente sea implacablemente introspectiva; *Dharana*, un proceso a través del cual se logra la concentración; *Shyana*, o meditación sagrada sobre ideas elevadas; y *Samadhi*, en el que el individuo finalmente se eleva a la superconciencia completa y vive en un reino donde las dolencias y limitaciones del cuerpo no ejercen ninguna influencia sobre él. De nuevo: "Si uno permanece tenazmente en el ritual de la respiración, el fluido sagrado de kundalini [fuerza sexual], que tiene su residencia en el asiento de la columna vertebral, se despertará... entonces se abrirá el libro del conocimiento". Esto se obtiene controlando el *Prana,* las fuerzas duales del universo, que se manifiestan como movimiento, gravitación y magnetismo en el cosmos, y como corrientes nerviosas y fuerza del pensamiento en el cuerpo.

YOGANANDA

Entre la horda de Swamis y Yoguis que han explotado estos poderes americanizando y comercializando el Yoga, Swami Yogananda es, o fue, aparentemente uno de los más exitosos. Llegó a América, en 1920, para asistir al Congreso Internacional de Religiones en Boston, y su primer centro se organizó allí, pero más tarde tuvo su sede en el Centro Mount Washington de Yogoda y Sat-Sanga, en California. Yogoda significa un sistema que "enseña a armonizar todas las facultades y fuerzas que operan para la perfección de la mente, el cuerpo y el alma". Sat-Sanga significa "comunión con la Verdad". En 1929 afirmaba tener 20.000 estudiantes de su sistema, con centros en ocho ciudades importantes, y también una revista bimensual *East-West Magazine.* Desea establecer "Escuelas de cómo vivir" en todo el mundo.

A grandes rasgos, la ciencia del Yogoda consiste aparentemente en magnetizar la columna vertebral y utilizar esta electricidad almacenada en el cuerpo y alojada en el cerebro como la principal fuente de energía, y finalmente se dice que la dicha se instala en el físico y se olvidan los placeres de la carne. Por último, anunciado como un sistema de perfección corporal para los "ocupados pueblos occidentales aspirantes", "utiliza la voluntad para recargar la batería del cuerpo a partir de la corriente vital cósmica, y así producir un estado sin fatiga". Más adelante:

> "También incluye la técnica más elevada de meditación y concentración mediante los métodos psicofisiológicos enseñados

por los grandes santos y sabios de la India. Cómo ver la fuerza vital y oír las vibraciones cósmicas... Yogoda acelera la evolución del hombre mediante una cooperación inteligente con la ley cósmica. Restaura su herencia eterna y le da la realización de sí mismo como *energía vital inmortal*".

En Inglaterra no carecemos de nuestra cuota de Swamis y Yoguis explotadores y proselitistas, y lo que queremos enfatizar es que una forma tan burda de Yoga Oriental, cuando se aplica a la mentalidad occidental, ya sea en la forma de sistemas indios o tibetanos o la Cábala Mágica de los judíos, sólo resulta en una pasividad hipnótica o desequilibrio, a través de una sobrecarga de luz astral, y es destructiva para la virilidad occidental y el poder mental, que terminará por sumergir las tradiciones occidentales y cristianas, dejando a las naciones una presa fácil de dominación por sus enemigos siempre vigilantes y secretos. Tampoco debemos olvidar nunca que estas fuerzas cósmicas y vitales pueden tanto matar como dar vida, corporal y mentalmente, y en manos de hombres ambiciosos y sin escrúpulos, "Superhombres", "Hermanos Mayores", o toda la gama de los que controlan astralmente estas sectas y cultos que han carcomido la vida del mundo occidental hasta hoy, esta enseñanza del Yoga puede ser un arma mortal de poder para la dominación maligna o la venganza, bajo la máscara del desarrollo del alma o el logro religioso.

MEHER BABA

Otra figura menos poderosa pero más teatral es Sri Meher Baba, conocido como "El Nuevo Mesías". *John Bull, 7 de* mayo de 1932, publicó, "después de haber completado una minuciosa investigación sobre sus operaciones de los últimos años", algunos detalles interesantes sobre quién es y cómo surgió de la oscuridad a la publicidad, utilizando métodos teatrales que le dieron cierta notoriedad. Su agente para Europa y América era un hombre no desconocido entre los círculos de Illuminati en Inglaterra, y fue en su granja en el sur de Inglaterra, donde una colonia de devotos que sumaban alrededor de veinte, hombres y mujeres, jóvenes y viejos, blancos y de color, se establecieron durante algún tiempo para alcanzar "la Gran Realización", a través de la enseñanza de

Meher Baba. Paul Brunton, en *A Search in Secret India*, nos dice que "su nombre personal es Meher, pero se llama a sí mismo Sadguru Meher Baba. Sadguru significa 'maestro perfecto', mientras que Baba es simplemente un término de afecto de uso común entre algunos de los pueblos indios." Su padre es persa y zoroastriano, y Meher Baba nació en Poona en 1894 y llevó una vida normal hasta que tuvo unos veinte años, cuando entró en contacto con "una conocida faqueer muhammadiana, Hazrat BabaJan", que en cierto modo desequilibró su mente. Algunos creen que nunca se recuperó del todo.

John Bull nos informa de que, hasta su más o menos reciente "llamada" al mesianismo, su medio de vida era la venta de licor autóctono en los callejones de Nasik, donde, en 1932, sólo tenía, al parecer, unos pocos miles de seguidores. Aunque su fama en la India es limitada, muchos de sus seguidores son ricos, y pudo reunir grandes sumas, que utilizó para financiar diversos planes con fines publicitarios. Uno de ellos era la construcción de un cine en Nasik, pero debido a las llamadas de los acreedores y a la falta de fondos nunca llegó a terminarse. Otro era una escuela en Ahmadnagar para niños de diversas castas, credos y razas, que debían ser entrenados espiritualmente para actuar como sus "embajadores" o Mesías menores en todas partes del mundo. Incluso intentó, por medio de un emisario, atraer a muchachos europeos a esta escuela; los arreglos finales fueron concluidos por su agente, pero las autoridades intervinieron y los muchachos permanecieron en casa.

En cuanto al culto de Meher Baba, es el llamado yoga, un método acelerado de trabajar sobre la Kundalini y despertar los sentidos latentes o, como ellos dicen, de "familiarizarse con aquellas fuerzas que, una vez liberadas, permitirán al estudiante realizar mayores posibilidades de acuerdo con las leyes internas de la Naturaleza y de la Vida." Para impulsar este proceso había baños de sol, violentos ejercicios físicos al aire libre, el estudio de todos los problemas psicológicos y una conducción general de la vida sencilla bajo las instrucciones de Meher Baba. Uno puede ridiculizar a tales creadores de hongos, gurús que cubren su comparativa ignorancia e incapacidad como maestros con espectaculares acrobacias tales como el "silencio", que durante bastantes años Meher Baba se ha impuesto a sí mismo como preparación para su futura y poderosa vocación, supliendo su falta de habla con un tablero alfabético, en el que trabaja como una máquina de escribir mientras un discípulo interpreta su significado y sus enseñanzas. Cree que habrá una gran guerra, y cuando eso ocurra su lengua se soltará y enseñará y guiará a todos los pueblos y traerá la paz; ¡hasta entonces silencio!

Paul Brunton añade como nota a su relato sobre "El nuevo Mesías":

> "Meher Baba ha aparecido desde entonces en Occidente, y un culto occidental ha empezado a reunirse a su alrededor. Sigue prometiendo cosas derosas, que sucederán cuando rompa su silencio. Ha visitado Inglaterra varias veces, ha adquirido seguidores en Francia, España y Turquía, y ha estado dos veces en Persia. Hizo un viaje teatral por el continente americano con un séquito mixto de hombres y mujeres. Cuando llegó a Hollywood, se le ofreció una recepción real; Mary Pickford le agasajó en su casa, Tallulah Bankhead se interesó por él, mientras que un millar de personalidades se presentaron ante él en el hotel más grande de Hollywood. Se adquirió una gran extensión de terreno en Estados Unidos para establecer su cuartel general en el Oeste. Mientras tanto, la mudez sigue en sus labios, al tiempo que revolotea impulsivamente de país en país en breves visitas. Por fin ha saltado a la fama".

Resumiendo Meher Baba y su experiencia con la anciana faquir, dice:

> "Creo que el joven Meher se desequilibró bastante como resultado de esta experiencia inesperada. Esto era bastante obvio cuando cayó en una condición de semi-idiotez y se comportaba como un robot humano, pero no es tan obvio ahora que ha recuperado la cordura. No creo que haya recuperado la normalidad como ser humano. Para algunas personas, una sobredosis repentina de religión, trance yóguico o éxtasis místico, es tan desequilibrante como una sobredosis repentina de ciertas drogas..."

Sin embargo, como sabemos, esta pseudoliberación, tal como se practica en todos estos grupos modernos, conlleva peligros inciertos -mentales, morales y físicos-, pero los entusiastas fanáticos y tal vez algo hipnotizados siempre están dispuestos a correr riesgos en su búsqueda de la excitación de lo que llaman elevación espiritual, que tan a menudo termina en mediumnidad explotada por algunos poderes desconocidos con fines políticos y subversivos. Sólo tenemos que mirar entre nuestros llamados intelectuales para darnos cuenta de esto. América, donde Meher Baba va a difundir esta Yogacraze, es tal vez más susceptible que Inglaterra al virus de este veneno, que actúa como una droga, jugando hasta el ansia inquieta de algunos de sus ciudadanos para las experiencias psíquicas, tan a menudo en ese país con toda franqueza aplicado a meros negocios materiales y fines comerciales, o incluso puede ser, para promover esquemas políticos subversivos.

Por otra parte, la moda moderna del Iluminismo no es menos desintegradora y desmoralizadora. Félix Guyot, aparentemente martinista, en un libro sobre *el Yoga para Occidente,* revela algunos métodos peligrosos que, según él, conducen a la iluminación y al contacto con los Maestros, métodos que practica desde hace más de treinta años, y que son curiosamente afines a los que se enseñan en la Stella Matutina y la R.R. et A.C., la Sociedad Antroposófica, etc., que son martinistas y rosacruces. Dice que "la humanidad retrocede, estamos bajo el dominio de la Bestia". ¿Pero no es más bien el dominio del judío cabalista, que utiliza la serpiente o fuerza sexual en su sistema de Iluminismo?

Para actuar sobre la Kundalini o fuerza sexual y lograr la unión con estos Maestros, el monoideísmo o concentración, con ejercicios gimnásticos, respiratorios y psíquicos, algunos de ellos excesiva y ciertamente peligrosos, que conducen a la posible muerte u obsesión, son expuestos por M. Guyot. Dice:

> "[El deseo sexual] es una rica fuente de energía que, bien empleada, puede ser de muy gran ayuda en la esfera del ocultismo... Si compruebas y controlas la reserva de fuerza de la que son fuente los órganos sexuales, podrás dirigirla hacia la meta que tengas en vista, y *utilizarla para tus propios fines...* y llegado el momento, en otro plano."

Para llevar adelante este Iluminismo los estudiantes "no sólo deben aniquilar sus propios odios especiales, sino *suprimir* realmente *la capacidad de odio...* en favor del amor". Esta es quizás la causa subyacente de tanto pacifismo antinatural y desequilibrado, especialmente visto entre los miembros de estas sectas.

Además:

> "Los estudiantes tendrán que adoptar una religión para sostenerles y ayudarles durante su entrenamiento psíquico [¡para darles la elevación!]... por el momento no se trata de creer, sino de actuar como si se creyera... Las entidades míticas de la religión elegida desempeñarán un papel práctico considerable en los diversos ejercicios psíquicos... Pensamos que las mejores religiones son la re ligión judía, tal como se expone en la Cábala, la religión católica romana en su aspecto esotérico, el budismo y, especialmente, el hinduismo. Por último, la Francmasonería puede ocupar muy adecuadamente el lugar de una religión, pero debe basarse en el Martinismo, que es su fuente."

Esto significa Masonería Iluminada como en Francia en 1789 y desde entonces, y esta Masonería dominada por judíos siempre ha sido, y sigue siendo, la fuente de todas las revoluciones modernas.

Los diagramas abstractos y los mantrams junto con los ejercicios de respiración son, según él, la clave de la cognición supernormal. Así explica esta peligrosa práctica mágica:

> "Si el experimento tiene éxito... experimentará una sensación de frío en las extremidades, especialmente en las manos, y temblará ligeramente. Al mismo tiempo sentirá una sensación, que no puede ser explicada a aquellos que no la han experimentado, *como si una entidad extraña entrara en usted.*
>
> ... Descubrirás entonces que una serie de imágenes, y después de intuiciones, vienen a tu mente muy rápidamente, pero caracterizadas por el hecho de que te parece que no eres tú quien está pensando, y que las cosas te están siendo reveladas por otro a través del medio de una especie de iluminación interna."

El autor señala: "Esta es la inspiración de las pitonisas de la antigüedad. Es el primer grado del éxtasis. Por diversos procedimientos, los rosacruces y los martinistas intentaron provocar este éxtasis, y por eso los martinistas se llamaban a sí mismos los *Iluminados."*

El autor lo sitúa en el Plano Mental y dice: "Mediante la transmisión del pensamiento podrás comunicarte con los Maestros, lo que te será de gran ayuda para completar tu iniciación (o iluminación)." Afirma que "el experimentador no está poseído". Sin embargo, por el momento está poseído y controlado en el plano astral, y está siendo moldeado y labrado, recibiendo del Maestro: fuerzas e instrucciones que eventualmente orientan toda su visión de la vida; o si el experimentador es un líder de un grupo, el resultado es devastador para la mentalidad de muchos. Una vez más, M. Guyot dice: "Volviéndonos más hábiles en ciertos ejercicios podemos tener éxito en traer a otras personas bajo la misma influencia, es decir, podemos convertir nuestra propia alucinación particular en una alucinación colectiva. Esto vale tanto para las alucinaciones positivas como para las negativas". Aquí tenemos un poder terrible y peligroso, la sugestión masiva que a menudo crea un poderoso cuerpo de adeptos hipnotizados y fanatizados y otros que trabajan en el Plan Mundial de un grupo desconocido e invisible de místicos y ocultistas ambiciosos, ellos mismos fanáticos.

De las Pitonisas de los antiguos Misterios leemos en *Dieu et les Dieux*, de des Mousseaux:

> "Parece que la inmodestia del culto fálico se coló incluso en el santuario délfico de Apolo-Baco, hasta en el método de poner a la sacerdotisa [o como se la llamaba, pitonisa] en comunicación con su Dios [principio creador], uniendo a ambos para hacer hablar a la Divinidad por una boca mortal... En este templo la profetisa está sentada sobre un trípode. Pronto sus cabellos se erizan, sus ojos ruedan sangre y llamas, sus músculos se convulsionan, el soplo del Dios la anima, y los vapores de la cueva sagrada penetran en ella a través del trípode... Se exalta hasta la furia... y a menudo el último de sus movimientos proféticos es la muerte... Predecir, es para ella un terror..."

Hay un grupo americano que es un ejemplo político llamativo de este Iluminismo, comunicaciones recibidas psíquicamente por su líder de algún "Hermano Mayor" desconocido, cuya consigna es aparentemente "Paz". Aquí y allá, en las publicaciones de esta asociación, de la que hablaremos más adelante, encontramos este mismo ocultismo - el uso de la fuerza sexual, especulaciones sobre la reencarnación y el karma, y mensajes e instrucciones recibidas de su Maestro, para alguna supuesta gran regeneración política.

El siguiente es otro, un ejemplo religioso, de estos mismos métodos de control invisible. Se publicó en el *Morning Post*, el 2 de febrero de 1931, un breve relato de un sermón de trance pronunciado en el Fortune Theatre, a través de la Sra. Meurig Morris por su control, que se hacía llamar "Poder". Para quienes tengan algún conocimiento de las sectas iluminadas, no hay absolutamente nada nuevo en lo que dijo. Él se explica así: "Recuerda que yo, como otros que han cambiado, sigo siendo un ser inteligente". Es decir, aunque "regenerado" o iluminado, sigue siendo un hombre de carne y hueso, como todos los maestros del Iluminismo, invisibles o no.

Por ejemplo, en la Aurora Dorada los "Jefes Ocultos" eran "Grandes Adeptos de este Planeta todavía en el cuerpo de la carne". Y los Maestros del Sol Mitraicos de la misma Orden decían: "Los Maestros de Sabiduría son hombres mortales... en tu ser superior *[Kether* del Árbol Cabalístico de la Vida] oirás mi voz; cuando estés dispuesto a obedecer esa voz de silencio... te estoy guiando". Así pues, esta "voz interior" no es la de un espíritu ni tampoco es divina, sino simplemente la de un "hombre mortal" controlador, que influye sobre el médium desde el exterior, y puede ser a distancia: ¡un illuminatus desconocido!

"Poder" explica además: Yo la uso de esta manera:

> "En la parte superior de su cabeza hay una gran forma cónica [¡cuerpo pituitario!]. Es por este cono, como un pasaje [o embudo] por donde se vierte la energía. Puedo jugar y trabajar en el cerebro, y utilizar todo el cuerpo a mi antojo, mientras se produce el control".

Esto es control o posesión hipnótica, y parece ser algo similar al método enseñado e intentado por los maestros R.R. y A.C. cuando trataban de obtener el control permanente sobre el Jefe y la Orden. Según ellos, la transmisión de las fuerzas, puestas en movimiento por el pensamiento y la voluntad, desde el plano mental superior al plano material inferior, tiene la forma de un doble cono o reloj de arena; el poder de arriba transmite la fuerza a través del cono superior, y por medio del inferior la traduce al medio pasivo y preparado de abajo, a lo largo del hilo etérico de comunicación (véase *Portadores de Luz de las Tinieblas*, págs. 124 y 134). Este método también ha sido comparado por otros ocultistas a la acción de una tromba de agua o torbellino, creando un vórtice por el que se precipitan las fuerzas.

De nuevo "Poder" dice: "¿Por qué, cabe preguntarse, llego en cuanto empieza el himno?". Ahora bien, es sabido que en las sectas iluminadas y en el Yoga se utilizan *mantras* y *movimientos rítmicos*, como la vibración de los llamados nombres y fórmulas divinas, la Euritmia de Steiner, y en otros grupos himnos especialmente entonados para despertar las vibraciones necesarias, poniendo en movimiento las fuerzas giratorias que atraen y hacen descender las fuerzas del Maestro desde arriba, creando el vínculo etérico, concentrando las fuerzas en el punto focal preparado -en este caso la Sra. Meurig Morris. Como hemos visto, este método se aplica a grupos religiosos, políticos y educativos, todos ellos con fines subversivos.

"Poder" es por lo tanto uno de estos Maestros ocultos, hombres que han investigado y experimentado con leyes de la naturaleza desconocidas para la mayoría de la gente, y se han convertido en adeptos en la manipulación de estas fuerzas secretas más finas, fuerzas creativas del universo, utilizando su conocimiento para ganar poder sobre sus semejantes, y a través de ellos aspirando a la Dominación Mundial. Sin duda es un "Hermano Mayor" que busca a través de la Sra. Meurig Morris crear una cadena magnética de ideas religiosas necesarias para el Gran Plan.

René Guénon, en su *Théosophisme,* da la siguiente información curiosa e intrigante: Eliphas Levi, ocultista y martinista, muerto en 1875, había anunciado que en 1879 se establecería un nuevo "Reino Universal", político y religioso, y que este reino pertenecería "a aquel que tuviera las llaves de Oriente", es decir, las Llaves de Salomón, y que estas llaves serían poseídas "por la nación cuya vida y actividad fuera más inteligente." Esta predicción estaba contenida en un manuscrito que estaba en posesión de un ocultista de Marsella, alumno de Eliphas Levi, el Barón Spedalieri, quien se la dio a Edward Maitland, quien a su vez se la pasó al Dr. Wynn Westcott, Magus Supremo de la *Societas Rosicruciana de Anglia,* miembro de la *Sociedad*

Teosófica, y uno de los fundadores de la *Golden Dawn*. Finalmente, esta última lo publicó en 1896, bajo el título de "El Ritual Mágico del *Sanctum Regnum". Se* dice que Spedalieri era miembro de la "Gran Logia de los Hermanos Solitarios de la Montaña", Hermano Iluminado de la Antigua Orden Restaurada de los Maniqueos, "alto miembro del Gran Oriente", y también "Alto Iluminado de los Martinistas". El drearri del Gran Oriente es, como es bien sabido, la Masonería Universal.

Ahora bien, Eliphas Levi, en su libro *Trascendental, Magia*, describe este *Sanctum Regnum* como la omnipotencia mágica, el conocimiento y el poder de los Magos para el que se requiere una inteligencia iluminada por el estudio, un coraje indomable y una voluntad que no puede quebrantarse y, por último, la prudencia, que nada puede corromper ni intoxicar. "Saber, atreverse, querer, callar". Es el "Sacro Imperio" invisible sobre todos los pueblos y sobre todas las naciones. El Pentagrama es su estrella guía, el simbolismo del Iluminismo, la estrella de la revolución. Su símbolo de poder son los Triángulos Entrelazados, el Sello de Salomón, los siete poderes que representan el poder mágico completo a través del conocimiento, en todas sus combinaciones, de las corrientes magnéticas de atracción y repulsión en toda la naturaleza. Quien posee este poder y puede manejarlo tiene "las Llaves de Oriente".

La Gran Obra que debe preparar el camino para la instauración del "Reino Universal" es la formación de la cadena magnética. Formarla es, según Eliphas Levi,

> "originar una corriente de ideas que produzca fe y atraiga un gran número de voluntades en un círculo determinado de manifestación activa. Una cadena bien formada es como un remolino que todo lo succiona y absorbe... Ser capaz de aplicar estas corrientes y dirigirlas es ser el Amo del Mundo. Armado con tal fuerza puedes hacerte adorar, la multitud creerá que eres Dios".

Durante muchos años hemos visto el insidioso crecimiento canceroso de esta cadena magnética de estas ideas, no sólo en Inglaterra, sino en todo el mundo, en gran medida puesto en marcha por el Poder Invisible que trabaja a través de estos muchos movimientos revolucionarios secretos, incluso aquellos aparentemente inocentes e inofensivos, pervirtiendo, degradando y desintegrando la religión, la ética, el arte, la literatura, la política, la sociología y la economía, abriendo paso al "Reino Universal ", político y religioso, que será gobernado por el Sello de Salomón, ¡el Talismán Hebreo!

Como señala Flavien Brenier en su libro *Les Juifs et le Talmud*[3]:

> "No puede dejar de sorprender la semejanza que existe entre las doctrinas de los fariseos de hace veinticinco siglos [tomadas de los caldeos de Babilonia] y las profesadas en nuestros días por los discípulos de Allan Kardec o de Mme Blavatsky. La diferencia más importante es que la bendición final está reservada por el Talmud sólo a los judíos, mientras que espiritistas y teósofos afirman que todos los seres la alcanzarán."

Como dice el Talmud:

> "El Mesías dará el Cetro Real al judío, todos los pueblos le servirán y todos los reinos le estarán sometidos".

El rabino Benamozegh, en *Israël et l'humanité,* escribió sobre el poder venidero de la cábala mágica judía:

> "¿Es sorprendente que el judaísmo haya sido acusado de formar una rama de la masonería? Lo cierto es que la teología masónica no es, en el fondo, más que teosofía y corresponde a la de la Cábala. Por otra parte, un estudio profundo de los monumentos rabínicos de los primeros siglos de la era cristiana proporciona numerosas pruebas de que la *aggada* era la forma popular de una ciencia reservada, que ofrecía, por los métodos de iniciación, las más sorprendentes semejanzas con la institución francmasónica. Aquellos que se tomen la molestia de examinar con cuidado la conexión entre el Judaísmo y la Francmasonería filosófica, la Teosofía y los Misterios en general, perderán, estamos convencidos, un poco de su soberbio desdén por la Cábala. Dejarán de sonreír con lástima ante la idea de que la teología cabalística pueda tener un papel que desempeñar en las transformaciones religiosas del futuro... No vacilamos en repetir que esta doctrina, *que reúne en el corazón del judaísmo los elementos semitas y arios*, contiene también la clave del problema religioso moderno."

---

[3] *Los judíos y el Talmud: Morale et Principes sociaux des Juifs*, publicado por Omnia Veritas Ltd, www.omnia-veritas.com.

CAPÍTULO XI

ALEISTER CROWLEY Y EL AMANECER DORADO

OTRA VEZ, citando la *Anatomía de la Revolución,* encontramos a G.G. escribiendo:

> "Y así como encontramos que el grupo de sociedades alemanas, irlandesas, indias, turcas y egipcias estaban vinculadas entre sí por una membresía entrelazada, también encontramos que estas órdenes arcanas están conectadas de la misma manera. No es éste el lugar para entrar en las ramificaciones de las extrañas sociedades místicas revolucionarias de Europa, América y Oriente. Me referiré solamente a la "Ordre Renove des Illuminati Germaniae" y a la "Rose-Croix Esotérique", ambas fundadas por hombres con nombres alemanes o judíos. [Esta última sociedad parece ser el anillo interior de la Orden de los Templarios de Oriente, fundada hace aproximadamente una generación por otro hombre con nombre alemán. [Dr. Karl Kellner, 1895, y a partir de 1905, Theodor Reuss). Y con este Ordo Templarum Orientis, encontramos asociado al notorio Aleister Crowley, cuyas relaciones con revolucionarios alemanes e irlandeses durante la guerra le valieron la atención de la policía de los Estados Unidos de América.

Al final de su libro, *Les Illuminés de Bavière,* 1915, R. le Forestier habla del resurgimiento de la Orden de los Illuminati por Leopold Engel. Es bastante indefinido en cuanto a la fecha, pero dice que tenía su centro en Berlín y que, como era preceptivo, había sido denunciada a la policía. Cita a Engel diciendo:

> "Poco a poco llegaron a creer que sería posible dar algo definitivo a los adeptos para alcanzar una meta ideal por medio de las teorías de Weishaupt".

No necesitamos repetir lo que ya hemos escrito sobre Aleister Crowley en *Portadores de Luz de la Tinieblas,*[4] excepto para dar unos pocos hechos necesarios para la comprensión de lo que sigue. Es un hombre de muchos alias, tales como: Conde Svareff, Conde Skellatt, Conde Skerrett, Edward Aleister, Lord Boleskine, Barón Rosenkreutz, Conde Macgregor, Conde Mac Gregor, Eerskine, Perdurabo Baphomet, La Bestia, Therion y Thor Kimalehto.

Nació en Leamington el 12 de octubre de 1875 y estudió en Cambridge de 1895 a 1898. En noviembre de 1898 se convirtió en miembro de la "Orden de la Aurora Dorada", donde era conocido como Perdurabo; sin embargo, a causa de su conocida reputación, se le negó la admisión en la Orden Interna de Londres, la R.R. et A.C. En 1900 actuó como emisario de Macgregor Mathers, el Jefe de la Aurora Dorada, que en aquel momento se encontraba en París y que había enviado a Crowley a Londres para sofocar la rebelión que había surgido allí debido a la arrogancia de Mather. Crowley, sin embargo, fracasó en su misión, y se encontró finalmente expulsado del Templo londinense de la Golden Dawn. No obstante, conservó la posesión de todos los rituales y de ciertos manuscritos, y de 1909 a 1913, por órdenes directas, según él, de los Jefes Secretos, publicó estos documentos en su *Equinox,* "La Revista del Iluminismo Científico", bajo el título de "El Templo de Salomón el Rey". Esta revista, con estos rituales como base de enseñanza, era también el órgano de su Orden de la A.A., los "Adeptos Atlantes" o la Gran Hermandad Blanca, y estrechamente aliados a ella estaban su "Ordo Templi Orientis" y su "Mysteria Mystica Maxima." Su doctrina era: "Haz lo que quieras, será toda la Ley; el Amor es la Ley; el Amor bajo la Voluntad".

Recorrer los diez números del Vol. 1 de su *Equinox,* es darse cuenta de la razón por la que se le ha llamado "Un Maestro de la Corrupción". Estos, junto con muchos de sus otros escritos, son una extraña mezcla de sexualismo, misticismo, indecencias y

---

[4] Inquire Within, *Light Bearers of Darkness,* publicado por Omnia Veritas Ltd, www.omnia-veritas.com.

blasfemias. Y bajo todo este pseudo misticismo se esconden actividades políticas subversivas. En el 19 *Patriot, de* octubre de 1922, una autoridad acreditada escribe:

> "Tenemos ante nosotros, por ejemplo, un manifiesto emitido por la Gran Logia Nacional y Templo Místico Verita Mystica de la Ordo Templi Orientis, o Hermandad Hermética de la Luz, fechado el 22 de enero de 1917 en Ascona, Suiza, y firmado por J. Adderley, Secretario. El manifiesto anuncia que la sede de la Hermandad se ha trasladado a Suiza "desde el comienzo de la Guerra Mundial". El objetivo aparente del manifiesto es poner fin a la guerra y establecer un nuevo orden social, "basado en el principio de la cooperación de todos, en la posesión común de la tierra y de los medios de producción por todos". Para ello propone un Congreso Nacional, que se celebrará en Ascona del 15th al 25th de agosto siguiente, y anuncia que una de las atracciones será una representación del poema místico de Aleister Crowley "El Barco". El documento indica también que otro centro de la 'O.T.O.' es Nueva York, y podemos suponer razonablemente que Aleister Crowley estaba organizando este centro durante su visita de guerra a los EE.UU. Es al menos seguro que estuvo ocupado en América a partir de 1914".

Tenemos en nuestro poder una copia del libro *Magick de* Crowley, por el Maestro Therion, 1929. Sólo podemos dar algunos extractos y notas, mostrando la naturaleza de su contenido y enseñanzas.

El libro se abre con un Himno a ¡Pan! lo Pan! lo Pan!, que parece expresar la esencia de su credo, ya que, a lo largo de todo su libro, está impregnado de imágenes gnósticas y sexuales. Escribe: "Hay una única definición principal del objeto de todo Ritual mágico. Es la unión del Microcosmos con el Macrocosmos. El Ritual Supremo y Completo es, por lo tanto, la Invocación del Santo Ángel de la Guarda; o, en el lenguaje del Misticismo, la Unión con Dios". Es decir, ¡despertar la kundalini y unirla con el agente mágico universal! Y de este Dios explica:

> "La prueba de los espíritus es la rama más importante de todo el árbol de la Magia. Sin ella, uno se pierde en la selva del engaño. Todo espíritu, hasta Dios mismo, está dispuesto a engañarte si es posible, para hacerse pasar por más importante de lo que es.
>
> ... Recuerda que después de todo el más alto de todos los Dioses es sólo el Mago... Porque los Dioses son los enemigos del Hombre; es

> la Naturaleza la que el Hombre debe vencer antes de entrar en su reino.
>
> El verdadero Dios es el hombre. En el hombre están ocultas todas las cosas. De ellas son esclavos rebeldes los Dioses, la Naturaleza, el Tiempo, todos los poderes del universo. Son estos los que los hombres deben combatir y conquistar en el poder, y en el nombre de la Bestia que les ha servido, el Titán, el Mago, el Hombre, cuyo número es seiscientos sesenta y seis."

El poder de la Bestia es la generación universal, el agente magnético universal. Hablando de la Eucaristía del Iluminismo Científico dice:

> "Toma una sustancia simbólica de todo el curso de la naturaleza, conviértela en Dios y consúmela". [El mago se llena de Dios, se alimenta de Dios, se embriaga de Dios. Poco a poco su cuerpo se purificará por la lustración interna de Dios; día a día su armazón mortal, despojándose de sus elementos terrenales, se convertirá en verdad en el Templo del Espíritu Santo. Día a Día la materia es reemplazada por el Espíritu, lo humano por lo divino; finalmente el cambio será completo; Dios manifestado en carne será su nombre."

Pero su Dios no es más que el principio creador de la Naturaleza, de nuevo poderes generadores universales. ¡Pan, lo Pan!

Requiere energía concentrada para sus operaciones mágicas, explica:

> *La sangre es la vida".* Esta simple afirmación es explicada por los hindúes diciendo que la sangre es el vehículo principal del Prana vital... Era la teoría de los antiguos magos, que cualquier ser vivo es un almacén de energía que varía en cantidad según el tamaño y la salud del animal, y en calidad según su carácter mental y moral. A la muerte del animal, esta energía se libera súbitamente. [Por lo tanto, el animal debe ser sacrificado dentro del Círculo o del Triángulo, según el caso, para que su energía no pueda escapar. Debe elegirse un animal cuya naturaleza concuerde con la de la ceremonia... Para el trabajo espiritual más elevado debe elegirse, en consecuencia, aquella víctima que contenga la fuerza más grande y pura. Un niño varón de perfecta inocencia y elevada inteligencia es la víctima más satisfactoria y adecuada... Aquellos magos que se oponen al uso de la sangre se han esforzado por sustituirla por incienso... Pero el sacrificio sangriento, aunque más peligroso, es más eficaz; y para casi todos los propósitos el sacrificio humano es el mejor. El mago verdaderamente grande podrá utilizar su propia

> sangre, o posiblemente la de un discípulo, y ello sin sacrificar irrevocablemente la vida física."

Al parecer, quiere hacernos creer que la Gran Guerra fue el sacrificio sangriento necesario para la iniciación de un "nuevo eón". Y concluye: "El animal debe ser apuñalado hasta el corazón, o su garganta cortada, en cualquier caso por el cuchillo". Nos remite a la "Rama Dorada" de Frazer para los detalles prácticos. No es necesario entrar aquí en esos detalles.

En el capítulo XI de su libro *Magick*, titulado "De nuestra Señora Babalon y de la Bestia sobre la que cabalga", Crowley escribe:

> "El contenido de esta sección, en cuanto concierne a Nuestra Señora, es demasiado importante y demasiado sagrado para ser impreso. Sólo son comunicados por el Maestro Therion a alumnos escogidos en instrucciones privadas."

Hacia el final del libro, página 345, Liber XV, da el ritual de la O.T.O. (Ordo Templi Orientis), La Iglesia Gnóstica Católica o Universal. El Credo es:

> "Creo en un Señor secreto e inefable; y en una Estrella en la compañía de las Estrellas de cuyo fuego somos creados, y a la que volveremos; y en un Padre de la Vida, Misterio de Misterio, en su nombre Caos, el único vicerregente del Sol en la Tierra; y en un Aire el nutriente de todo lo que respira. Y creo en una Tierra, la Madre de todos nosotros, y en un útero donde todos los hombres son engendrados, y donde descansarán, Misterio de Misterio, en su nombre Babalon. [Babilonia, la Gran Madre de las religiones idólatras y abominables de la tierra]. Y creo en la Serpiente y el León, Misterio de Misterio, en su nombre Baphomet. [Según Eliphas Levi el León es el fuego celeste (astral), mientras que las serpientes son las corrientes eléctricas y magnéticas de la tierra, el espíritu de la simiente]. Y creo en una Iglesia Gnóstica y Católica de Luz, Amor y Libertad, la Palabra de cuya Ley es Thelima. Y creo en la comunión de los Santos. Y, puesto que la carne y la bebida se transmutan en nosotros diariamente en sustancia espiritual, [fuerza vital] creo en el milagro de la Misa. Y confieso un Bautismo de Sabiduría por el que realizamos el Milagro de la Encarnación. [Genera tion. Y confieso mi vida una, individual y eterna que fue, es y ha de venir. [La fuerza vital magnética universal]".

La Sacerdotisa entra con un niño positivo a la derecha y un niño negativo a la izquierda y habiendo colocado la patena ante el

"Graal" en el altar - que es la base material de la operación y la luz astral o fuerza vital con la que ha de unirse - ella, seguida por los niños, "se desplaza en forma de serpiente dando tres vueltas y media al Templo... y así hasta la Tumba en el Oeste". Representa el despertar de la serpiente kundalini con sus tres espirales y media en la base de la columna vertebral.

La Sacerdotisa es entronizada en el altar del Este por el Sacerdote, que la consagra con agua y fuego. Hay tres escalones hacia el altar. En el primer escalón, el sacerdote invoca:

> "Oh círculo de Estrellas... no podemos llegar a Ti, a menos que Tu imagen sea Amor. Por lo tanto por semilla, raíz y tallo y brote y hoja y flor y fruto te invocamos:..."

Responde la Sacerdotisa completamente desvestida:

> "Pero amarme es mejor que todas las cosas... ¡Ponte las alas y despierta el esplendor enroscado dentro de ti (kundalini); ven a mí! Cántame la arrebatadora canción de amor!..."

El Sacerdote invoca, en el tercer paso:

> "Tú que eres Uno, nuestro Señor en el Universo, el Sol, nuestro Señor en nosotros mismos cuyo nombre es Misterio de Misterio... Abre el camino de la creación y de la inteligencia entre nosotros y nuestras mentes... Que tu luz se cristalice en nuestra sangre, colmándonos de Resurrección."

Toda la ceremonia es una adoración sensual a la Gran Madre Babalon en la persona de la Sacerdotisa, encarnando su doctrina: "Haz lo que quieras será toda la ley. El amor es la ley; el amor bajo la voluntad". Termina con el Banquete Místico, la consagración y consumación de los elementos, ¡el Matrimonio Místico! Es, por decir lo menos, una representación simbólica de la generación universal.

En cuanto a la "Comunión de los Santos, " según este ritual son aquellos que de generación en generación han adorado a este Señor de la Vida y de la Alegría y han manifestado su gloria a los hombres. Entre ellos figuran, entre muchos otros: ¡Lao-tze, Dionisio, Hermes, Pan, Príapo, Osiris, Melquisedec, Amoun, Simón el Mago, Manes, Pitágoras, Merlín, Roger Bacon, Christian Rosenkreutz, Paracelso, Andrea, Robertus de Fluctibus, Adam Weishaupt, Goethe, Carl Kellner, el Dr. Gerard

Encausse (Papus), Theodor Reuss, y *Sir Aleister Crowley!* "¡Oh, Hijos del León y de la Serpiente!... ¡Que su Esencia esté aquí presente, potente, puissante y paternal para perfeccionar esta fiesta!". Demasiado para su Eucaristía.

De su Orden de los A.A. -Adeptos Atlantes- o Gran Hermandad Blanca, la divide en tres órdenes:

(1) La S.S., siendo los grados 8 = 3 a I0 = I; (2) La R.C. (Rosacruz), siendo los grados de 5 = 6 a *7* = 4; (3) La G.D. (Golden Dawn), siendo los grados de 0 = 0 a 4 = 7 con un eslabón de conexión (¿Portal?). Como ya se ha dicho, su libro *777* está compilado en gran parte a partir de correspondencias extraídas de las primeras "Conferencias de Conocimiento" cabalísticas de la Golden Dawn, aplicadas al Árbol de la Vida. Al parecer, también ha adaptado los primeros rituales de la Golden Dawn y el ritual 5 = 6 de la R.R. et A.C. a su propia idiosincrasia. Como él expresa sus reglas:

> "Todos los miembros deben trabajar necesariamente de acuerdo con los hechos de la Naturaleza... Deben aceptar el Libro de la Ley como la Palabra y la Letra de la Verdad, y la única Regla de Vida. Deben reconocer la autoridad de la Bestia 666 y de la Mujer Escarlata como se define en el libro, y aceptar Su Voluntad como concentradora de la Voluntad de toda nuestra Orden. Deben aceptar al Niño Coronado y Conquistador como el Señor del Eón, y esforzarse por establecer Su reinado sobre la Tierra. Deben reconocer que "La Palabra de la Ley es *Thelima"*, y que 'El Amor es la Ley, el Amor bajo la Voluntad'". [Esa es la Iglesia Gnóstica Universal ya descrita].

Su Orden "Mysteria Mystica Maxima" es, al parecer, para el estudio y la práctica de su propia adaptación del Raja-Yoga, etc.

Es curioso encontrar, en el servicio de libros de La Luz Interior, de mayo de 1933, órgano de la "Fraternidad de la Luz Interior" de Dion Fortune, la siguiente declaración:

> "Las existencias restantes de Crowley's *Magick son* cada vez menores. El tipo se ha dispersado, y la reimpresión es por lo tanto imposible. Este libro alcanzará un precio muy elevado dentro de unos años. Podemos mencionar que contiene una reimpresión del famoso 777, que consiste en las Tablas de Correspondencias". [¡Correspondencias para conjuros mágicos y operaciones por el estilo!]

Algunos de los seguidores de Dion Fortune buscan algo verdaderamente espiritual; ¡es esto lo que ella les da de comer!

¿Qué es la magia? Papus, el Dr. Gerard Encausse, ocultista y martinista, a partir de pruebas documentales y experimentales muestra "cómo todas las operaciones mágicas son experimentos científicos realizados con fuerzas aún poco conocidas pero análogas en sus leyes a las fuerzas físicas más activas como el magnetismo y la electricidad." Y añade: "Los trabajos de magia son peligrosos". En tales obras se requieren tres principios: la voluntad y la inteligencia humanas, el principio director; la base material sobre la que actúa, el principio pasivo; el intermediario, a través del cual la mente y la voluntad actúan sobre la base material, esa fuerza vital dinámica llevada por la sangre a todos los órganos, que actúa sobre el sistema nervioso, es el principio motor o vital. Es el OD de los judíos, la luz astral de los martinistas, el fluido magnético de los rosacruces. Como explica Eliphas Levi en su *Historia de la Magia*: Existe un agente natural compuesto, un fluido, una fuerza, receptáculo de vibraciones y de imágenes, por cuya mediación todo aparato nervioso está en comunicación secreta. La existencia de esta fuerza vital magnética universal y su posible utilización es el gran secreto de la magia práctica; es la varita de la teurgia y la clave de la magia negra.

Es, dice, una fuerza ciega que calienta, ilumina, magnetiza, atrae, repele, vivifica, destruye, coagula, separa, rompe y une todo bajo el impulso de voluntades poderosas, unas para el gran bien y otras para el gran mal. Es el fuego que Prometeo robó del cielo, un peligro consumidor para quienes lo ponen al servicio de sus pasiones. Como explica Eliphas Levi "La Magia Negra puede definirse como el arte de inducir manías artificiales en nosotros mismos y en los demás"; y actuando sobre el sistema nervioso, mediante una serie de ejercicios casi imposibles, "se convierte en una especie de pila galvánica viviente capaz de condensar y proyectar poderosamente esa luz que embriaga o destruye." Es la fuerza "que mata y hace vivir", usada en todas las sectas iluminadas, cuyo Dios es el Principio Creador, esta fuerza vital magnética en toda la naturaleza, siendo la fuerza vivificante su Cristo; estas fuerzas son, por lo tanto, dichas ser divinas y espirituales, aunque siendo meramente las fuerzas de la Madre Naturaleza de creación, preservación y destrucción, generación universal. Como se ha dicho, todos los nombres llamados divinos o bárbaros utilizados en sus evocaciones simplemente establecen vibraciones, despertando y volviendo a despertar estas fuerzas ocultas en el hombre y en el universo, según lo requiera el fin que se persigue, de ahí el *777* de Crowley. *La* mayoría de estas sectas y órdenes no son en realidad más que viveros, que entrenan a hombres y mujeres inconscientes para convertirlos en el instrumento material pasivo en manos de los llamados "Hermanos Blancos" o más verdaderamente magos negros.

Como escribe Paracelso: "Los caldeos y los egipcios solían hacer imágenes según las constelaciones de las estrellas, y estas imágenes se movían y hablaban, pero no conocían los poderes que actuaban en ellas. Tales cosas se hacen por fe... pero una fe diabólica apoyada en el deseo del mal". Como ejemplo moderno de esta nigromancia leemos, en *Carta sobre la Meditación Oculta,* 1930, de Alice A. Bailey, de Nueva York, teósofa y ocultista:

> "Como sabéis, el Maestro hace una pequeña imagen del probacionista, imagen que se almacena en ciertos centros subterráneos del Himalaya. La imagen está unida magnéticamente al probacionista, y muestra todas las fluctuaciones de su naturaleza. Al estar compuesta de materia emocional y mental, pulsa con cada vibración de esos cuerpos. Muestra sus matices predominantes y, estudiándola, el Maestro puede calibrar rápidamente los progresos realizados y juzgar cuándo el probacionista puede ser admitido en una relación más estrecha . El Maestro examina la imagen a intervalos determinados, al principio raramente, ya que el progreso realizado en las etapas iniciales no es tan rápido, pero con una frecuencia cada vez mayor, a medida que el estudiante de meditación comprende más fácilmente y coopera más conscientemente. El Maestro, al inspeccionar las imágenes trabaja con ellas, y por medio de ellas efectúa ciertos resultados... en ciertos momentos el Maestro aplica ciertos contactos a las imágenes y por medio de ellos estimula los cuerpos del alumno. Llega un momento en que el Maestro ve, por su inspección de la imagen, que se puede mantener el ritmo de vibración necesario, que se han hecho las eliminaciones requeridas y se ha alcanzado cierta profundidad de color... Se convierte entonces en un discípulo aceptado."

Tal es la enseñanza dada a la Sra. Bailey por su Maestro de la Gran Logia Blanca; ¡se lee extremadamente como magia negra y diabólica! Los adeptos entrenados en estas escuelas mágicas pierden su "yo" y se convierten en meros robots, como estas imágenes, y son arrojados a un lado como cáscaras vacías cuando ya no son útiles a sus malvados amos.

El estudio de la historia y el funcionamiento de todas estas sectas secretas demuestra la verdad de esto, y siempre ha terminado en la perversión con fines de dominación, individual o universal.

En *La Messe Noire*, 1924, J. Bricaud escribe:

> "Hoy en día, cuando nuestra sociedad está invadida por el erotismo de la brujería de la Edad Media, las palabras Misa Negra han perdido su significado primitivo... Debilitado el elemento místico, sólo quedaban el sadismo y el sensualismo, degenerando estos últimos años en una vulgar orgía, supuesto revival de ceremonias paganas, acompañadas de escenas lascivas, excitadas por el ritmo de la poesía libidinosa y la embriaguez de los perfumes orientales."

Es misticismo invertido, es una negación de Cristo, y como ellos dicen, homenaje a "Aquel a quien se le ha hecho mal, el antiguo proscrito injustamente expulsado del Cielo." ¡Lucifer! Como exclama Eliphas Levi:

> "Lucifer - Portador de la Luz - ¡qué extraño nombre atribuido al Espíritu de las Tinieblas! Es él quien lleva la luz y sin embargo ciega a las almas débiles".

Gilles de Rais, Mariscal de Francia, Sire de Laval, Barón de Bretagne, fue uno de los ejemplos más terribles del uso mágico de la Misa Negra en el deseo de riquezas, etc. Bricaud escribe de él:

> "En estas escenas terroríficas la mente de Gilles pareció oscurecerse; verdaderos ataques de locura se apoderaron de él. Deseoso, a cualquier precio, de obtener de Satanás el secreto de la Piedra filosofal (para conseguir oro), aconsejado por sus magos inmoló niños, los consagró al Diablo, extrajo su sangre y sus sesos para formar poderosos philtres destinados a producir los prodigios esperados... El acta de acusación en la apertura de su proceso le reprochaba haber sacrificado a 140 niños en sus conjuros diabólicos... El Tribunal secular pronunció la pena de muerte y la confiscación de sus bienes."

En Londres y en otros lugares, se nos dice, la Misa Negra todavía se realiza, sin duda en una forma menos aterradora, pero sin embargo erótica y viciosa, complaciendo a mentes neuróticas y depravadas, que a su vez contaminan a otros, infectando insidiosamente la cordura de la nación, sembrando semillas de caos y putrefacción, moral, física y mental. En el *Morning Post, del* 16 de enero de 1931, había una entrevista con el Sr. Harry Price, fundador y director del Laboratorio Nacional de Investigación Psíquica, titulada "Adoración del Diablo en Londres". Dice:

> "El Sr. Price habló por experiencia personal de las prácticas que describió y, entre otras sorprendentes acusaciones, afirmó que la magia negra, la hechicería y la brujería se practican en el Londres de hoy a una escala y con una libertad inimaginables en la Edad Media. Los profesores y líderes de los cultos, en su mayoría extranjeros, utilizan las mismas fórmulas y conjuros que los nigromantes medievales. Los cultos están aumentando y atrayendo el interés a tal ritmo que pronto adquirirán tales dimensiones que se convertirán en una auténtica amenaza para la moral y la cordura de la nación... Los celebrantes de la Misa Negra y el Culto al Diablo practican totalmente sin riesgo de consecuencias, porque no existe ninguna ley en virtud de la cual se puedan tomar medidas... "El interés por lo oculto", continuó el Sr. Price, "se está extendiendo a pasos agigantados, y puedo decir con seguridad que hay más devotos de las Artes Negras en Londres hoy en día de los que había en la Edad Media. Mediante formas de magia negra intentan ordenar los acontecimientos y hacer que las cosas sucedan; intentan resucitar a los muertos o herir a las personas que se encuentran a distancia; incluso hacen uso de maniquíes de cera y de los instrumentos del mago medieval .' [O la fotografía magnetizada utilizada "para ayudar a la gente" en el R.R. et A.C.].

El Sr. Price habló de intentos de transmutación de metales Las alegaciones del Sr. Price han sido apoyadas por pruebas incontrovertibles de quienes han estado presentes, y en el *Morning Post del* 19 de enero de 1931 se dio cuenta de una Misa Negra de Bloomsbury y de su inevitable y abominable conclusión. El escritor también afirmó que Oxford y Cambridge y ciertos distritos de Londres están infestados por estos canallas del Arte Negro, que juegan así con los sentidos de sus víctimas mediante una forma de hipnotismo de masas.

Se ha dicho que, tras la incautación de documentos y la revelación de los Illuminati de Weishaupt en 1786, el Parlamento inglés aprobó en 1799 una ley que prohibía todas las sociedades secretas con excepción de la masonería, ¡y que esta ley nunca ha sido anulada!

Concluyendo su libro sobre la Misa Negra, 1924, J. Bricaud dice:

> "Es cierto, como hemos demostrado, que las ceremonias sacrílegas, las escenas de profanación no han desaparecido. Pero han perdido su sentido primitivo y su aspecto psicológico ya no es el mismo. Hoy en día, los adeptos de Satanás ponen todo su ardor en la realización de lo que consideran la máxima expresión del sacrilegio; se entregan a los placeres sensuales ante un Cristo burlón, para desafiarle mejor. Bajo Luis XIV, todavía era norma sacrificar a un niño pequeño en el altar. Hoy ya no se riega con sangre, se ensucia con inmundicia. La Misa Negra moderna ya no es verdadero satanismo. Ya no es la monstruosa revuelta de la criatura contra el Creador, la revuelta criminal del hombre perdido en el odio contra el Poder Divino. Sus repugnantes saturnalias y sus orgías contra la Naturaleza son mero sadismo".

En un pequeño folleto arreglado por el Dr. Wynn Westcott, Supremo Mago, de la *Societas Rosicruciana de Anglia,* y publicado por John M. Watkins, Cecil Court, Londres, 1916, se nos da lo que se llama "Datos de la Historia de los Rosacruces". Lo que principalmente nos interesa son las notas sobre la fundación de la S.R.I.A. y más tarde de la Golden Dawn como sigue:

> "En 1865 la *Societas Rosicruciana en Anglia* fue diseñada por Robert Wentworth Little (quien rescató algunos rituales del almacén del Freemasons' Hall), y Kenneth R. H. Mackenzie, quien había recibido la iniciación Rosicruciana en Austria, mientras vivía con el Conde Apponyi como tutor inglés, y también Autoridad para formar una Sociedad Masónica Rosicruciana Inglesa. En 1866 se fundó el Colegio Metropolitano; R. W. Little fue elegido Magus Supremo...
>
> "Frater R. W. Little murió en 1878, y el Dr. William Robert Woodman se convirtió en Magus Supremo... En 1880 se fundó y reconoció la Soc. Rosie. en U.S.A..
>
> "En 1887, con el permiso de S.D.A. ('Sapiens Dominabitur Astris'), un Adepto Rosacruz Continental, se formó el Templo Isis-Urania de Estudiantes Herméticos de la G.D. (Golden Dawn) para dar

instrucción en las Ciencias Ocultas medievales. Fratres M. E. V. (Magna est Veritas et Praevalebit — Dr. Woodman), Magus Supremo de S.R.I.A., con S.A. (Sapere Aude—Dr. Wynn Westcott) y S.R.M.D. (S. Rioghail Mo Dhream Macgregor Mathers), se convirtieron en los Jefes, y este último escribió los rituales en inglés moderno a partir de antiguos MSS Rosacruces (propiedad de Frater S.A.), complementados por sus propias investigaciones literarias. El Frater D. D. C. F. (Deo Duce Comito Ferro, lema interno deathers), en 1892, suministró el ritual de un Grado de Adepto a partir de materiales obtenidos de un Frater, L. E. T. (Dr. Thiesen de Lieja, 'Lux e Tenebres', según el Dr. Wynn Westcott), un Adepto Continental. Varios otros Templos surgieron de Isis-Urania, a saber, el Osiris, en Weston-super-Mare; los Cuernos, en Bradford; el Amen Ra, en Edimburgo, y el Ahathoor, en París, en 1884 (1894), que fue consagrado por F.E.R. (Fortiter). Frater S. A. (Dr. Wynn Westcott) dimitió de la Asociación en 1897, y los Templos ingleses cayeron poco después en desuso (1900, cuando el Templo de Londres se rebeló contra Mathers)...

"Las Logias Rosacruces revividas en el Continente de Europa se llevan a cabo con gran privacidad, y sus miembros no confiesan abiertamente su admisión y pertenencia. Varios centros trabajan activamente bajo condiciones derivadas de siglos anteriores de utilidad. Aunque estudian y enseñan teorías sobre la vida y sus deberes, y admiten miembros mediante ceremonias y rituales, muchos grupos de los Rosacruces Continentales son, como antiguamente, de ambos sexos, por lo que no son necesariamente Francmasones. Como en los primeros tiempos los Rosacruces no sólo estudiaban, sino que iban por ahí haciendo el bien y curando a los enfermos y a los enfermos, así ahora los Fratres de hoy se ocupan del estudio y la administración de medicinas [¡como... Steiner! También enseñan y practican los efectos curativos [también mágicos] de la luz coloreada, y cultivan procesos mentales que se cree inducen a la iluminación espiritual [¡los procesos de Steiner para despertar la kundalini!] y amplían los poderes de los sentidos humanos, especialmente en las direcciones de la clarividencia y la clariaudiencia. Sus enseñanzas no incluyen necesariamente ningún simbolismo indio o egipcio".

"El Dr. Woodman en 1891 murió durante la semana de Navidad... y a principios de 1892 el Dr. Wynn Westcott ... fue instalado como Magus Supremo..."

En 1900, el Templo de la Aurora Dorada de Londres rompió con Mathers, que entonces era el Jefe reconocido. Durante dos años fue gobernado por un Comité designado, pero en 1902 volvió al gobierno de tres Jefes, siendo elegidos los siguientes: Dr. Felkin, Sr. Brodie Innis y Sr. Bullock. En 1903 este grupo tomó el nombre de Stella Matutina bajo los mismos jefes. En 1913, el Dr. y la Sra. Felkin recibieron ciertos grados superiores en el Continente y se vincularon con el Dr. Steiner.

El presente escritor fue iniciado en la Stella Matutina en 1908, y fue nombrado uno de los Jefes Gobernantes de la S.M. y R.R. et A.C. en 1916, y en ningún momento tuvo nada que ver con la Aurora Dorada o Aleister Crowley.

CAPÍTULO XII

GRUPOS AMERICANOS

Encontramos mucho acerca de este misterioso "Gobierno Interno del Mundo", que aparentemente gobernaba a la Sra. Besant y a través de ella a la Sociedad Teosófica, de la cual era cabeza, en un libro, *Iniciación Humana y Solar,* 1933, por la Sra. Alice A. Bailey, ocultista y teósofa, Nueva York. Está publicado por la Lucis Publishing Co., Nueva York, y está dedicado "Al Maestro K. H. (Koot Humi)". ¡Este es el mismo "Koot Hoomi" de Mme Blavatsky y Mrs. Besant! De estos Maestros la Sra. Besant escribió en un panfleto, *Los Maestros, 1912*:

> "Un Maestro es un término aplicado por los teósofos para denotar a ciertos seres humanos, que han completado su evolución humana, han alcanzado la perfección humana... han llegado a lo que los cristianos llaman 'Salvación' y los hindúes y budistas 'Liberación'... Los que son nombrados M. (Morya) y K. H. (Koot Hoomi) en *El Mundo Oculto* por el Sr. Sinnett fueron los dos Maestros que fundaron la Sociedad Teosófica, utilizando al Coronel Olcott y a H. P. Blavatsky, ambos discípulos de M., y que dieron al Sr. Sinnett los materiales a partir de los cuales escribió sus famosos libros, el mencionado anteriormente y *Budismo Esotérico,* que llevó la luz de la Teosofía a miles de personas en Occidente. H. P. Blavatsky ha contado cómo conoció al Maestro M. en la orilla del Serpentine, cuando visitó Londres en 1851".

Añadiríamos, para mostrar cómo en realidad todos estos grupos, ya sean Teosóficos o Rosacruces, están vinculados bajo un siniestro grupo de hombres esotéricos, fanáticamente imbuidos de la idea de la Dominación Mundial: El Dr. Felkin, último jefe de la R.R. et A.C., poseía una bella fotografía, que se decía era "Maitreya", que colgaba sobre su escritorio, y su hija tenía una de "Koot Hoomi" en su habitación; ¡ambas eran consideradas, por sus dueños, como "Sagradas"!

En su libro, la Sra. Bailey escribe que este Gobierno Interno es una Jerarquía de Luz, Hermanos Mayores. En primer lugar, está el Rey *Sanat Kumara, de quien se* dice que vive en Shamballa, un centro algo mítico o tal vez místico en el desierto de Gobi; él es el Señor del Mundo e iniciador (representando el Principio Creativo) - y a su alrededor está la Tríada de la manifestación. Debajo de él, manifestando la luz o la energía al mundo, está esta Tríada de Jefes de Departamento: (1) *Manú:* gobierno racial, fundando, dirigiendo y disolviendo tipos raciales, produciendo los que se requieren para sus planes. Visualiza lo que hay que hacer y, mediante el sonido, transmite la energía creadora y destructora necesaria a sus ayudantes. Se dice que vive en Shigatse, en el Himalaya. (2) *Señor Maitreya:* Religión, Maestro del Mundo o Cristo, iniciador de los misterios y liberador. Se dice que vive en el Himalaya. (3) *Manachohan:* manipula las fuerzas de la Naturaleza y hace surgir la civilización según las necesidades.

Bajo ellos, dice, trabajan los Maestros de la Logia (Gran Blanca), que representan los siete rayos o aspectos planetarios de la Luz. Estos, como regentes, tienen en sus manos las riendas del gobierno de continentes y naciones, guiando sus destinos; impresionan e inspiran a estadistas y gobernantes; derraman energía mental sobre los grupos gobernantes, produciendo los resultados deseados dondequiera que pueda encontrarse cooperación e intuición receptiva. Ellos son: *Maestro Júpiter:* vive en las colinas de Nilgherry. Lleva las riendas del gobierno de la India y de gran parte de la Frontera Norte, y debe guiar finalmente a la India fuera de su caos y desasosiego actuales y formar a sus diversos pueblos en una síntesis. *Maestro Morya:* vive en Shigatse, pero es un príncipe Rajput. Trabaja en conexión con muchas organizaciones de tipo esotérico u ocultista, así como a través de los políticos y estadistas del mundo, influyendo especialmente en aquellos con ideales internacionales. *Koot Humi:* vive en Shigatse, pero es cachemir. Está en la línea para Maestro Mundial de la sexta raza raíz. Estudió en una universidad británica y es un gran conocedor de la literatura actual. Se preocupa por vitalizar ciertas grandes filosofías y se interesa por las agencias filantrópicas. Su trabajo es en gran medida el Amor - despertando la idea de hermandad. *Maestro Jesús:* vive en un cuerpo sirio en algún lugar de Tierra Santa. Trabaja con las masas más que con los individuos; está preparando el camino en Europa y América para la eventual venida del Instructor Mundial. "Ciertos grandes prelados de las Iglesias anglicana y católica son sabios agentes suyos". *Maestro Djwal Khul:* vive en Shigatse, es tibetano y se le llama "El Mensajero de los Maestros". Posee un profundo conocimiento de los rayos y de las influencias planetarias y solares, y trabaja con curanderos, movimientos asistenciales y filantrópicos mundiales, como la Cruz Roja.

Maestro Rakoczi: es húngaro y vive en los Cárpatos. Fue conocido como Comte de St. Germain, Roger Bacon y, más tarde, Francis Bacon. Trabaja con el lado oculto de los asuntos en Europa, en gran parte a través de rituales y ceremonias esotéricas, estando vitalmente interesado en los efectos de las ceremonias de los francmasones, de varias fraternidades y de las Iglesias. Actúa prácticamente en América y Europa como director general para llevar a cabo los planes del consejo ejecutivo de la Logia, que es un grupo interno de Maestros en torno a los Tres Señores. *Maestro Hilarión: es* cretense, pero vive principalmente en Egipto. Trabaja con aquellos que están desarrollando la intuición, y su energía está detrás de la Investigación Psíquica, e inició el Movimiento Espiritualista, y tiene a todos los psíquicos superiores bajo observación. Hay dos Maestros ingleses; uno vive en Gran Bretaña, y guía a la raza anglosajona y está detrás del movimiento laborista en todo el mundo y guía a la democracia naciente. La clave para el futuro es la cooperación, no la competencia; la distribución, no la centralización. *Maestro Serapis:* llamado el Egipcio, dinamiza la música, la pintura y el teatro. *Maestro P.:* Irlandés, trabaja bajo Rakoczi en Norteamérica; trabaja esotéricamente con la Ciencia Cristiana y el Nuevo Pensamiento; está entrenando discípulos para la Venida de Cristo hacia mediados o finales del presente siglo. Se espera que algunos de los Maestros salgan entre los hombres hacia finales de siglo.

Además, dice, antes de la Venida, se harán ajustes mentos, de modo *que a la cabeza de todas las grandes organizaciones se encontrará un maestro o un iniciado,* como también a la cabeza de ciertos grandes grupos ocultos de los Francmasones del Mundo y de las diversas grandes divisiones de la Iglesia, que también residen entre muchas de las Grandes Naciones. En todas partes están reuniendo a aquellos que de alguna manera muestran una tendencia a responder a las altas vibraciones, tratando *de forzar* sus vibraciones y prepararlos para ser útiles en el momento de la Venida. "El trabajo puede proceder a través de un medio u otro (discípulo o movimiento), pero siempre persiste la fuerza vital, destrozando la forma donde es inadecuada y utilizándola cuando basta para la necesidad inmediata." A voluntad, estos monstruosos maestros utilizarían su poder para dar forma y cortar, matar y dar vida.

Con respecto a su afirmación de que "a la cabeza de todas las grandes organizaciones se encontrará un maestro o un iniciado", ¿no dijo el escritor judío, Dr. Angelo Rappaport, en su libro *Los pioneros de la Revolución Rusa:*

> "No había organización política en el vasto Imperio que no estuviera influida por los judíos o dirigida por ellos; los socialdemócratas, los partidos socialistas revolucionarios, el Partido Socialista Polaco, contaban todos con judíos entre sus directores; Plehve tenía quizá razón cuando decía que el combate por la emancipación política en Rusia y la cuestión judía eran prácticamente idénticos."

En cuanto a la esperada consumación hacia finales del presente siglo, en las *Predicciones Mundiales de Cheiro,* encontramos algunas afirmaciones significativas, no es posible decir si inspiradas o no:

> "A partir de 1980 ... veremos, en mi opinión, la restauración de las Doce Tribus de Israel como potencia dominante en el mundo.
>
> ... Otro legislador, como Moisés, surgirá ... y así al final a través de esta 'raza despreciada' se establecerá la paz universal".

En todas las sectas iluminadas el medio de comunicación con sus directores desconocidos es, para empezar, invariablemente pseudo-yoga en una forma u otra y más tarde por fórmulas. En otro de sus libros, *Cartas sobre la Meditación Oculta,* arroja alguna luz interesante sobre los métodos y la naturaleza de los esquemas mundiales de estos Maestros. Este libro está dedicado "Al Maestro Tibetano que escribió estas cartas y autorizó su publicación", 1922. Mucho es camuflaje, destinado a engañar; y para cubrirse a sí mismos y la posibilidad, siempre grande, de resultados dañinos de sus diabólicos experimentos con hombres, mujeres y naciones, ¡hablan mucho de los peligros que se pueden encontrar de los "Hermanos Oscuros", entidades malignas y elementales! ¡Es más probable que ellos mismos sean "Hermanos Oscuros"!

Mediante este pseudo-yoga, la personalidad del alumno se retira a su vez de los cuerpos físico, etérico, astral y mental, hasta que "el hombre se reconoce como una parte de la conciencia del Maestro... El Maestro sólo se interesa por un hombre desde el punto de vista de su utilidad en el alma grupal y de su capacidad de ayuda." Las fuerzas utilizadas y puestas en movimiento son "esas corrientes magnéticas del universo, ese fluido vital, esos rayos eléctricos... el calor latente almacenado en todas las formas." Se nos dice que hay dos métodos especiales para poner en movimiento estas fuerzas, a fin de lograr la unidad con los Maestros. *Mantrams:* sonidos *rítmicos*, palabras y frases, una fuerza irresistible.

> "Un mantram, cuando se hace sonar correctamente, crea un vacío en la materia, parecido a un embudo. El embudo se forma entre el que lo hace sonar y el que es alcanzado por el sonido. Se forma entonces un canal directo de comunicación... [y cuando] se alcanza una cierta similitud de vibración... el alumno [se convierte en] custodio de un mantram mediante el cual puede llamar a su Maestro... Es puramente científico y se basa en la vibración y en el conocimiento de la dinámica."

Es destructiva, eliminando obstáculos; y constructiva, construyendo el reino de poder de los Maestros.

Movimientos Rítmicos, que, según el ritmo, pone "a quienes lo usan en línea con ciertas fuerzas de la Naturaleza... permitiendo el flujo rítmico de la fuerza en ciertas direcciones especificadas para ciertos fines especificados". Estimula los órganos sexuales y produce iluminación. Su efecto es tremendo y su radio puede ser mundial. Además, se nos dice que puede aplicarse en ocasiones especiales de la siguiente manera:

Políticamente. —Se dice que se acerca el momento en que los que manipulan a las naciones, sentados en las asambleas del pueblo, administrando la ley y la justicia, "comenzarán todo su trabajo con grandes ceremonias rítmicas [¡danza ritual!]", poniéndose en contacto con *Manú, a* fin de llevar a cabo sus planes e intenciones. Hecho el embudo, procederán a los negocios, habiendo colocado a dos hombres en su seno como punto focal para recibir las instrucciones del Maestro. ¿Y la Sociedad de Naciones?

Religioso. - El sacerdote será el punto focal, y después de la debida ceremonia y ritmo la congregación unida será el transmisor de fuerzas e información de *Maitreya* ¡incluso como en la Iglesia Católica Liberal!

Educativo. - Todas las universidades y escuelas comenzarán las sesiones con esta ceremonia rítmica, siendo el profesor el punto focal, estimulando así mental e intuitivamente a los estudiantes, inspirados a través del embudo por *Mahachohan.*

Aquí tenemos aparentemente una explicación de la Euritmia Steineriana y del "Coro de discursos del Goetheanum", de Dornach; mediante el movimiento rítmico y el sonido se estimula la kundalini, se vivifican los centros y se crea el vacío a través del cual las fuerzas e influencias requeridas son dirigidas por su Maestro, afectando no sólo a los intérpretes, sino a todo el público, fusionándolos y orientándolos para fines ocultos. Magnetizando la sala y preparando a la gente para la iluminación.

> "En todas estas tres ramas de servicio notarán que la facultad de trabajar con grupos es una de suma importancia... Puede tratarse de un grupo de trabajadores de la Iglesia entre los ortodoxos; puede ser en el trabajo social, como los movimientos obreros, o en la arena política; o puede ser en los movimientos más definitivamente pioneros del mundo, como la Sociedad Teosófica, etc.... Yo añadiría a esto una rama de esfuerzo que puede sorprenderle. *Me refiero al movimiento del Soviet en Rusia y a todos los cuerpos radicales agresivos que sirven sinceramente bajo sus líderes para el mejoramiento [sic] de las masas."*

Estas son, pues, algunas de las herramientas y sus rítmicos métodos de magia negra, inspirados por estos misteriosos directores, con sus enseñanzas camufladas, y sus nombres camuflados, que buscan la Dominación del Mundo, no a través de la mejora, sino de la esclavización y muerte espiritual de la humanidad.

Como de Luchet dijo con verdad:

> "Si varios hombres mezclan medias cualidades, se templan y refuerzan mutuamente... el débil cede ante el más fuerte, el más hábil extrae de cada uno lo que puede suministrarle. Unos vigilan mientras otros actúan, y este formidable conjunto llega a su objetivo, sea cual sea... Fue según este principio como se formó la secta de los Illuminati."

¡Los Illuminati siguen con nosotros, gobernados desde atrás por el mismo poder misterioso e invisible!

Maurice Joly, en su panfleto revolucionario, *Dialogues aux Enfers*, 1864, hace decir a Maquiavelo: "Antes de pensar en dirigir realmente la opinión pública de todos los pueblos hay que aturdirla... deslumbrarla con toda clase de movimientos; extraviarla insensiblemente en sus caminos". De los libros de la Sra. A. Bailey hemos mostrado la base del Gobierno Mundial secreto, su trabajo y método de control rítmico. Consideraremos ahora, de la misma fuente, el establecimiento de una cadena mundial de escuelas ocultas, mediante la cual se propone imponer su voluntad a todos los pueblos.

De estos movimientos su maestro tibetano dice:

> "Se están llevando a cabo experimentos, desconocidos hasta para los propios sujetos... personas de muchos países civilizados están bajo supervisión y se está aplicando un método de estimulación e intensificación que pondrá en conocimiento de los Grandes una masa de información que puede servir de guía para sus futuros esfuerzos en pro de la raza. Se está tratando especialmente con personas de América, Australia, India, Rusia, Escocia y Grecia. También están bajo observación algunas en Bélgica, Suecia y Austria... Ya se han iniciado escuelas... cuando estén firmemente asentadas, cuando trabajen sin tropiezos y con reconocimiento público, y cuando el mundo de los hombres esté siendo coloreado de alguna manera por ellas y su énfasis *subjetivo* (astral), cuando

> estén precluyendo eruditos, trabajadores, políticos, científicos y líderes educacionales que dejen su impronta en su medio ambiente, entonces tal vez vendrá... la verdadera escuela ocultista.
>
> ... Esta realidad subjetiva siendo universalmente admitida, permitirá por lo tanto la fundación de una cadena de escuelas internas ... que serán públicamente reconocidas (siempre habrá una sección secreta)... H.P.B. [Mme Blavatsky] puso la primera piedra de la primera escuela ... la piedra angular... Si se hace todo lo posible, cuando el Gran Señor venga con Sus Maestros el trabajo recibirá un ímpetu aún mayor... y se convertirá en un poder en el mundo." -

Y toda la idea de este plan tentativo es controlar los cuerpos del hombre a través del llamado 'Dios interno', vinculándolo por medio de los Maestros a este control central en Shamballa. La Hermandad [de la Luz] del Himalaya es el principal canal de esfuerzo, poder y luz... y es la única escuela, sin excepción, que debe controlar el trabajo y la producción de los verdaderos estudiantes ocultistas en Occidente. No admite rival". Las escuelas de ocultismo estarán situadas allí donde perdure el viejo magnetismo del Misterio.

Las subdivisiones nacionales serán: *Egipto: en* Grecia y Siria las escuelas preparatorias, y en Egipto, mucho más tarde, la escuela avanzada profundamente ocultista. *Estados Unidos:* la escuela preparatoria en el Medio Oeste meridional y una extensa escuela avanzada ocultista en California. *Países latinos:* Sur de Francia la escuela preparatoria y en Italia una escuela avanzada. *Gran Bretaña:* la preparatoria en uno de los puntos magnetizados en Escocia o Gales, y más tarde, después de que Irlanda haya ajustado sus problemas internos, la escuela avanzada estará en uno de sus puntos magnetizados, y estará bajo *Maitreya.* En *Suecia:* una escuela preparatoria para las razas del Norte y alemana. *Rusia* podrá ser más tarde la sede de una escuela más avanzada. *Nueva Zelanda: escuela preparatoria,* y más tarde una escuela avanzada en Australia. *Japón:* una escuela preparatoria y una rama más esotérica en China Occidental bajo *Manu.* Actualmente no hay ninguna en Sudáfrica ni en Sudamérica. Se están fundando escuelas preparatorias en, las más avanzadas precederán a la Venida del Gran Señor (198o). Se comenzará con los miembros de las diferentes escuelas ocultas, como la sección esotérica de la Sociedad Teosófica, etc.; ya se ha iniciado el trabajo en Gran Bretaña, América y Australia. 'Se ha permitido la publicación de esta parte del plan como incentivo para que todos ustedes estudien y trabajen con una aplicación más enérgica.' ¿Para qué? ¡Esclavitud bajo estos amos!

Las escuelas preparatorias deben estar cerca de un gran centro o ciudad, preferiblemente cerca del mar o de una extensión de agua - el agua es un conductor de la fuerza. El contacto con mucha y variada gente es necesario, así como el entrenamiento mental externo. Las escuelas avanzadas deben estar lejos de los hombres en fortalezas aisladas en regiones montañosas; allí deben contactar con los Maestros y el centro en Shamballa. El personal preparatorio consiste en el Jefe, un discípulo aceptado, el punto focal a través del cual fluyen las fuerzas del Maestro. Seis instructores, uno al menos clarividente, serán complementarios entre sí, una réplica en miniatura de la Jerarquía de la Luz. A ellos se añadirán tres mujeres, intuitivas y buenas maestras. Debajo de ellas habrá otras, que se ocuparán del equipamiento emocional, físico y mental de los alumnos. El personal de la escuela avanzada consistirá en un Jefe Iniciado que, bajo el Maestro, será juez único y autócrata. Bajo él, otros dos maestros, discípulos aceptados. Su trabajo será de supervisión, ya que todos los ocultistas son "esotéricamente autodidactas", es decir, dirigidos por un Maestro. Se pone mucho énfasis en la llamada purificación, física, emocional y mental, pues a menos que el cuerpo esté purificado y el cerebro aquietado, las fuerzas demoledoras transmitidas por los Maestros, en sus experimentaciones, causarían, bien lo saben ellos, graves enfermedades físicas y mentales, incluso como las que se siguen siempre en el tren de estas escuelas ocultas. Esta purificación se logra mediante dietas y el uso por los Maestros de luces y sonidos de colores, quebrantando, aquietando, estimulando y atrayendo, hasta que se logra la iniciación o el control hipnótico por el Poder Central, porque "la gran Ley de atracción te atrae hacia Él, y nada puede resistirse a la Ley" - ¡la fuerza irresistible! El control es tan completo que al instrumento "no le importa si pierde amigos, parientes, hijos, popularidad, etc.; no le importa si parece trabajar en la oscuridad, y es consciente del escaso resultado de sus trabajos". Su "yo personal" es sacrificado.

Cuando estos supuestos misterios sean restaurados, ¡sus custodios serán "la *Iglesia y los masones"!* Eso fue escrito por primera vez en 1922.

En 1934 la Sra. Balley escribió un folleto, *Los Próximos Tres Años*, pretendiendo ser el Plan Mundial, para la elevación de la Humanidad mediante la realización de la divinidad del hombre a través de la guía de algunos de los llamados "Hermanos Mayores o Superhombres". Según la Sra. Bailey: "De la mezcolanza de ideas, teorías, especulaciones, religiones, iglesias, cultos, sectas y organizaciones, se están manifestando dos líneas principales de pensamiento". Estas son, dice, los "dogmáticos reaccionarios", que se inclinan ante un profeta, una biblia o una iglesia, y están condenados a extinguirse con el tiempo. Los otros, el "grupo subjetivo de místicos intelectuales", que se consideran miembros de la Iglesia Universal, destinados a crecer y fortalecerse hasta formar la nueva religión subjetiva. Aparentemente, estos últimos no son libres, ya que se someten a la autoridad de esta desconocida Jerarquía de Hermanos Mayores, que pretenden ordenar y dominar el mundo mediante la "unificación del esfuerzo en todos los departamentos de la empresa humana, religiosa, científica y económica."

Así que hoy, escribe, tenemos

> "una ruptura con la tradición establecida, una rebelión contra la autoridad, una tendencia a la autodeterminación y un derrocamiento de las viejas normas, de las antiguas barreras, del pensamiento y de las divisiones hasta ahora existentes entre razas y credos. De ahí que nos encontremos atravesando una etapa intermedia de caos y de cuestionamiento, de rebelión y de la consiguiente licencia."

O como Lady Emily Lutyens, una de las seguidoras de Mrs. Besant, escribió en el *Herald of the Star, en* marzo de 1927:

> "Estamos asistiendo al nacimiento de una nueva conciencia mundial, de una civilización mundial... Las viejas tradiciones están siendo derribadas, viejas costumbres destruidas, viejos hitos barridos... Debe haber anarquía antes de que pueda haber creación".

Así allanan el camino para la Nueva Era, la nueva civilización, la nueva ciencia y la nueva religión del llamado Iluminismo y la intuición.

explica la Sra. Bailey:

> "El Plan, tal como se percibe en la actualidad y para el cual están trabajando los Conocedores del Mundo (bajo los Hermanos Mayores), podría definirse de la siguiente manera: Es la producción de una síntesis subjetiva en la humanidad y de una interacción telepática que finalmente aniquilará el tiempo... hará a los hombres omnipresentes... y omniscientes."

¡Es el Iluminismo! El tiempo, dice, en el que estos Hermanos Mayores deben completar su Plan está limitado por la Ley de los Ciclos, "cuando las fuerzas, influencias y energías están temporalmente en funcionamiento, y de éstas los Conocedores del Mundo tratan de hacer uso." Es lo que ellos llaman la Era de Acuario. "que durará astronómicamente 2.500 años, y que puede, si se utiliza debidamente, lograr la unificación, consciente e inteligente, de la humanidad y producir así la manifestación de lo que puede llamarse "fraternidad científica"". Por lo tanto, su objetivo es acabar con el orgullo familiar, nacional y racial.

Desde el siglo XV, prosigue, para construir una unidad más sintética, se formaron siete grupos: cultural, político, religioso, científico y, más tarde, filosófico, psicológico y financiero. Éstos debían crear ciertas condiciones preparatorias como parte del programa jerárquico. Los filósofos, incluidos los antiguos filósofos asiáticos, moldean poderosamente el pensamiento, los psicólogos hablan de los impulsos y características del hombre y de la finalidad de su ser. Los financieros controlan y ordenan los medios por los que el hombre existe, "constituyendo una dictadura sobre todos los modos de relación, comercio e intercambio... Su trabajo está definitivamente planeado y dirigido. Están provocando en la Tierra efectos de gran alcance". Todos estos grupos, dice, están cooperando con la Jerarquía y construyen para la posteridad. Estos trabajadores mundiales

> "son necesariamente cultos y ampliamente leídos... no consideran que su país y sus afiliaciones políticas sean de importancia primordial. Están equipados para organizar, lenta y firmemente, esa opinión pública que con el tiempo divorciará al hombre del sectarismo religioso, el exclusivismo nacional y los prejuicios raciales."

1934 a 1936 serán años de prueba. En política, el desarrollo de. una conciencia internacional, la síntesis económica entre las naciones.

> "La tensión y el estrés materiales, el naufragio de los viejos partidos políticos, el derrocamiento de las relaciones comerciales... demostrando la necesidad de establecer un espíritu de dependencia e interrelación internacional, que las naciones se vieran políticamente obligadas a darse cuenta de que el aislamiento, la separación y el cultivo del egoísmo nacional debían desaparecer."

Así nace la Hermandad de las Naciones - ¡un *Estado Federación Mundial!* Además, clasifica las siguientes dictaduras: La *dictadura* soviética del *proletariado,* "... detrás de todos los errores y la crueldad, detrás del materialismo rancio yacen grandes ideales [¡judíos!]"; la *dictadura de la superioridad racial* en Alemania; la *dictadura del comercio organizado* en América; la *dictadura del imperio* en Gran Bretaña; Italia, Turquía, etc., y todos esos movimientos nacionales, según la Sra. Bailey, están en realidad bajo el impulso impelente de las ideas lanzadas a las mentes de los hombres por la Jerarquía secreta, pero debido a la ignorancia, son "distorsionadas, aplicadas egoístamente y utilizadas separadamente."

Además, a partir de 1945 tomará forma la Fe Mundial, y explica: *"Las tres palabras, electricidad, luz y vida, expresan la divinidad y su síntesis es Dios".* Esto no es más que la fuerza vital, y es puro panteísmo e Iluminismo. Una vez más, dice, los científicos se fijan como objetivo la expansión de la conciencia del hombre, el despliegue de sus sentidos latentes y la ampliación de su horizonte de tal modo que se produzca una síntesis de lo tangible y lo intangible en la educación, la ciencia y la psicología. Por último, durante los próximos tres años se nos pide que abandonemos los antagonismos, las antipatías, los odios y las diferencias raciales, y que pensemos en términos de una sola familia, una sola vida, me hu manidad. El fin y el objetivo son la unificación y el control mental por parte de la llamada "Jerarquía de Superhombres". ¿Quiénes son? ¿Qué hay de los sueños y actividades de *L' Alliance-israélite-universelle*? Un robot tan monstruoso está incluso mostrando ahora signos de materializarse, pero el sueño es demasiado fantástico y demasiado fanático para tener éxito entre los pueblos occidentales.

Los teósofos no son los únicos dominados por estos misteriosos "Hermanos Mayores" de la Gran Logia Blanca. Un mensaje fue recibido en la bóveda del Templo de Nueva Zelanda, el 10 de julio de 1919, por el difunto Alto Jefe, Dr. Felkin, pretendiendo provenir de 'Christian Rosenkreutz,' ese mítico Jefe de los Rosacruces, en respuesta a graves dudas expresadas acerca de estos misteriosos Hermanos, por uno de los Jefes Gobernantes del R.R. et A.C. de Londres:

> "Los Hermanos son ciertamente los Hermanos Mayores y los mensajeros del Señor [de la Luz], pero no son infalibles ni pertenecen a la compañía de los dioses. No son más que hombres muy avanzados en verdad, y esperan que la antorcha [del Iluminismo] se encienda en medio de ellos, pero no son de aquellos que conocéis como Maestros, y no está en su poder ni encender la antorcha ni aún decir en qué día u hora descenderá la llama de Pentecostés [Iluminismo]."

Ya hemos esbozado el plan mundial secreto de estos "Hermanos Mayores", tal como nos lo dio a conocer la Sra. Bailey, una de sus más fieles incautas y discípulas. Hace algún tiempo recibimos un libro publicado en Canadá en 1930, del que se decía que era "Cartas sin firma de un Hermano Mayor", escritas de enero a diciembre de 1929 a un grupo que trabajaba bajo sus órdenes. En el prólogo dice:

> "La Tierra entera está al borde mismo de lo que la amenaza. Este año, 1930, y los inmediatamente siguientes, verán la disolución de casi todas estas cosas en las que los hombres y las naciones confían. Primero el derrocamiento - luego el Silencio - luego la *Restauración. Pensad* en estas cosas".

En este libro se arroja cierta luz sobre estos Hermanos, sus planes y métodos para atraer a hombres y mujeres incautos y confiados a su siniestra y mortífera red de Iluminismo.

> "Todo Hermano Mayor es miembro de rango de una u otra de las Doce Jerarquías [la Gran Logia Blanca y los doce signos del Zodíaco]... No tiene vida aparte de ellas". No puede 'admitir ni rechazar la admisión a la condición de discípulo'.

Entrena a los alumnos para que reciban los nuevos conocimientos por contacto directo, formando instrumentos para orientar a la humanidad.

Este conocimiento, dicen los Hermanos Mayores, está confinado a los *Illuminati* y a los iniciados, que son pocos en número. El orden existente debe ser derrocado y destruido, ellos están preparando el camino, *cambiando las corrientes de pensamiento del mundo,* para la restauración de los Misterios y el conocimiento que los sustenta. 'Los Caballeros Templarios se están reuniendo de nuevo,' dicen, y 'a través de sus esfuerzos las filas de la Francmasonería y otras órdenes similares conocerán un gran Renacimiento.' Nadie puede entrar en el discipulado y al mismo tiempo mantener lealtad a cualquier orden o maestro ocultista, pero la membresía existente en la Francmasonería, movimientos co-masónicos, Oddfellows, u organizaciones fraternales similares no está prohibida. Nuestra prohibición sólo se aplica en los casos en que la enseñanza religiosa o espiritual es manifiestamente el fin o la obra principal".

La única autoridad moderna sobre los "Maestros" que "respaldamos totalmente es H. P. Blavatsky". Aquellos que han sido llamados

> "son miembros de un grupo selecto y poderoso... Primero tenemos que vincular, reunir a los miembros dispersos de nuestra Gran Orden... Más tarde vincularemos; a través de sus esfuerzos unificaremos muchos movimientos, dándoles nuevo conocimiento, propósito y dirección... Claramente esperamos el estallido de la tormenta que despejará el terreno para nuestros propios esfuerzos... Del Centro finalmente saldrá Luz, Conocimiento, Liderazgo y finalmente Gobierno... Aquellos que tienen el conocimiento y están en posesión del Plan tomarán las riendas. Ese día levantaremos *el Estandarte del León y del Sol*".

Como dijo el Dr. Ranking: "Durante la Edad Media el principal apoyo de los cuerpos gnósticos y el principal depositario de este conocimiento fue la Sociedad de los Templarios". Y ya sabemos cuál era su historial.

El nuevo conocimiento debe obtenerse por contacto directo con la Hermandad, siendo el medio utilizado el Amor-atracción y repulsión. La fuerza sexual y la pasión, o amor, no sólo es un medio de crear vida en este mundo, sino que crea fuerzas en el plano psíquico, es "un fenómeno magnético y cósmico", que atrae y une al instrumento negativo, el discípulo, y al Hermano director positivo que lo utiliza. Significa una fusión de conciencia dual, mental y emocional.

> "Lo más frecuente es que los Hermanos trabajen en los niveles etérico y mental de la conciencia: no llevan cuerpos físicos, trabajan indirectamente a través de uno u otro de sus discípulos sintonizados, proporcionándole ideas más claras, intuiciones y un fondo general de conocimientos muy por delante de lo que posee en sí mismo."

Así se escriben muchos libros. No todos los canales son claros, y se cuelan ideas lúcidas y personales.

"Si hay alguna obstinación u orgullo personal o contumacia, entonces se descarta a ese discípulo, se le retira la conciencia informadora y se utiliza algún otro canal". Además, si el Hermano ha de trabajar en un cuerpo físico, selecciona la filiación y los ambientes, y en caso de fracaso se preparan dos cuerpos nacidos más o menos al mismo tiempo. "Toma tal cuerpo para que la mente y la voluntad del grupo en su conjunto puedan expresarse a través de esa personalidad". Si uno de los cuerpos falla, queda a la deriva como un barco sin timón. Mediante esta diabólica prostitución de las fuerzas de la Naturaleza, estos fanáticos superhombres pretenden dominar y controlar a la humanidad.

A principios de 1935, la Sra. Bailey estuvo en este país tratando de publicitar el Plan Mundial secreto de estos Superhombres, tal como se expone en *Los Tres Próximos Años*. Distribuyó 25.000 copias, con el objetivo de 'educar a la opinión pública' y un intento de formar un grupo activo definido que 'pueda salvar a un mundo afligido y traer luz y comprensión a la humanidad'. Su objetivo es "finalmente divorciar al hombre del sectarismo religioso, la exclusividad nacional y los prejuicios raciales", en preparación para un Estado Federación Mundial y una Religión Mundial Iluminada. Para promover esta idea, el panfleto ha sido traducido al francés, alemán, italiano, español y rumano, pero faltaron fondos para imprimir este intento de inocular a Europa con este virus americano del pernicioso Iluminismo, ¡como si Europa, pasada y presente, no hubiera sufrido bastante de este terrible azote que tan a menudo termina en una loca obsesión política, social y pseudo religiosa!

CAMISAS DE PLATA

En "Los Camisas Plateadas" de América tenemos un ejemplo de los planes políticos de estos "Hermanos Mayores", que están siendo inaugurados y construidos. Según su revista *Liberation*, de la que hemos extraído nuestra información, los Camisas Plateadas de América afirman ser una organización protestante y cristiana con un plan constructivo para 'convertir a los Estados Unidos en una verdadera democracia, sensible a los dictados de un pueblo soberano'. Un movimiento masivo de unidades, 'Una Democracia de Cristo, bajo la cual toda la nación se ha convertido en una Gran Corporación con sus ciudadanos votantes, los accionistas comunes.'

Para materializar este proyecto, William Dudley Pelley formó una "Liga de Liberación" en Ashville, Carolina del Norte, basada en profecías e inspiraciones recibidas por él de forma clariaudiente a través de la "radio psíquica" de las llamadas "Grandes Almas" en los reinos superiores de la vida, que afirman que el gobierno soviético no es más que "un engranaje de su Plan", al igual que el hitlerismo, y hablan del "trastorno temporal de la judería". ¡El líder es un invisible 'Príncipe de la Paz'! Bajo los auspicios de esta Liga fundó el Colegio Galahad, en Ashville, donde se impartían las siguientes asignaturas a un máximo de 250 alumnos al año: *Historia Ética* - estudiando desde la Creación a través de las civilizaciones y la cultura de Lemuria, Maya, Atlántida, Egipto hasta la Dispersión Judía y el Sacro Imperio Romano Germánico como trasfondo para los tiempos modernos. *Administración Pública*- "una apasionante batalla de las Fuerzas de la Luz contra las Cohortes Oscuras". Eugenesia *Espiritual* - exponiendo los guiones psíquicos de William Pelley y entrenando a los estudiantes a recibir comunicaciones similares. *Metapsíquica Social* - entrenando al estudiante a reconocer los factores de luz y oscuridad en las "Grandes Obsesiones" de la historia, reconociendo y tratando con factores similares en los movimientos subversivos actuales. *Filosofía cristiana* - nueva economía, bancos y emisión de dinero como función gubernamental, servicios públicos de propiedad pública. *Terapia educativa:* terapia sugestiva aplicada, eliminación de indigentes y criminales. *Matemáticas cósmicas* - comprensión de las leyes de las vibraciones, individuales y de grupo. Aquí tenemos, aparentemente, una universidad superamericanizada para la formación de psíquicos.

William Pelley aboga por el desarrollo de los sentidos psíquicos: supervisión, clarividencia; superaudición, clariaudiencia. Se dio cuenta por primera vez de estos poderes en sí mismo en mayo de 1928, y dice: "He dejado mi cuerpo mortal a plena luz del día y he viajado y me han visto a 3.000 millas de distancia...". Declara además que noche tras noche ha escuchado y oído la "voz de maestros invisibles pero vivos", cuyas enseñanzas, tal como las oyó, repitió a un taquígrafo; su Plan de Vida ofrece un cambio completo de pensamiento sobre Dios y la vida después de la muerte, ¡creen en pasar por, podría ser, 200 cuerpos, digamos, en 50.000 años! Desde los reinos superiores de la vida, en palabras claras e inflexibles, se dieron los siguientes métodos necesarios para despertar estos sentidos latentes:

> "En el proceso llamado intimidad hay un momento en que el tercer ojo del espíritu (glándula pineal) se despierta o se abre y un tremendo torrente de fuerza propia se proyecta literalmente en el aura del otro. Ese momento es precioso en los fenómenos ocultos y puede ser alcanzado constantemente por hombres y mujeres que se sintonizan con las seducciones del amor sin los efectos desvitalizantes de la pasión."

Es decir, excitar y pervertir las fuerzas sexuales no utilizadas con el fin de provocar las condiciones psíquicas requeridas.

Y como el profesor continúa:

> "A las personas de rectos logros, sinceramente deseosas de perfeccionarse en las Verdades Superiores Ocultas, les llega un momento en que la práctica de ciertos ritos despierta los sentidos adormecidos, y ven más allá de lo conocido, hacia lo desconocido.
>
> ... Una de las capacidades ... *debe ser la de entrar y salir del mecanismo físico a voluntad, para* ser el instrumento perfecto".

Aunque nominalmente protegidos, esto bien podría terminar en la posesión del cuerpo desocupado por parte de algún obsesionado maestro o mentor, ¡así llamado! Como incentivo, se les dice que con los sentidos despiertos "podrían ordenar a hombres y mujeres, mediante el poder del pensamiento, que hicieran cualquier cosa a su voluntad. Podían curar hasta resucitar a los muertos...". ¡Poderes enormemente peligrosos en manos de hombres malvados, maestro o discípulo!

En cuanto a su protestantismo-cristianismo, podría clasificarse con los primeros gnósticos o incluso con los judíos cabalistas tal como se expresan hoy en día en muchas sectas iluminadas. Como dice el Mentor de William Pelley:

> "Nosotros [como cristianos] inventamos por así decirlo la idea del Christos, reconocemos en el Cristo el Principio Creador apartado en un orden peculiar de Espíritu Avatar... cumpliendo cierta misión para Sí mismo y para la Raza Humana, que igualmente es "parte" de Sí mismo... Cristo Jesús el *hombre*, y Christos-Lord, el Santo Espíritu Avatar Angélico venido a la tierra para personificar el bien [la luz] son tan distintos y separados"

como adulto y como escolar. Continúan explicando que el antiguo "tú", en cada hombre, es el Dios-espíritu, el Dios-cosas, el Christos Magic Man, el Logos individualizado, la palabra individual hecha carne. Es simplemente el principio creador en cada uno, positivo y negativo, el Bien y el Mal gnósticos, la luz y la materia.

De nuevo nos llega el eco del Cristo "fantasma" maniqueo: "Los judíos como pueblo no crucificaron a Cristo". Fue crucificado por ciertas "psiques disuasorias y malignas" que encarnaron en cuerpos judíos "para devolver el golpe al Logos de Luz que ellos reconocieron como habiendo estallado en llamas en Jesús, el hombre... Fue Jesús la *psique* Avatar [fuerza iluminadora] que ellos malvadamente maquinaron para quitar del camino."

William Pelley adopta la enseñanza de la Gran Pirámide del Dr. Davidson, declarando que contiene una revelación divina y es la clave de todos los acontecimientos diarios, y pregunta:

> "¿Cómo sucedió que en la época de la revolución americana, cuando casi nada se sabía de la interpretación matemática del gran monumento, su simbolismo se utilizara con exactitud concreta en el Gran Sello de los Estados Unidos, indicando que correspondía a América restablecer el reinado de Cristo en la tierra?".

Ahora Charles Sotheran, de Nueva York, masón de muchos grados, iniciado de la Rosacruz y otras sociedades secretas, escribió a Mme Blavatsky, el 11 de enero de 1877: "En el siglo pasado los Estados Unidos fueron liberados de la tiranía de la Madre Patria por la acción de las sociedades secretas más de lo que comúnmente se imagina". ¿No fue el Sello de los Estados Unidos la inspiración de estas sociedades secretas?

Es curioso encontrar el mismo Sello con la Estatua de la Libertad utilizados como símbolos del "Nuevo Orden de los Siglos", Rosacruz e Iluminismo, cuya cabeza es el Dr. Swinburne Clymer, aparentemente bajo la dirección del misterioso Consejo Secreto Internacional de los Nueve, que se dice es Rosacruz, con su centro en Francia. El Dr. Randolph, fundador original del Grupo, 1864, retrotrae a los Rosacruces, una vasta Hermandad Secreta, a los sabeos y los llama fundadores de la "civilización semítica". William Pelley se enfrenta, sobre todo, al judío de las finanzas internacionales, pero ¿acaso la enseñanza psíquica de su mentor sobre el Christos-Logos de la Luz no apunta al culto primitivo sabeano de las estrellas y la serpiente, del que surgió la "civilización semítica"? No sabe nada de sus mentores psíquicos, salvo lo que ellos han decidido transmitirle; ¿no podría ser su objetivo la descristianización de los Estados Unidos y el establecimiento de esta "civilización semítica", una llamada "Democracia Crística" gnóstica, gobernada y dirigida por "voces invisibles pero maestros vivos"? Como ha señalado la *Enciclopedia Judía*, el gnosticismo "era de carácter judío mucho antes de convertirse en cristiano."

Se publicó un panfleto en el que se daba una idea general de la doctrina de esta propuesta de "Democracia de Cristo", del que ofrecemos algunos extractos:

> "¿Saben ustedes que hay hombres y mujeres en esta nación que son capaces de mirar hacia el futuro inmediato con visión trascendente y discernir con precisión una metamorfosis completa de nuestras instituciones actuales a lo largo de líneas más sanas? Esto significa en lenguaje llano que pueden ver qué mejoras en nuestro orden político y económico van a surgir de este actual período de angustia y agitación.

"Ven estas mejoras cristalizando entre el 31 de enero de 1933 y el 4 de marzo de 1945, ambas fechas escritas en grande en la Profecía de la Gran Pirámide. Ellos ven una democracia real establecida en los Estados Unidos, bajo cuyas condiciones las siguientes innovaciones serán efectuadas sin alterar nuestra estructura gubernamental en lo más mínimo:

"Una *Democracia Crística* bajo la cual toda la nación se ha convertido en una Gran Corporación con sus ciudadanos votantes como Accionistas Comunes.

"Una *Democracia Crística* en la que estos Accionistas Comunes, como uno de los principios de la ciudadanía, reciben automática e irrevocablemente un dividendo mensual de 83,33 dólares de la Corporación para asegurarles el sustento y evitar para siempre la hambruna que acompaña al desempleo.

"Una *Democracia Crística* en la que grandes sumas de Acciones Preferentes de la Gran Corporación, que pagan dividendos, se emiten a los ciudadanos en cantidades que varían desde las más bajas a las más altas, para proporcionarles incentivos para la iniciativa, la industria, la ambición y el ahorro - tales Acciones pagan dividendos además del Dividendo de Hambre de las Acciones Comunes de la ciudadanía, que no pueden ser compradas, vendidas o intercambiadas o manipuladas de otra manera por grupos o individuos depredadores.

"Una *Democracia Crística* en la que la producción anual esté estrictamente regulada por las capacidades de consumo de toda la ciudadanía y no por su poder adquisitivo monetario.

"Una *Democracia Crística* en la que el dinero en forma de moneda se descarta por arcaico, y todos los ciudadanos hacen negocios mediante una forma de Cheque a través de un Banco Federal, cheque que sólo se utiliza una vez exactamente igual que los giros postales exprés del presente.

"Una *Democracia Crística* en la que todos los derechos a la propiedad privada y personal son militantemente conservados y protegidos por el Gobierno.

"Una *Democracia de Cristo en la que* no haya más impuestos sobre el ciudadano de ningún tipo, siendo los impuestos tan arcaicos como la moneda. Una Democracia *Crística en la que* no existan rentas por la ocupación de la propiedad, siendo las rentas tan arcaicas y depredadoras como la moneda, los impuestos y los intereses, pero reemplazadas por un sistema bajo el cual cada ocupante que paga por vivir en una estructura está comprometido en la compra de esa propiedad, ya sea en su totalidad o en parte.

"Una *Democracia Crística* en la que las ejecuciones hipotecarias de bienes inmuebles por cualquier concepto son ilegales.

"Una *Democracia Crística* en la que todos los ciudadanos ingresen en una Administración Pública Federal reconstruida sobre una base de eficiencia y graduada en cuanto a remuneración según la industria o los talentos del trabajador.

"Una *Democracia Crística* en la que toda la legislación, sea cual sea su carácter, no puede convertirse en ley hasta que haya sido aprobada mediante el voto particular del 51% de la ciudadanía a la que se aplica.

"Una *democracia crística* en la que los funcionarios deshonestos o incompetentes puedan ser destituidos instantáneamente por el 51% de los votos de los ciudadanos de cualquier distrito en el que ejerzan sus funciones.

"Una *Democracia Crística* en la que todas las votaciones, ya sean a favor o en contra de los cargos electos, se realicen a través del servicio postal en lugar del engorroso y arcaico colegio electoral.

"Una *democracia crística* en la que todos los votos emitidos, a favor o en contra de un hombre o una medida, se conservan como propiedad pública y se publican íntegramente, evitando así el recuento deshonesto de los resultados.

"No se trata ni de socialismo ni de comunismo, sino de un principio totalmente diferente de gobierno humano que perduró durante 300.000 años en la Atlántida, durante incontables generaciones en Perú antes de la llegada de los españoles, y durante 2.500 años en China antes del derrocamiento de los manchúes, y cuyos detalles son rigurosamente suprimidos y censurados por las instituciones educativas modernas apoyadas por donaciones del actual elemento depredador del Estado bárbaro moderno."

Tal es el Plan de Gobierno propuesto por el 'Hermano Mayor' de William Pelley, bajo un misterioso 'Príncipe de la Paz'.

El siguiente es un ejemplo más de los métodos de estos tiradores de cables invisibles que gobernarían el mundo a través de hombres y mujeres entrenados y desarrollados psíquicamente. En esto la Investigación Psíquica de América parece estar involucrada.

Un amigo de Estados Unidos nos ha enviado un librito, *Let us in,* que pretende ser comunicaciones recibidas en 1931 del profesor William James, fallecido en 1910. Sin embargo, alguien que durante años vivió cerca de él afirma que este libro no representa a James ni vivo ni muerto. A juzgar por el contenido, se puede concluir que detrás de ese nombre se encuentra en realidad una de esas misteriosas mentes maestras. En este caso, un grupo de dos hombres y una mujer (la receptora) fueron utilizados como médiums, siendo uno de ellos Bligh Bond, entonces editor de *Psychic Research* para la American Society of Psychical Research, también bien conocido por los espiritistas e iluministas de este país a través de sus libros de Glastonbury, *The Gate of Remembrance* y *The Hill of Vision.* En una nota a este libro escribe: "Su control invisible (William James y su grupo) de las políticas de Investigación *Psíquica me ha* impresionado una y otra vez en el curso de mi trabajo diario aquí." Algunos extractos de *Let us in* darán una idea de este comunicador secreto y de sus objetivos al utilizar a este grupo, dando enseñanzas que, una vez publicadas, orientarían al público con inclinaciones psíquicas, atrayendo a otros a su red.

Su Dios es el Dios de la masonería, el Yahveh de los judíos: "El secreto interior de la evolución es que Dios, el *principio vital,* está haciendo evolucionar desde el interior de su creación cada parte de la misma..." De las fuerzas duales maniqueas, luz y tinieblas, bien y mal, se dice:

> "Es de la mayor importancia que los hombres de la tierra se den cuenta plenamente de la existencia de estos dos campos y se valgan de la ayuda de los Portadores de Luz [luciferinos] cuyas armas son el amor y la vida... Las fuerzas de la ignorancia también se han reencarnado, y es esa guerra entre la oscuridad y la luz la que está ahora sobre nosotros... La sustancia que llamamos amor es más duradera que el acero... hay leyes relacionadas con su uso."

Es el fluido magnético de los Rosacruces. "Es la materia prima del universo. Es Dios mismo, la Última (fuerza vital). Es manipulado por el pensamiento y la voluntad".

Para la curación mental:

> "Por tu fe en la existencia de esta gran sustancia primaria eres capaz y tienes la libertad de emplearla. Tu palabra hablada o tu

> pensamiento claramente formulado es el cable, por así decirlo, a través del cual conduces el poder a la persona necesitada... ¡Entonces llámanos!" Esta curación magnética, por lo tanto, ¡significa vincular al paciente con estas mentes Maestras! Y esto debe utilizarse para eliminar las llamadas "entidades invasoras", pero estos comunicadores deben incluirse ellos mismos bajo ese término, pues dicen: "En realidad no se trata de dejarnos entrar; ya estamos dentro, y queremos que lo sepas; ¡ya estamos dentro para bien o para mal!".

De nuevo con fines políticos:

> "¡Siéntate justo donde estás y gira el poder de tu pensamiento como directamente sobre ese lejano y quizás poderoso líder, llamando a la ayuda de tus propias fuerzas psíquicas especiales (guía) para que te ayuden a traer el poder de Dios sobre esa persona o grupo de personas!..."

¡para cooperar con sus planes o contradecirlos según les convenga a estos amos! ¡Abriendo de nuevo un foco de ataque para estos manipuladores ocultos! De manera similar, a los miembros del R.R. y A.C. se les enseño a concentrarse en Rusia en 1917-18.

De Rusia se dice:

> "El problema ruso es de la mayor importancia. El universo entero está construido sobre el principio de los puntos focales... Rusia es el lugar donde, por consentimiento común de fuerzas fuera de su conocimiento ordinario [!], se está lanzando un experimento que pretende implicar a toda la raza humana. Esto está previsto desde hace siglos. *Los acontecimientos que condujeron a él, la semilla de la que brotó, ¡fueron sembrados hace siglos!*" - ¡Iluminando el judaísmo!

Lo que dijo el masón de Luchet sobre el iluminismo en 1789 es igual de cierto hoy en día:

> "Hay un cierto número de personas que han llegado al más alto grado de impostura. Han concebido el proyecto de reinar sobre... las opiniones y de conquistar la mente humana".

El corresponsal del *Morning Post* de Nueva York informó el 13 de mayo de 1935:

> "Una defensa editorial de un informe del Dr. Harold Cummins, publicado en Londres, sobre huellas dactilares ectoplásmicas, ha

> provocado que la Sociedad Americana de Investigación Psíquica destituya al Sr. Frederick A. Bond, editor de su revista....
>
> "Después de su despido, el Sr. Bond hizo la acusación de que la política de los fideicomisarios fue fijada por un grupo "más o menos comprometido a apoyar un interés particular, a saber, la mediumnidad de la Sra. Crandon ["Margery"] y la defensa de su carácter supernormal." Esta es la segunda vez que los círculos psíquicos americanos se dividen en torno a "Margery".

Hasta aquí el valor de las investigaciones llevadas a cabo por la Sociedad de Investigación Psíquica; tan a menudo derivan en nada más que sesiones espiritistas y jugando con fenómenos mediúmnicos.

CAPÍTULO XIII

SOCIEDADES SECRETAS EN AMÉRICA, TIBET Y CHINA

LA *A.M.O.R.C. - La Antigua Orden Mística de la Rosa Cruz* o *Antiquae Arcanae Ordinis Rosae Rubeae et Aureae Crucis* —cuya Gran Logia Suprema se encuentra ahora en San José, California, fue fundada por el Dr. H. Spencer Lewis, antiguo presidente durante muchos años del Instituto de Investigación Psíquica de Nueva York. Se dice que fue a Francia en 1909, y allí el Consejo Supremo Rosacruz Europeo estuvo de acuerdo con sus planes y autorizó a la Jurisdicción Francesa a patrocinarlos. Regresó a América, y después de mucha actividad oficial, su Consejo Supremo se organizó en la ciudad de Nueva York, en abril de 1915, y en 1916 se celebró una convención nacional en Pittsburgh, Pennsylvania; se adoptó una constitución, y se fundó la Orden, que ahora se dice que trabaja bajo una Carta recibida del Consejo Internacional en Europa.

Afirman que "en Estados Unidos, etc., hay ramas de Colegios, Universidades y Logias, así como grupos de estudio en todas las ciudades y pueblos importantes"; también que su jurisdicción extranjera incluye Grandes Logias "en Inglaterra, Dinamarca, Holanda, Francia, Alemania, Austria, Rusia, China, Japón, Indias Orientales, Australia, Suiza e India. El Colegio de la Orden en Oriente se encuentra en la India". También tienen un centro en Londres y, al parecer, la sede central en Bristol. Su revista se llama *The Rosicrucian Digest.*

Dicen que "no están afiliados ni conectados de ninguna manera con ninguna otra sociedad, ni con ningún culto o movimiento", pero es curioso observar la similitud del nombre con el de la

Orden Interna de la Stella Matutina - Ordinis Rosae Rubeae et Aureae Crucis - ¡que también tiene un centro en Bristol en ! Por otra parte, además de tener, según René Guénon, varios teósofos como adeptos, la Sra. Ella Wheeler Wilcox, según dicen, fue una de sus firmes colaboradoras, y sabemos que sus poemas, por ejemplo "Pasteles del Nuevo Pensamiento", también son citados varias veces en apoyo de las ideas tanto del Movimiento del Nuevo Pensamiento como de la Cosmo-Concepción Rosacruz de Max Heindel. De la información recibida de América, 1930, aprendemos que A.M.O.R.C. tenía su templo en Boylston Street, Boston, Mass.; el Imperator era Harve Spencer Lewis, Ph.D., F.R.C., quien también se decía que era Miembro del Consejo Supremo R.C. del Mundo, Legado de la Orden en Francia, Sacerdote Ordenado del Ashrama en la India, Consular Honorario de la "Corda Fratres" de Italia, Sri Sabhita, Gran Logia Blanca, Tíbet, Rex Universitatis Illuminati, y Miembro del Colegio Rosa-Cruz de la Orden Rosacruz. Por último, afirman ser la única organización rosacruz de América invitada a participar en todas las convenciones internacionales o sesiones del Consejo celebradas recientemente en tierras extranjeras.

Consideran a Egipto como una de las primeras escuelas arcanas de la Luz, de ahí su folleto, *La Luz de Egipto,* por Sri Ramatherio, 1931, en el que nos dicen que su símbolo es la cruz con una sola rosa roja en el centro: el uso, dicen, de más rosas no es el emblema antiguo. ¡Los Steineristas y Max Heindel usan siete! El R.R. et A.C. tiene una en el centro de la cruz, que se divide en doce, siete y tres pétalos - el zodíaco, los planetas y los elementos, símbolo del universo - y en su corazón está de nuevo la rosa de rubí y la cruz de luz, el conjunto significando el hombre o el microcosmos crucificado en la cruz del Iluminismo, sacrificado a las ambiciones del Poder detrás de la Orden. En el emblema registrado de la A.M.O.R.C., encima de la Cruz Roja del sacrificio, está el Talismán hebreo del poder, el Signet o Sello de Salomón, los Triángulos entrelazados - como es arriba es abajo.

En EE.UU. hacen publicidad de su Orden celebrando convenciones nacionales y publicando cientos de artículos en periódicos y revistas sobre las ventajas que ofrece.

En este país, mediante anuncios a toda página en revistas, prometen poder personal, éxito, salud y prosperidad que se alcanzarán mediante "la expiación con las fuerzas creativas Cósmicas y la guía inspiradora". Afirman no ser sectarios, sin limitaciones de raza o sexo, y creen en la hermandad universal, como la mayoría de los demás cultos de este tipo. Además, afirman ser el Único Movimiento Rosacruz en todo el mundo que opera como una unidad.

Uno de sus métodos para alcanzar esta unidad es una forma de enseñanza privada por correspondencia, para el estudio y experimentos en el desarrollo de los centros psíquicos y el aura, y también métodos para utilizar la ley del Triángulo, incluyendo ejercicios de respiración, vibraciones, formas de pensamiento, ritmo, métodos y experimentos para recibir la Iluminación Cósmica, ¡todo para ser utilizado y probado en los asuntos diarios! Se sugiere que parte de la noche de cada jueves se reserve para estos experimentos y concentraciones, "Porque ésta es la Noche Rosacruz en todo el mundo, y significa mayor poder a través de las multitudes que así se sintonizan." Y en esta unión universal e internacional, la A.M.O.R.C. ofrece a sus miembros la asociación con las mentes maestras de las leyes de la naturaleza - los Hermanos de la Rosacruz.

Hablan del impulso de la Mente Cósmica, de la vocecita quieta que llaman intuición, pero ¿no es más bien la voz de las mentes maestras internacionales que, amparándose en la "salvación de la civilización", pretenden pervertirla y dominar el mundo a través de los incautos unidos y orientados de todas esas interminables sociedades iluminadas?

CONFEDERACIÓN DE INICIADOS

Otro grupo Rosacruz es la Escuela Secreta, Confederación de Iniciados, que utiliza la Compañía de Publicaciones Filosóficas, Beverly Hall, Penn., U.S.A., y se nos dice que esta última reemplazó a la Sociedad Humanitaria, fundada en 1864, bajo el nombre de Ayuda Rosa-Cruz, por Dr. Paschal Beverly Randolph - amigo de Lincoln - quien también, se dice, comenzó la verdadera Orden Rosa-Cruz Americana en 1852. El Colegio Rosa-Cruz Illuminati fue fundado en los Estados Unidos en 1774.

El actual jefe de la Philosophical Publishing Company es R. Swinburne Clymer, M.D., descendiente de George Clymer, firmante de la Declaración de Independencia; ejerce en Filadelfia, da conferencias en varias facultades de medicina, tiene ahora unos cincuenta y nueve años y es masón de grado 32nd . En 1932 fue Gran Maestre Supremo de la Orden Hijos de Isis y Osiris - 38 grados, apoya el Colegio del Santo Grial y la Nueva Iglesia de la Iluminación. En 1932, fue Gran Maestre Supremo de la Orden Hijos de Isis y Osiris - 38 grados, apoya al Colegio del Santo Grial y a la Nueva Iglesia de la Iluminación. Los tres movimientos están incluidos en Man-Isis, el Nuevo Orden de los Siglos. Man-Isis enseña el desarrollo del fuego antiguo, la chispa del Cristo Cósmico, las fuerzas creadoras duales en el hombre, que llevan a la deificación; celebran la venida del Gran Maestro Juan como precursor de Apolonio de Tiana, y para ellos los esenios representaban la Gran Logia Blanca (¡judía!). Profesan abrazar el lado esotérico de todas las religiones.

El Dr. Clymer ha escrito muchos libros sobre los Rosacruces y sus enseñanzas, y algunos, al menos, han sido plenamente respaldados por el misterioso Consejo Secreto Internacional de los Nueve, que aparentemente dirigen la Confederación de Iniciados. Tenemos el siguiente mensaje supuestamente emitido por este Consejo con respecto a la admisión de aspirantes, fechado el 5 de febrero de 1932:

> "Esta es la Nueva Dispensación, y el trabajo de las Fraternidades Espirituales y Místicas debe ser restablecido en todo el mundo, para que a todos los pueblos se les pueda enseñar la Ley y así capacitarlos para aplicarla hacia el mejoramiento universal como el único medio de salvar a la humanidad... Nosotros, el Consejo de los Nueve, hemos seleccionado a su organización, como una de las más antiguas de América, para ayudar a realizar este trabajo. Esto debe llevarse a cabo de tal manera que no pueda haber ninguna cuestión de interés personal. ¿Podemos sugerirle que elija como método el de la Orden Esenia precristiana en la que Jesús fue entrenado [...] ... aceptando de buena fe a todos los estudiantes que lo soliciten, sobre una base absolutamente voluntaria, instruyéndoles a la manera

> antigua y permitiendo que estos estudiantes le compensen a usted sobre una base de intercambio? ..."
>
> (firmado) COMTE M. DE ST. VINCENT, Premier Plenipotenciario del Consejo de los Nueve de las Cofradías del mundo.

Se dice que los escritos del Dr. Randolph "fijan positivamente la Escuela Secreta en Francia". Además, explica así "con autoridad" a los Rosacruces:

> "Muchos, aunque no todos, de los alquimistas y filósofos herméticos eran acólitos de la vasta Hermandad Secreta que ha prosperado desde las edades más tempranas... los miembros de esta unión mística eran los Magos de antaño, que florecieron en Caldea siglos antes de que uno de sus miembros abandonara sus llanuras nativas y fundara en suelo extranjero la confederación hebraica. Eran el pueblo original de Saba, los sabeos, que precedieron durante mucho tiempo a los sabios de Caldea. Ellos fueron los hombres que fundaron la civilización semítica... De esta Gran Hermandad surgieron Brahma, Buda, Lotze, Zoroastro, los gnósticos, los esenios, y allí Jesús, que era él mismo un esenio, predicó la doctrina sagrada de la Fuente de Luz... Ellos fueron los hombres que descubrieron por primera vez el significado del fuego... Lo que sea de luz trascendente que ahora ilumina el mundo, proviene de las antorchas que ellos encendieron en la Fuente de donde toda la luz fluía sobre esa montaña mística [de iniciación]... No hay nada original en Taumaturgia, Teología, Filosofía, Psicología y Ontología, pero ellos lo dieron al mundo..."

Los Rosacruces, por lo tanto, ¡son Iluminados de esa Cábala Mágica de los Judíos, nacida por las Aguas de Babilonia!

Como cita el Dr. Clymer en su *Filosofía del Fuego:*

> "Existe en la Naturaleza una fuerza potentísima, por medio de la cual una sola persona, que la posea y sepa dirigirla, podría revolucionar y cambiar toda la faz del mundo. Esta fuerza era conocida por los antiguos y el secreto lo poseen las Escuelas Secretas de la actualidad. Es un agente universal, cuya ley suprema es el equilibrio; y por la cual, si la ciencia puede aprender a controlarla, será posible enviar un pensamiento en un instante alrededor del mundo; curar o matar a distancia; dar a nuestras palabras un éxito universal, y hacerlas resonar por todas partes."

Siempre es la misma explicación;

> "Existe un Principio Vital, un agente universal, en el que hay dos naturalezas y una doble corriente de amor y de ira. Este fluido ambiental impregna todas partes... la Serpiente devorando su propia cola.
>
> ... Con este éter electromagnético, este calórico vital y luminoso, desarrollable en todos, estaban familiarizados los antiguos y los alquimistas... Quiescente, no es apreciable por ningún sentido humano; perturbado, o en movimiento, nadie puede explicar su modo de acción excepto el Iniciado, y llamarlo "fluido" y hablar de sus "corrientes" no es más que velar un misterio profundo bajo una nube de palabras."

Al igual que los judíos de Alejandría, el Dr. Clymer enseña que los Libros Sagrados de todas las religiones, incluidos los de los judíos y los cristianos, no son más que parábolas y alegorías de las Doctrinas Secretas del Misterio interior, la "creación o evolución de los mundos y del hombre". En la Doctrina Secreta no había un Cristo para todo el mundo, sino un Cristo Potencial en cada hombre". Eso es un hombre iluminado, ¡el Pentagrama!

Hablando de las falsificaciones literarias greco-judaicas de la Escuela Judía de Alejandría, Silvestre de Sacy señala en el libro de Saint-Croix sobre los *Misterios del Paganismo*, 1817:

> "Si algunos escritores de hoy, a pesar de su profunda erudición, parecen ser engañados por estas imposturas, no debe olvidarse que a menudo la indulgencia en el paganismo aumenta proporcionalmente a medida que disminuye el respeto por la religión revelada, y que aquellos que encuentran en la mitología y las creencias de los griegos, los dogmas fundamentales de una religión ilustrada y espiritual, o un sistema de filosofía sutil y trascendente, son a menudo, de hecho, los que ven en el Antiguo y Nuevo Testamento sólo una mitología hecha para la infancia de la sociedad y adaptable sólo a los hombres simples y rudos.'"

JULIA SETON

Otro de estos grupos descristianizadores de Illuminati es "La Iglesia Moderna," y su Escuela de Iluminismo, que dice haber sido fundada en 1905 por la Dra. Julia Seton con el propósito de preparar el camino para la "Nueva Civilización." Ella se autodenomina conferenciante internacional de para EE.UU., Europa y Australia. Nos dice que la

> ""Nueva Iglesia"... es redimida de todas las naciones, todas las razas, todos los pueblos, todos los credos, en la Vida Única que está en todos [fuerza vital universal]... mostrada en la no resistencia, el amor, el servicio y la adoración... La Escuela Illuminati es la escuela moderna de psicología superior y misticismo, donde se revela la sabiduría antigua y oculta. Enseña nuevos métodos de libertad social, ética, industrial, religiosa, internacional y nacional. La enseñanza está estandarizando el mundo y pasando todo el pensamiento a un gran impulso universal."

De nuevo escribe: "La mente de la Nueva Era pregunta: "¿Qué es Dios?" y la respuesta es:

> "Dios es el Espíritu Cósmico, que se manifiesta en todo y a través de todo como una incesante inteligencia infalible; toda la naturaleza es el cuerpo de Dios, y se manifiesta como un plan perfecto de creación... Todas las cosas surgen recién nacidas del Espíritu Cósmico, todas las cosas vuelven renacidas a él. El Espíritu Cósmico está esperando que se *actúe sobre él y el hombre es el actor*... No puede elegir sino producir según el tipo de inteligencia que le ordena... El hombre es la expresión más elevada del Espíritu Cósmico en forma sobre la tierra. No es parte de Dios, ni una creación de Dios; es la Inteligencia universal o el Espíritu Cósmico mismo..."

Cualquier estudioso de los antiguos credos panteístas reconocerá que no se trata de una nueva religión. Como dice M. Flavien Brenier, en *Les Juifs et la Talmud*:

> "Ahora bien, la doctrina filosófica dominante entre los caldeos eruditos... era el panteísmo absoluto... identificado como una especie de soplo de la Naturaleza, increado y eterno; Dios emanaba del mundo, no el mundo de Dios... ideas que ellos [la masonería hermética] han heredado de los alquimistas de la Edad Media, que las tenían de los judíos cabalistas."

Aquí tenemos la mente sin mente, el Dios ciego de la "Iglesia Moderna" de la Dra. Julia Seton, ¡que está esperando que el hombre actúe sobre ella! Así vemos en ciernes la "Nueva Civilización" iluminada negativamente, estandarizada en un gran impulso universal puesto en marcha por las mentes maestras de la "Gran Logia Blanca", en el nombre de Psicología Superior y Misticismo. Es una perversión luciferina, una obsesión.

ROERICH

Otro destructor de la civilización occidental es Nicholas Roerich y su credo de la "Nueva Era".

En 1925 Serge Whitman escribió, en el *Prólogo:*

> "Nosotros, que buscamos los caminos del entendimiento internacional y la estructura de la paz universal, debemos mirar a Roerich como el apóstol y precursor del nuevo mundo de todas las naciones".

Nicholas Roerich, ruso afincado durante un tiempo en Estados Unidos, es un pintor, filósofo y científico mundialmente conocido. Fue secretario de la Sociedad para el Fomento de las Artes en Rusia y director de su escuela, organizando y coordinando el impulso nativo y nuevo en la pintura, la música, el teatro y la danza, y su trabajo fue apreciado por hombres como Andriev, Gorky, Mestrovic, Zuloaga, Tagore y otros que representaban la *novedad.* Más tarde fue invitado a exponer sus cuadros en América, y permaneciendo allí continuó su labor, uniendo las artes para unir a los hombres. Para ello creó el Corona Mundi, que en 1922 tomó finalmente la forma del Centro Internacional de Arte del Museo Roerich de Nueva York.

En 1929 presentó a la nación americana el Museo Roerich, que contenía 734 de sus propias pinturas. Las otras afiliaciones al Museo Roerich son: el Instituto Maestro, 1921, para la enseñanza de sus nuevos ideales en todas las artes; la Imprenta del Museo Roerich, 1925, para difundir los ideales de la Nueva Era mediante la publicación de libros; también Urusvati, Instituto de Investigación del Himalaya, 1928, para la investigación científica en medicina, botánica, biología, geología, astrofísica, arqueología, etc. Se han organizado ramas y grupos de la Sociedad Roerich en Europa, Asia, África, América del Sur y Central y Estados Unidos.

De 1924 a 1928 dirigió una expedición que atravesó India, Tíbet, Turkestán y Siberia. Su diario de estas andanzas ( ) figura en su libro *Altai Himalaya,* ilustrado con numerosas reproducciones de sus pinturas místicas. En su otro libro, *Heart of Asia,* Part II, Shambhala, da cuenta de lo que cree que significará esta Nueva Era. Es la clave de su obra y filosofía, y de su influencia mundial resultante. Algunos extractos lo aclararán:

> "En el desierto sin límites del Gobi mongol, la palabra Shambala, o el misterioso Kalapa de los hindúes, suena como el símbolo más realista del gran Futuro... En el templo del monasterio de Ghum, no lejos de la frontera nepalesa, en lugar de la habitual figura central de Buda se ve una enorme imagen del Buda Maitreya, el Salvador y Gobernante venidero de la Humanidad [fecha probable 1936]... La enseñanza de Shambala es una verdadera enseñanza de la Vida. Como en los Yogas Hindúes, esta enseñanza indica el uso de las energías más finas, que llenan el macrocosmos [universo], y que se manifiestan tan poderosamente en nuestro microcosmos [hombre] ... [expresa] no un mero credo Mesiánico, sino una Nueva Era de poderosas energías y posibilidades que se aproximan ... La época de Shambala estará acompañada por un gran impulso evolutivo... La enseñanza de la Vida por los Mahatmas de los Himalayas habla definitivamente de ello... Lo que hasta hace poco era comúnmente conocido como la enseñanza de la fuerza de voluntad y la concentración, ahora ha sido evolucionado por el Agni Yoga en un sistema de dominio de las energías que nos rodean. Mediante una expansión de la conciencia y un entrenamiento del espíritu y del cuerpo, sin aislarnos de las condiciones del presente, este Yoga sintético construye un futuro feliz para la humanidad...
>
> "El Agni Yoga enseña: 'Comprender el gran significado de la energía psíquica -el pensamiento y la conciencia humanos- como los grandes factores creativos... La gente ha olvidado que cualquier energía, una vez puesta en movimiento, crea un impulso. Es casi imposible detener este impulso; por lo tanto, toda manifestación de energía psíquica continúa su influencia por impulso a veces durante mucho tiempo. Puede que uno ya haya cambiado su pensamiento, pero el efecto de la transmisión anterior seguirá impregnando el espacio. En esto reside el poder de la energía psíquica... [para ser receptivo a esta energía psíquica deben desarrollarse los centros nerviosos del hombre]. El centro del tercer ojo [glándula pineal] actúa en coordinación con el cáliz [corazón o conocimiento del sentimiento] y con kundalini [fuerza sexual]. Esta tríada caracteriza de la mejor manera la base de la actividad de la época que se aproxima. (¡Es decir pervirtiendo la fuerza sexual para provocar la iluminación e inducir la receptividad negativa!]...

> "Durante el desarrollo de los centros la humanidad sentirá síntomas incomprensibles, que la ciencia, en su ignorancia, atribuirá a las dolencias más inconexas. Por lo tanto ha llegado el momento de escribir el libro de observaciones relativas a los fuegos de la Vida... ¡Médicos no os descuidéis!"

¡Cabe preguntarse cuántos de los males mentales, morales y corporales actuales se deben a las prácticas psíquicas de estos innumerables cultos esotéricos e iluminados que obsesionan de hecho a una gran parte de la humanidad moderna! ¡Es la fabricación de un monstruoso robot puesto en marcha por diabólicos pero desconocidos fanáticos y locos!

Aunque Roerich ha escrito: "La evolución de la Nueva Era descansa sobre la piedra angular del Conocimiento y la Belleza", ¡sin embargo él dice que es el Conocimiento y el Esplendor de Shambala! Y el espíritu de toda la obra de Roerich ha sido descrito por Claude Bragdon en su introducción a *Altai Himalaya* como la búsqueda de "la verdad oculta, la belleza no revelada, la *Palabra Perdida, de* hecho". Eso es *I.N.R.I. - Igne Natura Renovatur integra* - Toda la naturaleza es renovada por el fuego. ¡El fuego de la generación universal! ¡El Poder de la Serpiente!

Así, el nuevo mundo se unificará por medio de estas energías cósmicas y psíquicas, lo que sin duda culminaría en la dominación y control mundial por parte de algún grupo muy poderoso y positivo, superior a todos los demás en desarrollo de la fuerza de voluntad e intensa concentración, poseedor de un profundo conocimiento de las leyes de estas energías, así como de la naturaleza humana y sus debilidades, utilizando estas energías para preparar y gobernar a los hombres y mujeres desarrollados negativamente - ¡un futuro ciertamente feliz para la humanidad esclavizada!

INICIACIÓN TIBETANA

Escribiendo en *Isis Unveiled,* Mme Blavatsky dijo:

> "La luz astral y sideral, tal como la explican los alquimistas y Eliphas Levi en su *Dogme et Rituel de la Haute Magie*, y bajo el nombre de "Akasa" o principio vital, esta fuerza que todo lo penetra era conocida por los gimnosofistas, magos hindúes y adeptos de de

> todos los países hace miles de años; Todavía *la* conocen y la utilizan los lamas tibetanos, los faquires, los taumaturgos de todas las nacionalidades, e incluso muchos de los "malabaristas" hindúes.""

Además, todos los teósofos que derivan sus doctrinas, en parte o en su totalidad, de los escritos de Mme Blavatsky creen que sus Maestros son moradores del Tíbet o están vinculados a alguna poderosa jerarquía de allí.

En *Tibet's Great Yogi Milarepa,* editado, con una introducción, por W. Y. Evans Wentz, se nos dice que "en todo el Tíbet y extendiéndose a Nepal, Bután, Sikkim, Cachemira y partes de Mongolia hay tres escuelas principales de filosofía budista". En el Tíbet los seguidores de estas escuelas son: (1) Los Gorros Amarillos o Gelug-pas, la Iglesia establecida del Budismo del Norte, que ejerce a través de su cabeza espiritual, el Dalai Lama, tanto el poder espiritual como el temporal. (2) Los Kargyutpas o "seguidores de la Sucesión Apostólica". Es la transmisión de la "Gracia Divina" de los Budas a través de su Gurú Supremo Dorje-Chang a la línea de Gurús Celestiales y de ahí al Gurú Apostólico en la tierra y de él a cada Gurú subordinado y por ellos a través de la Iniciación Mística a cada uno de los neófitos. Es una verdadera cadena magnética. (3) Los Gorros Rojos o escuela Adi-Yoga, la Iglesia No-Reformada. Los Gorros Amarillos reconocen la superioridad de los Gorros Rojos en todas las cuestiones más o menos relacionadas con la magia y las ciencias ocultas.

También están los Bons, conocidos como Gorros Negros, órdenes monásticas supervivientes de la primitiva religión prebudista. Evans Wentz también compara a los Kargyutpas con los llamados gnósticos cristianos, y dice que, según algunas escuelas gnósticas, "Dios Padre era místicamente el Hombre Primordial, el *Anthropos* o I.A.O. (el principio vital) comparable al Adi-Buddha de los Kargyutpas y otras sectas del budismo septentrional". En ambas creencias la Liberación depende de los propios esfuerzos; hay una similitud en la ceremonia de iniciación, y ambas utilizan mantras; ambas personifican el Principio Femenino en la naturaleza como "Sabiduría", ambas creen en el renacimiento. Para los Grandes Yoguis existe una familia, una nación: ¡la Humanidad!

En cuanto a la Iniciación Mística, la Sra. A. David-Neel, en su obra *Iniciaciones e Iniciados en el Tíbet,* nos da muchos y esclarecedores detalles que muestran la estrecha semejanza de los métodos y creencias de las sectas lamaístas con los de las numerosas sectas gnósticas y cabalísticas de nuestros días. En el Tíbet, la idea de un Dios personal supremo, un Ser eterno omnipotente, el Creador del Mundo, nunca ha prevalecido; no consideran otra cosa que la ley de causa y efecto, con sus múltiples combinaciones. Bajo el nombre de métodos esotéricos o místicos, los lamaístas incluyen en realidad un entrenamiento psíquico positivo y la salvación [Liberación] es un logro arduo y científico. La iniciación tibetana o "angkur" es ante todo la transmisión de un poder, de una fuerza, por una especie de proceso psíquico, con el fin de comunicar al iniciado la capacidad de realizar algún acto particular o de practicar ciertos ejercicios que tienden a desarrollar diversas facultades físicas o intelectuales. Existen tres tipos de enseñanzas, métodos e iniciaciones: exotéricas, esotéricas y místicas.

Exotéricamente existen seres poderosos o "Yidams" que, según dicen, protegen a quienes les rinden culto. Esotéricamente, estos "Yidama" se representan como fuerzas ocultas, y los místicos los consideran manifestaciones de la energía inherente al cuerpo y a la mente. Las iniciaciones místicas son, por tanto, de carácter psíquico. La teoría es que la energía que emana del Maestro o de algunas fuentes más ocultas puede ser transmitida al discípulo que es capaz de "extraerla" de las ondas psíquicas en las que se sumerge durante la celebración de los ritos angkur. Al discípulo se le ofrece la oportunidad de "dotarse de poder".

Mediante la meditación, los Maestros desarrollan en sus alumnos ciertas facultades psíquicas por medio de la telepatía o de gestos simbólicos, una forma fuerte de sugestión, despertando las ideas. Antes de un angkur místico, el Lama iniciador permanece durante algunos días o varios meses, según el grado que se le confiera, en un estado de profunda concentración, o como lo expresa Mme David-Neel: "El Lama se abastece de energía psíquica como un acumulador se abastece de electricidad".

Tras la iniciación, el aspirante se retira y se prepara mental y físicamente para recibir la fuerza que le será transferida. Regula sus prácticas religiosas, su alimentación y su sueño según las indicaciones de su Maestro. "También se esfuerza por vaciar su mente de toda actividad de razonamiento, de modo que no pueda tener lugar ninguna actividad mental o física, y formar así un obstáculo para la corriente de energía que va a ser vertida en él". Un cierto grado de habilidad en el ejercicio del Yoga, principalmente el dominio del arte de la respiración, es necesario para el éxito. Al candidato del "Camino Corto", cuando solicita ser admitido como discípulo, se le recuerdan los riesgos que corre de incurrir en enfermedades peligrosas, locura y ciertos sucesos ocultos que pueden causar la muerte. Teniendo en cuenta las fuerzas empleadas, esto puede comprenderse. El discípulo debe tener fe en su Maestro iniciador y en la eficacia del angkur que le confiere.

Uno puede, por lo tanto, darse cuenta de los peligros a los que está expuesto el adepto en estas altas iniciaciones místicas y psíquicas, comunes a todas las sectas gnósticas y cabalísticas, más especialmente cuando uno recuerda que en todas esas sectas modernas el adepto iniciador y maestro es él mismo meramente un intermediario, orientado y controlado, llevando a cabo las órdenes de alguna desconocida y ambiciosa Jerarquía de Superhombres que, como relata Mrs. A. A. Bailey de Nueva York, dominarían a las naciones por medio de tales instrumentos, moldeados para ocupar sus diversos puestos designados, portadores de luz de la oscuridad que conducen a los pueblos a cometer suicidio mental, religioso, nacional y racial, a fin de abrir paso a alguna monstruosa Nueva Era, nueva civilización, nueva religión subjetiva.

SOCIEDADES SECRETAS EN CHINA

En *Les Sociétés Secrètes en Chine,* 1933, el teniente coronel B. Favre muestra la antigüedad de estas sociedades secretas chinas y cómo sus métodos y organizaciones son en muchos aspectos similares a los de Europa y otros lugares y, sobre todo, cómo se manifestó su influencia durante las revueltas de los cen tarios XVIII y XIX. Afirma que los descubrimientos realizados durante poco más de veinte años en Turquestán, China, Mongolia, Persia y Afganistán revelan una conexión más estrecha entre los pueblos antiguos de lo que se creía hasta ahora. El secreto de estas sociedades, dice, vela su trabajo, y un complicado ritual, prácticas mágicas y religiosas, y ceremonias de iniciación crean entre los miembros, ligados por un juramento, la atmósfera necesaria para despertar un gran entusiasmo. "Dirigir al pueblo es poner las pasiones al servicio de una idea". En China, estas sociedades políticas secretas se basan principalmente en el taoísmo y el confucianismo, y la idea de familia y clan se utiliza para unir a los miembros.

Nos dice que la dinastía Han fue una de las más brillantes de la historia china; inmensas conquistas pusieron al Imperio en contacto con pueblos lejanos, se establecieron intercambios culturales de la mayor importancia, y durante este período, en el que se extremaron las pasiones de todo tipo, florecieron las sociedades secretas. Tras la caída de los Han, el budismo alcanzó un desarrollo considerable, y entre las diez grandes escuelas o sectas budistas que surgieron en China, una de las más antiguas fue la del *Loto,* conocida como Amidismo, fundada en China en el siglo IV. No era el budismo primitivo, y posiblemente recibió sus dioses de Persia o Siria; más tarde se llamó Loto *Blanco,* y era una religión de amor, piedad e ingenua devoción, que conquistó China y Japón, y es fuerte hoy en día.

Más tarde, bajo el nombre de "Asociación del Loto Blanco", dejó de ser una cofradía religiosa. En el siglo XIV, todavía budista, la secta quemaba perfumes, practicaba la adivinación, utilizaba pentáculos y era, sobre todo, mesiánica; anunciaban la encarnación de Maitreya, el futuro Buda, tan esperado en diversas fechas. El autor señala aquí la probable relación entre el nombre Maitreya, el Mithra persa, y el Mi che ho, el Mesías maniqueo. Los *Lotus* Blanc, habiendo cooperado en la caída de las dinastías Yuan y Ming, tuvieron que ayudar en el derrocamiento de los Tsing. El "Nuage Blanc", a veces confundido con el Lotus Blanc, estaba, según el padre Wieger, contaminado de maniqueísmo; su jefe practicaba la filantropía, el vegetarianismo, invocaba a los espíritus, y sus adeptos, como los maniqueos, no se casaban y se negaban a procrear. Durante el siglo XIX, las afiliaciones de la Blanca del Loto ejercieron una influencia considerable sobre los acontecimientos históricos de China, y hoy en día siguen existiendo.

La *Tríada* o Hong es una asociación, conocida con diversos nombres en China y en las colonias chinas de Sonda, Asentamientos del Estrecho e Indochina; su origen es desconocido, pero apareció por primera vez con certeza en 1787. Es probable, dice el autor, que la Hong (Tríada) se formara hacia principios del siglo XVIII, ya que se habla de ella desde 1749 hasta 1832 en varios edictos oficiales, en relación con movimientos sediciosos en los que participó. Los chinos creen en el ocultismo y la magia; es para ellos una disciplina científica, un sistema filosófico y práctico que les permite penetrar más allá de lo sensible y dominar las fuerzas que les rodean; tiene sus leyes y su lógica. Su oficial jefe o "Venerable" era conocido como "Hermano Mayor". Existen también muchos vínculos aparentes entre la Tríada y la Francmasonería: ambas practican la fraternidad y aspiran al perfeccionamiento moral de la humanidad. Tienen la misma concepción del Universo que se muestra en la dualidad china - Yin y Yang, y en la Masonería por los Pilares de Jakin y Boaz. Ambos ven la "Luz" y un cierto número de símbolos y ritos son comunes a ambos; el signo del Fuego en Hong es también masónico. Uno podría preguntarse, ¿no son ambos de origen sabeísta? Según Confucio, Chang-ti, el principio universal de la existencia, está representado bajo el emblema general del firmamento visible, así como bajo los símbolos particulares del Sol, la Luna y la Tierra.

Las actividades políticas de la Tríada se intensificaron durante los años que precedieron a la revolución de 1911. Estas sociedades secretas actuaron durante tres siglos alternativamente en el ámbito revolucionario y en diversas formas de bandolerismo. Sun Yat-sen explica así por qué los nacionalistas se sirvieron desde el principio de esta colección de hombres, vagabundos sin familia; los nacionalistas ya no podían confiar sus ideas a la élite, tenían que depositarlas en un receptáculo de aspecto repulsivo, los Hong-men, que a nadie se le ocurriría registrar. Estas ideas se transmitían oralmente, siguiendo la tradición de las sociedades secretas, y se mantenían en secreto. Sun Yatsen se dio cuenta de que ya no podía utilizarlas sin peligro tras el derrocamiento de los Tsing. Por tanto, la supervivencia de la Tríada debía buscarse entre las bandas, rojas o no, que, tras las guerras civiles, pululaban en la mayoría de las provincias dedicándose a oscuras hazañas.

Sobre estos bandidos y sus sociedades, el autor cita una carta abierta de un diario de Tientsin, *Ta pong pao*, del 4 de noviembre de 1930, titulada "Bandidos en la región de K'ouang p'ing". Decía que tras la caída de la dinastía Ming, cuando la revuelta pretendía derrocar a los Tsing para restaurar la Ming, las sociedades secretas reunieron a estos vagabundos o bandidos en la Sociedad de los Ko-lao houei, los "Hermanos Viejos". La mayoría de los capitanes de juncos y sampán están afiliados a los bandidos, y los miembros afiliados deben estar estrechamente unidos, observar la justicia, someterse a una disciplina rigurosa; los que incumplen deben ser juzgados severamente; todos son iguales y no deben entregarse al libertinaje y al robo. Rinden homenaje a los antepasados de las dinastías; al entrar en sus propias casas deben venerar al Cielo, la Tierra, el Sol, la Luna y las Estrellas, a los santos, a los Maestros de las tres doctrinas y de los cinco elementos. Utilizan un lenguaje secreto y se reconocen entre ellos por las preguntas que se les formulan y a las que responden según sus necesidades.

Por lo tanto, añade el coronel Favre:

> "Esos hombres, en el seno de esas asociaciones, tienen un estatuto, un ritual; pero los hábitos místicos han desaparecido; el ritual se democratiza, sigue siendo religioso y moral. Pero hay algo paradójico en ello ya que esas bandas viven de la crueldad y el pillaje."

La misma aparente paradoja se encuentra en las modernas sociedades secretas de Europa y América; superficialmente parecen organismos religiosos y morales, pero bajo todo corre el eterno grito de la revuelta:

> "Todo, sí, todo debe ser destruido, ya que todo debe ser renovado".

CAPÍTULO XIV

LA SINARQUÍA DE AGARTHA

MARCEL LALLEMAND escribe en *Notas sobre el Ocultismo:* "Bajo la influencia de la Teosofía, el ocultismo se asocia con visiones de bibliotecas enterradas en las cuevas del Himalaya". Durante muchos años se ha escrito mucho entre algunas de estas sociedades secretas sobre la misteriosa jerarquía y las bibliotecas subterráneas de Agartha. Habiendo leído *Mission de l'Inde en Europe, Mission de l'Europe en Asie,* escrito en 1886 por Saint-Yves d'Alveydre, nos vemos llevados a concluir que es más o menos simbólica, que Agartha no es de ningún país, de ninguna nación, sino universal; que la jerarquía es, aparentemente, un grupo de magos e iniciados cabalísticos y gnósticos, que tienen vínculos con la Escuela Judía de Alejandría, que buscan por medio de la unificación, a través de muchas sectas judeocristianas, dominar y gobernar secretamente el mundo occidental y, finalmente, unir Oriente con Occidente; que con toda probabilidad las misteriosas bibliotecas subterráneas consisten simplemente en lo que se conoce como los "Registros Akáshicos" akasa que significa éter, que según estos iniciados ha impreso en él todos los acontecimientos mundiales pasados, presentes y futuros. Por lo tanto, afirman ser capaces de acceder al éter y recuperar la naturaleza y los comienzos del hombre prehistórico y de las civilizaciones antiguas, como por ejemplo sus relatos místicos de las épocas lemuriana y atlante.

Al escribir sobre estas antiguas épocas de Lemuria y Atlántida, Edouard Schure en *De la Esfinge a Cristo* explica: "El Dr. Rudolf Steiner, dotado de conocimientos esotéricos y de una clarividencia altamente desarrollada, nos ha proporcionado muchos vislumbres novedosos y sorprendentes de la constitución física y psíquica de los atlantes en relación con la evolución humana anterior y posterior."

Sin embargo, hay razones para sospechar que la clarividencia de Steiner era más o menos las formas mentales de sus poderosos Maestros que le utilizaban como instrumento para restaurar los misterios e iluminar el mundo occidental. Además, sus enseñanzas sobre la evolución del mundo y del hombre están totalmente basadas en estas visiones de las épocas primaria, lemuriana y atlante, y el resultado es como una horrible pesadilla, totalmente anticristiana, apestando a antiguo sabeísmo entremezclado con el cristianismo pervertido de los judíos helenizados de Alejandría.

Schuré, Max Heindel y el propio Steiner, en su *Esbozo de la Ciencia Oculta*, exponen este misterio mitológico. Los primeros lemurianos son descritos como hermafroditas sin ojos, sin mente y vaporosos, gobernados por dioses planetarios, guiados por ángeles y ayudados por espíritus luciferinos. Más tarde se separaron los sexos, lo que trajo consigo terribles desórdenes sexuales, y finalmente Lemuria fue sumergida. Según Schure, los sacerdotes del Antiguo Egipto conservaron la tradición de un vasto continente que antiguamente ocupaba gran parte del océano Atlántico, desde África y Europa hasta América, y de una poderosa civilización que fue engullida en alguna catástrofe prehistórica. Los sacerdotes afirmaban haberla recibido de los propios atlantes a través de alguna conexión lejana; a su vez, contaron la tradición a Solón, y Platón, tomando prestado de él, escribió sobre ella en su diálogo, el *Timeo*. Toda la tradición es una vasta leyenda, aunque hay pruebas científicas de que tal continente probablemente existió. Se dice que algunos lemurianos sobrevivieron y se asentaron en la Atlántida, que, como explica Schuré, era un Edén tropical con una humanidad primitiva; luego vino un largo período de guerras, seguido de una Federación de Reyes Iniciados y, finalmente, la decadencia y el reinado de la magia negra, y el Continente fue gradualmente desgarrado y destruido por incendios subterráneos.

Estos pueblos primitivos, según Schuré, eran poderosos psíquicos: "Su brillante ojo de serpiente parecía ver a través de la tierra y la corteza de los árboles y penetrar en el alma de los animales. Su oído podía oír crecer la hierba y caminar a las hormigas"; pasaban las noches es sueños y visiones astrales, creyendo que contactaban y conversaban con los dioses. De nuevo Steiner dice que los Reyes Atlantes tenían guías espirituales con forma humana, "Mensajeros de los Dioses" (Hermanos Mayores), que en realidad gobernaban a los hombres a través de los reyes. Según explica, estos guías estaban bajo influencia luciferina, pero la utilizaron progresivamente para liberarse del error convirtiéndose en iniciados del Ser Solar-Cristo -¡se convirtieron en *Iluminados!* Impartían los misterios a los discípulos y se convertían de hecho en Cristo-oráculos. Llegó la materia en forma de Ahriman y nació el intelecto y los dioses retrocedieron de entre los hombres. En la posterior evolución atlante, los misterios, dijo, tuvieron que mantenerse en secreto para que el conocimiento de cómo controlar y dirigir las fuerzas de la Naturaleza no se utilizara con fines malignos y sensuales, pero con el tiempo estos poderes se dieron a conocer, la magia negra se volvió desenfrenada y la Atlántida fue destruida.

Luego, según Steiner, Europa, Asia, África, etc., fueron colonizadas por los descendientes de la Atlántida y con ellos llegaron los iniciados en los misterios-oráculo. Yarker en sus *Escuelas Arcanas* afirma: "Cuando la isla de la Atlántida se hundió, se abrió un paso que drenó el desierto de Gobi... El Tíbet ha conservado muchos detalles de las guerras de esta Atlántida perdida, achacando la causa de su destrucción al cultivo... de la magia negra". Además, cita el *Popul-Vuk,* o *Libro del Velo Azul,* de los mexicanos, que nos dice que estos atlantes eran una raza que "conocía todas las cosas por intuición", y repite la acusación de magia negra. Yarker añade: "Este libro alegoriza y personifica las fuerzas de la naturaleza". Así, podríamos concluir que gran parte de la leyenda de la Atlántida es también una alegoría, que personifica las fuerzas secretas y perceptibles de la Naturaleza, como ocurre en todas las mitologías. Y sobre esta red tejida con la luz astral, Steiner ha construido gran parte de su Ciencia Oculta y de su Iluminismo Cristiano.

En apoyo de nuestra opinión sobre la naturaleza de Agartha citamos el libro citado de Saint-Yves d'Alveydre. Explica que "el nombre Agartha significa imposible de ser tomado por la violencia e inaccesible a la anarquía". En sí mismo dice que es una unidad trinitaria y sinarquía de judeocristianos, opuesta al "gobierno general por la fuerza bruta, es decir, la conquista militar, la tiranía política, la intolerancia sectaria y la rapacidad colonial." Hoy en día, en todas partes parece como si se intentara gobernar el mundo mediante una jerarquía sinárquica de hombres, política, religiosa y económicamente.

Continúa:

> "Baste saber que en ciertas regiones del Himalaya, entre veintidós templos que representan los veintidós Arcanos de Hermes (las claves cabalísticas de las Cartas del Tarot) y las veintidós letras de ciertos alfabetos sagrados (entre otros el griego y el hebreo), Agartha forma el Cero místico, lo indescifrable. El Cero, es decir, Todo o Nada, todo por unidad armoniosa, nada sin ella, todo por Sinarquía, nada por Anarquía".

El Cero es el *Loco* de estos Arcanos Herméticos, cuyo símbolo es el aire, y que se encuentra en uno de los senderos que unen los Sephiroth de la Suprema Tríada Creadora en la cúspide del Árbol Cabalístico de la Vida. Representa el idealismo que ha perdido su asidero en el mundo material; metafóricamente hablando, ¡está en el aire!

"El territorio sagrado de Agartha es independiente, organizado sinárquicamente, y compuesto por una población que asciende a la cifra de casi 20 millones de almas". Es decir, Yoguis, adeptos e iniciados que, en todo el mundo, practican el Yoga, oriental u occidental, y están unidos en el astral por el principio vital magnético que penetra en todos los pueblos y en toda la naturaleza". Agartha es una imagen fiel del Verbo eterno en toda la Creación". Su símbolo es el Triángulo de Fuego, manifestación del Principio Creador". El círculo más elevado y más próximo al Centro místico está compuesto por doce miembros. Estos últimos representan la Iniciación Suprema, y corresponden, entre otras cosas, a la Zona Zodiacal. En la celebración de sus Misterios mágicos llevan los símbolos de los signos del Zodíaco, así como ciertas letras jerárquicas". También representan a las doce tribus de Israel.

> "Estas bibliotecas, que contienen la verdadera sustancia de todas las artes y ciencias antiguas que se remontan a 556 siglos, son inaccesibles a todos los ojos profanos y a todos los ataques... Solo en su Suprema Iniciación, el Sumo Pontífice, con sus principales asesores, posee el conocimiento completo del catálogo sagrado de esta biblioteca planetaria."

Sólo Él posee la llave para abrirlo y el conocimiento del contenido de este "Libro Cósmico". Por lo tanto, hay razón para considerar estas bibliotecas como "Registros Akáshicos", que se dice pueden abrirse y leerse por medio de símbolos y fórmulas mágicas herméticas y cabalísticas. Además, dice, los sacerdotes y sabios, al entrar en esta Alianza Antigua y Universal, dondequiera que se encontrara la tumba de una civilización desaparecida, "no sólo la tierra entregaría sus secretos", sino que estos hombres tendrían la llave de oro de la entrada, y obtendrían un conocimiento completo de ellos. "Sobre el terreno reconstruirían piadosamente la antigüedad de Egipto, Etiopía, Caldea, Siria, Armenia, Persia, Tracia, el Cáucaso, e incluso la meseta de la Alta Tartaria". Por el Iluminismo todo sería conocido desde el más alto cielo hasta el fuego central de la tierra. No habría ningún mal, intelectual, moral o físico, para el que la unión del Hombre con la Divinidad no pudiera aportar un remedio seguro. Es totalmente una obra de magia, como lo es la propia Agartha.

> "Finalmente, para pasar del derecho público de hoy a la Alianza Sinárquica de mañana, nos bastará que las circunstancias permitan que un Soberano Pontífice se eleve a la cabeza de todo el cuerpo social judeocristiano, erija su Autoridad y su espíritu sintético y, apoyado en la conciencia de todos los pueblos atentos a la voz de la verdad, llame a los Gobiernos a la ley de la inteligencia y del amor, que debe reunirlos y reorganizarlos."

Entonces parece que llegamos a una Liga de Naciones:

> "Por primera vez, los Estados europeos podrán sin peligro, bajo la garantía de esta gran Autoridad intelectual y arbitral, apoyada por la conciencia pública de Europa, proceder a entronizar un Gobierno general de Justicia y no de artimaña diplomática y antagonismo militar. Por primera vez bajo la doble garantía de estos dos Supremos Consejos, la Autoridad Docente y este Poder de Justicia, Emperadores, Reyes, o Presidentes de Repúblicas formando parte

> integrante de este último, podrán convocar a las naciones judeo-cristianas para formar una gran asamblea económica. Así, la Sinarquía podrá realizarse *excathedra* bajo la bandera del Soberano Pontífice europeo, y hacerse accesible a todos los judeocristianos sin exclusión de cultos, universidades o pueblos. Esta reorganización supranacional es la posible piedra angular de todo el Estado social europeo.
>
> ... Esta autoridad santa, pacífica, sinárquica, de cincuenta y cinco mil años de antigüedad, uniendo Ciencia y religión, bendiciendo a todos los cultos, a todas las universidades, a todas las naciones, abrazando a la Humanidad entera y al Cielo en una sola y misma inteligencia, en un solo y mismo amor... De hecho, no es una obra ordinaria, ni puede ningún siglo emprenderla sin la ayuda de iniciados del más alto grado, esta obra sintética que se realizó en Alejandría bajo el soplo invisible de Cristo; aunque bajo los ojos y la mano del Cesarismo, los Epoptes que, visibles o invisibles, presidieron esta obra sintética tuvieron que enmascarar el esoterismo bajo el exoterismo, el Israelito-Cristianismo bajo el Heleno-Cristianismo... Es así como el heleno-cristianismo comprendía nominal o realmente todos los grados correspondientes a las iniciaciones de las antiguas universidades, de la Cábala judía, de Caldea, de Egipto, de Tracia, etc.
>
> ... En toda la antigüedad la Ley significaba la Ciencia de las cosas naturales, humanas y divinas".

Además, habla de

> "Los Misterios Cósmicos tales como son venerados no sólo por los cabalistas judeocristianos. tales como son practicados en secreto, neto sólo por los discípulos actuales de Juan el Bautista y ciertas escuelas esotéricas de El Cairo, Sinaí, Arabia, sino también como son profesados científicamente por los Magos de Agartha."

De nuevo explica: "Este espíritu es siempre el de la Alianza Universal de todos los miembros de la Humanidad, el de la Unión indisoluble de la Ciencia y de la Religión en toda su universalidad". Ahora sabemos que, según él mismo, la misión de Steiner era: "Unir la Ciencia y la Religión. Llevar a Dios a la Ciencia y a la naturaleza a la religión, y así fecundar de nuevo el Arte y la Vida". Fue también Agartha "quien, al principio de los tiempos modernos, renovó por todas partes, a través de los judeocristianos, las miles de asociaciones desarrolladas hoy bajo el nombre de Francmasonería." Como escribió Schuré : "La tradición del cristianismo esotérico, propiamente dicho, está directa e ininterrumpidamente ligada al famoso y misterioso Manes, fundador del maniqueísmo, que vivió en Persia en el siglo IV." Esta secta surgió de la influencia de la Escuela Judía de Alejandría.

Como Mazzini que gritaba: ¡Asociados! ¡Asociados! ¡Asociados! el grito de Saint-Yves d'Alveydre fue:

> "¡Sinarquía! ¡Sinarquía! Sinarquía! Salvad así vuestras diademas, vuestras universidades, vuestras coronas, vuestras repúblicas, todo lo que es vuestro, todo, incluso lo que fue legítimo en la Revolución de 1789 en sus promesas sociales, que la Sinarquía judeo-cristiana es la única que puede mantener y realizar. Uníos en esa Ley, cuerpos docentes, eclesiásticos o laicos; cuerpos jurídicos; cuerpos económicos."

Una vez más, la enseñanza de Steiner se corresponde, ya que su "Triple Estado" es la vida económica; los derechos públicos; la vida intelectual y espiritual - ¡religión, enseñanza, arte, etc.!

En conclusión:

> "Esta santa Agartha que os he revelado en el presente libro es antisectaria *por excelencia,* y lejos de utilizar su influencia sobre Asia para obstaculizar una Sinarquía europea, sólo espera un gesto vuestro, en este sentido, para daros poco a poco la comunión fraternal de todas las ciencias, de todas las artes que oculta bajo el secreto de los Misterios, cuya nomenclatura está contenida en los textos de nuestra admirable Religión Judeocristiana...". Así, finalmente unidos de nuevo por la Ley Sinárquica, los judeocristianos de la Promesa y con ellos las otras comuniones humanas verán arriba en las nubes, rodeado de ángeles, espíritus y almas de santos el cuerpo glorioso de Cristo, y detrás de la aureola solar de su cabeza, el Triángulo de Fuego que lleva el nombre sagrado de Yod, He, Vau, He [¡el Tetragrammaton de los judíos y el Cristo Solar gnóstico!]."

Y hoy en día no estamos cayendo rápidamente bajo la triple Ley de una Sinarquía secreta semejante: *Religiones* - el grito de unificación de sectas y cultos bajo la propaganda de la Teósofa de Nueva York, Sra. Alice A. Bailey, bajo su Maestro del Tíbet y Jerarquía de Superhombres¿una familia, una humanidad, una vida? También en el anterior "Parlamento de las Religiones", en

Chicago. *Economía* - la insidiosa P.E.P. - Planificación Política Económica - de Israel Moses Sieff, que se ha apoderado de este país y está en aparente asociación con los Principios de Planificación Económica de G. D. H. Cole, ¡que ha aparecido bajo la bandera del Sionismo y la Masonería! *Política Internacional* - ¡*La* Liga de Naciones judeo-masónica!

En 1869, el Caballero Gougenot des Mousseaux escribió en su libro *Le Juif, Le Judaïsme et La Judaïsation des Peuples Chrétiens:*

> "Los esfuerzos antirreligiosos pero, sobre todo, anticristianos que distinguen la época actual tienen un carácter de concentración y de *universalidad* que marca el sello del judío, patrón supremo de la unificación de los pueblos, porque es el pueblo cosmopolita *por excelencia;* porque el judío prepara con la licencia de *la libre-pensée,* la era llamada por él mesiánica - el día de su triunfo universal...". El carácter de *universalidad* se notará en *L'Alliance-israélite-universelle,* en la *Asociación Universal de la Francmasonería...*"

Además, en apoyo de lo anterior, citamos, en *Jewish World* de 9 y 16 de febrero de 1883:

> "La dispersión de los judíos los ha convertido en un pueblo cosmopolita. Son el único pueblo cosmopolita, y en esta capacidad deben actuar, y están actuando, como un disolvente de las diferencias nacionales y raciales. El gran ideal del judaísmo no es que un día se permita que los judíos se reúnan en una especie de "agujero y esquina", si no con fines tribales, en todo caso separatistas, sino que el mundo entero se impregne de las enseñanzas judías y que en una Fraternidad Universal de Naciones -un judaísmo mayor, de hecho- desaparezcan todas las razas y religiones separadas.
>
> ... La nueva Constitución de la Junta [Judía] de Diputados marca una época en la historia de esa importante institución... La verdadera importancia de la nueva Constitución es ... que proporciona una maquinaria para permitir a los judíos de Inglaterra trabajar juntos cuando la ocasión lo requiera - que en resumen organiza a los judíos de todo el Imperio, y hace que su fuerza agregada esté disponible en casos de emergencia."

Y de estas sectas cabalísticas, orientales y occidentales, des Mousseaux, en 1869, alzó una voz de advertencia, toda desoída:

> "Estallará una buena tarde una de esas crisis formidables que sacudirán la tierra y que las sociedades ocultas preparan desde hace mucho tiempo para la sociedad cristiana, y entonces aparecerán tal vez de repente en pleno día, en el mundo entero, todas las milicias, todas las sectas fraternales y desconocidas de la Cábala. La ignorancia, el descuido en que vivimos, de su siniestra existencia, de sus afinidades y de sus inmensas ramificaciones no les impedirá en absoluto reconocerse, y bajo la bandera de no importa qué alianza universal, dándose mutuamente el beso de la Paz, se apresurarán a reunirse bajo un mismo Jefe..."

Este libro de Gougenot des Mousseaux, publicado en 1869, se vendió inmediatamente y, salvo algunos ejemplares, desapareció por completo. Hasta diez años después de su misteriosa muerte no se permitió la publicación de una segunda edición, en 1886, que finalmente circuló.

En conclusión, estos son los resultados de nuestras investigaciones sobre las numerosas sociedades secretas y ocultas de ayer y de hoy, publicadas en el *Patriot* de 1930 a 1935. Todo parece apuntar a que el judío cabalista y revolucionario es la mente maestra que trabaja detrás de ellas, utilizándolas como peones en su gran apuesta y conspiración mundial, que desintegraría y destruiría, no sólo la fe cristiana, sino todas las tradiciones de la civilización occidental. Su arma de control y ataque es el Triángulo de Fuego, estas fuerzas magnéticas de la Vida que pueden tanto matar como dar vida, y por las cuales él profesa liberar e iluminar a los pueblos, sólo para atarlos, unificarlos y esclavizarlos bajo algún Gobernante desconocido y extraño. Además, para llevar adelante esta siniestra apuesta, los atrapa y los ciega con los antiguos latiguillos: "Conócete a ti mismo" y "Serás como Dios". Eso es Iluminismo o así llamado - Liberación del Hombre - ¡Libre no para usar su libertad para sí mismo, sino para cumplir los Planes de la Gran Conspiración y su Sumo Pontífice!

Otros títulos

OMNIA VERITAS
Omnia Veritas Ltd presenta:
KEVIN MACDONALD
LA CULTURA DE LA CRÍTICA
LOS JUDÍOS Y LA CRÍTICA RADICAL DE LA CULTURA GENTIL
Sus análisis revelan la influencia cultural preponderante de los judíos y su deseo de socavar las naciones en las que viven, para dominar mejor la sociedad diversa que propugnan sin dejar de ser ellos mismos un grupo etnocéntrico y homogéneo, hostil a los intereses de los pueblos blancos.
Un análisis evolutivo de la participación judía en los movimientos políticos e intelectuales del siglo XX

OMNIA VERITAS
OMNIA VERITAS LTD PRESENTA:
LA DIPLOMACIA DEL ENGAÑO
UN RELATO DE LA TRAICIÓN DE LOS GOBIERNOS DE INGLATERRA Y LOS ESTADOS UNIDOS
POR JOHN COLEMAN
La historia de la creación de las Naciones Unidas es un caso clásico de diplomacia del engaño

OMNIA VERITAS
OMNIA VERITAS LTD PRESENTA:
EL CLUB DE ROMA
EL THINK TANK DEL NUEVO ORDEN MUNDIAL
POR JOHN COLEMAN
Los numerosos acontecimientos trágicos y explosivos del siglo XX no se produjeron por sí solos, sino que se planificaron según un patrón bien establecido...
¿Quiénes fueron los planificadores y creadores de estos grandes acontecimientos?

OMNIA VERITAS
OMNIA VERITAS LTD PRESENTA:
por John Coleman
LA JERARQUÍA DE LOS CONSPIRADORES
HISTORIA DEL COMITÉ DE LOS 300
Esta conspiración abierta contra Dios y el hombre incluye la esclavización de la mayoría de los humanos...

OMNIA VERITAS
OMNIA VERITAS LTD PRESENTA:
LA DICTADURA del
ORDEN MUNDIAL
SOCIALISTA
Todos estos años, mientras nuestra atención se centraba en los males del comunismo en Moscú, los socialistas de Washington estaban ocupados robando a Estados Unidos...
POR JOHN COLEMAN
"Hay que temer más al enemigo de Washington que al de Moscú"

OMNIA VERITAS
OMNIA VERITAS LTD PRESENTA:
La GUERRA
de las DROGAS
contra AMÉRICA
El narcotráfico no puede ser erradicado porque sus gestores no permitirán que se les arrebate el mercado más lucrativo del mundo...
POR JOHN COLEMAN
Los verdaderos promotores de este maldito comercio son las "élites" de este mundo

OMNIA VERITAS
OMNIA VERITAS LTD PRESENTA:
LAS GUERRAS DEL PETRÓLEO
POR JOHN COLEMAN
El relato histórico de la industria petrolera nos lleva por los vericuetos de la "diplomacia"
JOHN COLEMAN
LAS GUERRAS DEL PETRÓLEO
La lucha por monopolizar el recurso codiciado por todas las naciones

OMNIA VERITAS
OMNIA VERITAS LTD PRESENTA:
Más allá de la CONSPIRACIÓN
DESENMASCARANDO AL GOBIERNO MUNDIAL INVISIBLE
por John Coleman
Todos los grandes acontecimientos históricos son planeados en secreto por hombres que se rodean de total discreción
JOHN COLEMAN
MÁS ALLÁ de la CONSPIRACIÓN
Los grupos altamente organizados siempre tienen ventaja sobre los ciudadanos

OMNIA VERITAS
OMNIA VERITAS LTD PRESENTA:
LA MASONERÍA
de la A a la Z
por John Coleman
En el siglo XXI, la masonería se ha convertido menos en una sociedad secreta que en una "sociedad de secretos".
JOHN COLEMAN
LA MASONERÍA
de la A a la Z
Este libro explica qué es la masonería

OMNIA VERITAS
OMNIA VERITAS LTD PRESENTA:
LA DINASTÍA ROTHSCHILD
por John Coleman
Los acontecimientos históricos suelen ser causados por una "mano oculta"...
JOHN COLEMAN
LA DINASTÍA ROTHSCHILD

OMNIA VERITAS
OMNIA VERITAS LTD PRESENTA:
EL INSTITUTO TAVISTOCK
de RELACIONES HUMANAS
La formación de la decadencia moral, espiritual, cultural, política y económica de los Estados Unidos de América
por John Coleman
Sin Tavistock no habrían existido la Primera y la Segunda Guerra Mundial
Los secretos del Tavistock Institute for Human Relations
JOHN COLEMAN

OMNIA VERITAS
Omnia Veritas Ltd presenta:
HERVÉ RYSSEN
La mafia judía es sin embargo, y sin lugar a duda, la más poderosa del mundo. La más peligrosa, también. Algunos periodistas demasiado curiosos ya han sido asesinados.
La Mafia Judía
La "mafia judía", esa, no existe; los medios de comunicación occidentales no hablan de ella.

www.ingramcontent.com/pod-product-compliance
Lightning Source LLC
Chambersburg PA
CBHW071638270326
41928CB00010B/1968
* 9 7 8 1 8 0 5 4 0 1 5 2 0 *